汽车专业“十四五”精品教材

汽车电气设备构造与维修

（微课版）

主　编　梁　赞　蔡佳丽　薛　勇
副主编　王翠杰　王　恒　罗　飞
　　　　李海兵　薛香杰　张秀英

哈爾濱工程大學出版社
Harbin Engineering University Press

内容简介

本书较好地吸收了当前高职教育最新理论和实践研究成果，符合高职教育人才培养目标定位要求。及时将新技术、新工艺、新规范纳入教学内容，强化了学生实习实训内容，并配套开发信息化资源，适应了“信息化＋职业教育”的发展需求，运用现代信息化技术改进教学方式。本书共六章，主要包括汽车电气设备概述、电源系统、发动机电气系统、照明及信号系统、仪表和报警装置的检修、辅助电气系统。

本书可作为应用型本科、职业院校汽车专业的通用教材，也可作为汽车类相关专业人员的参考用书。

图书在版编目（CIP）数据

汽车电气设备构造与维修 ：微课版 / 梁赞，蔡佳丽，薛勇主编. —哈尔滨 ：哈尔滨工程大学出版社，2022.8

ISBN 978-7-5661-3657-2

I. ①汽… II. ①梁… ②蔡… ③薛… III. ①汽车－电气设备－构造－高等职业教育－教材②汽车－电气设备－车辆修理－高等职业教育－教材 IV. ①U472.41

中国版本图书馆 CIP 数据核字（2022）第 140943 号

汽车电气设备构造与维修（微课版）

QICHE DIANQI SHEBEI GOUZAO YU WEIXIU（WEIKE BAN）

责任编辑 苏 莉

封面设计 赵俊红

出版发行 哈尔滨工程大学出版社

社　　址 哈尔滨市南岗区南通大街 145 号

邮政编码 150001

发行电话 0451-82519328

传　　真 0451-82519699

经　　销 新华书店

印　　刷 唐山唐文印刷有限公司

开　　本 889 mm×1 194 mm 1/16

印　　张 12

字　　数 307 千字

版　　次 2022 年 8 月第 1 版

印　　次 2022 年 8 月第 1 次印刷

定　　价 49.80 元

http://www.hrbeupress.com

E-mail:heupress@hrbeu.edu.cn

前　言

随着我国汽车工业的高速发展和社会汽车保有量的与日俱增，社会对汽车类人才的需求也日益增长，对从业人员的要求不断提高，这就对相应的职业教育提出了更高、更新的要求。为了更好地满足社会对汽车类人才的需求，体现现代职业教育理念，贴近汽车运用与维修专业实际教学的目标，促进“教、学、做”更好地结合，突出对学生技能的培养，使之成为技能型人才，编者遵循“知行合一”的教学理念，充分借鉴“双元制”先进职业教学模式，根据职业教育的教学特点，以提高学生的职业能力和职业素养为宗旨，在进行广泛的企业、行业调研的基础上编写了本书。本书主要具有以下特点：

（1）教育理念先进。以就业为导向，以学生为主体，注重职业核心能力的培养，注重做中学、做中教，教学做合一，理实一体。

（2）教学内容超前。按照岗位需求、课程目标选择教学内容，将国内外新知识、新技术引入教材，以体现内容上的先进性和前瞻性。

（3）教材难度适中。教材内容深入浅出，难易适中，突出专业实践技能和经验积累的培养，重视启发学生思维和培养学生的能力。

本书较好地吸收了当前高职教育最新理论和实践研究成果，符合高职教育人才培养目标定位要求。及时将新技术、新工艺、新规范纳入教学内容，强化了学生实习实训内容，并配套开发信息化资源，适应了“信息化＋职业教育”的发展需求，运用现代信息化技术改进教学方式。本书共六章，主要包括汽车电气设备概述、电源系统、发动机电气系统、照明及信号系统、仪表和报警装置的检修、辅助电气系统。

本书由梁赞（重庆旅游职业学院）、蔡佳丽（重庆电讯职业学院）和薛勇（锡林郭勒职业学院）担任主编，由王翠杰（南阳农业职业学院）、王恒（南阳农业职业学院）、罗飞（重庆轻工职业学院）、李海兵（大连海洋大学应用技术学院）、薛香杰（黑龙江农垦职业学院）和张秀英（江西应用工程职业学院）担任副主编。本书的相关资料和售后服务可扫描封底微信二维码或登录 www.jzzwh.com 下载获得。

本书在编写过程中，参考和借鉴了大量的相关资料，并得到许多汽车企业的帮助，在此一并向有关作者和工程技术人员致以诚挚的谢意。

由于编者水平有限，书中难免有疏漏或不妥之处，恳请广大师生和读者批评指正。

编　者

2022 年 6 月

CONTENTS

目 录

CONTENTS
目　录

第一章

汽车电气设备概述

本章导读

汽车电气设备是汽车的重要组成部分，其工作性能的优劣直接影响汽车的动力性、经济性、安全性、可靠性、舒适性和排气净化等。

学习目标

1. 了解汽车电气系统的组成及其特点。
2. 汽车电气设备的发展历程。
3. 掌握汽车电气基础元件的作用。
4. 掌握汽车常用检测工具的特点和使用方法。

第一节 汽车电气系统总体认知

一、汽车电气系统的组成

现代汽车电气系统，按其用途可划分为以下四部分。

1. 电源系统

电源系统包括蓄电池、发电机及其调节器，如图 1–1 所示。前二者是并联工作，发电机是主电源，蓄电池是辅助电源。发电机配有调节器，其作用是在发电机转速升高时，自动调节发电机的输出电压并使之保持稳定。

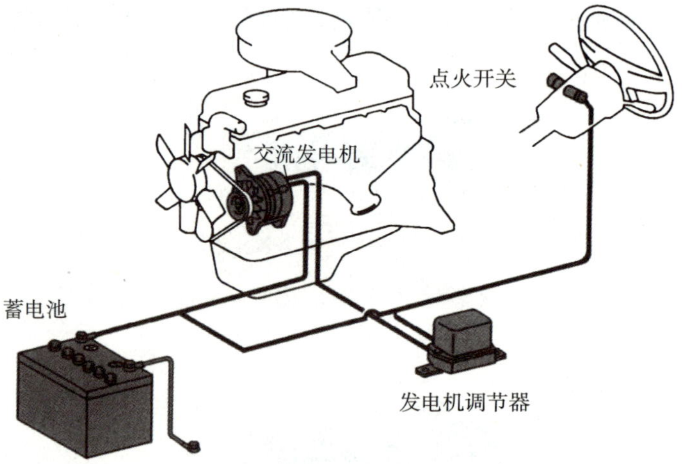

图 1–1 汽车电源系统的组成

2. 用电系统

汽车用电系统大致可分为以下几类。

（1）起动系统。起动系统如图 1–2 所示，主要总成是起动机，其任务仅是起动发动机。发动机起动后，起动系统自动断电停止工作。

（2）点火系统。点火系统是汽油发动机的组成部分，包括电子点火系统或传统点火系统的全部组件，如图 1–3 所示。其任务是产生高压电火花，按发动机各缸的工作顺序点燃气缸内的可燃混合气。

（3）照明系统。照明系统的作用是确保车辆内外一定范围内合适的亮度，包括车内外各种照明灯以及保证夜间安全行车所必需的灯光，其中以前照明灯最为重要。军用车辆还增设了防空照明。

（4）信号系统。信号系统包括电喇叭、蜂鸣器、闪光器及各种信号灯等，主要用来引起行人、车辆驾驶人员等的注意，是保证安全行车所必要的信号。

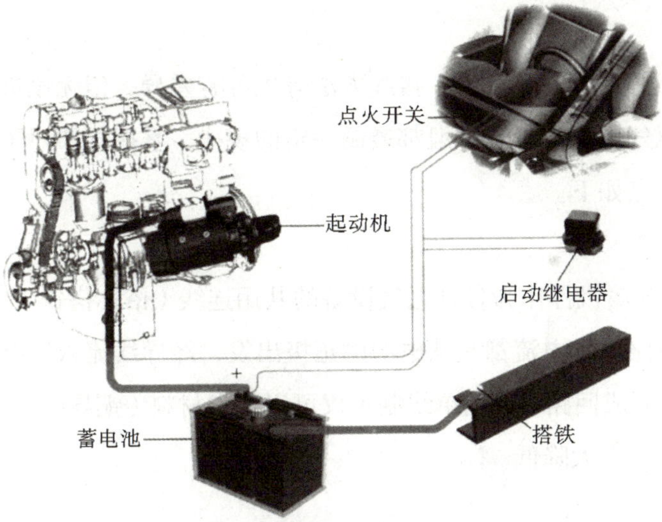

图 1–2　汽车起动系统的组成

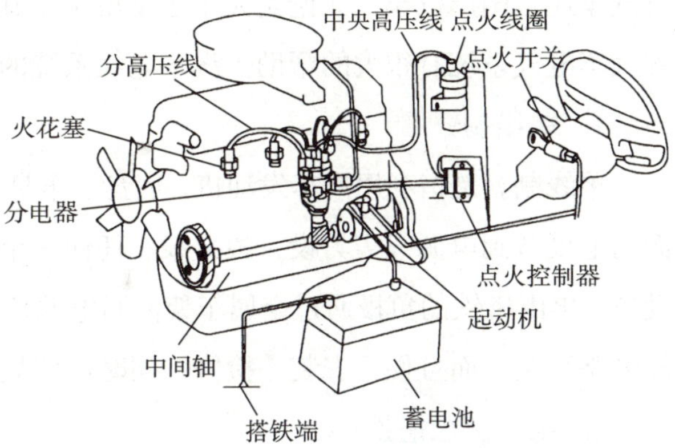

图 1–3　汽车点火系统的组成

（5）电子控制系统。电子控制系统主要指由微机控制的装置，包括电子控制点火装置、电子控制燃油喷射装置、电子控制制动防抱死装置、电子控制自动变速装置等，分别用来提高汽车的动力性、经济性、安全性、排气净化和操纵自动化等性能。

（6）辅助电气系统。辅助电气系统包括电动刮水器、低温起动预热装置、空调器、收录机、点烟器、防盗装置、玻璃升降器、座椅调节器等。辅助电气有日益增多的趋势，主要向舒适、娱乐、安全保障等方面发展。

3. 检测系统

检测系统包括各种检测仪表，如电压表、电流表、冷却液温度表、油压表、燃油表、车速里程表、发动机转速表和各种报警灯，用来监测发动机和其他装置的工作情况。如图 1–4 所示为某汽车仪表盘的组成。

图 1–4　某汽车仪表盘的组成

4. 配电系统

配电系统包括中央接线盒、电路开关、熔断装置、插接件和导线等，以保证汽车电气及线路工作的可靠性和安全性。

二、汽车电气系统的特点

汽车的种类很多，各种汽车电气设备的数量不等，其安装位置、接线方法等也各有差异，但无论进口汽车还是国产汽车，无论是大车还是小车，其电气电路的设计一般都遵循一定的规律。掌握规律对了解汽车电气系统有很大的帮助。汽车电气系统的特点如下。

1. 单线制

单线制，是指利用汽车发动机、底盘、车身等金属机件作为各种电气设备的共用连线（俗称搭铁），而用电设备到电源只需另设一根导线。任何一个电路中的电流都是从电源的正极出发，经导线流入用电设备，再由搭铁的负极通过金属车架流回电源负极而成回路。采用单线制不仅可以节省材料（铜导线）、使电路简化，而且便于安装、检修，同时可使故障率大大降低。

2. 电源负极搭铁

电源负极搭铁，是指将蓄电池的负极用搭铁线连接到发动机或底盘等金属体上。我国相关的标准中规定发电机、蓄电池必须以负极搭铁。目前世界各国生产的汽车大多采用负极搭铁方式。

采用负极搭铁方式的好处是，由于电化学的作用，不仅使汽车车架和车身均不易锈蚀，而且汽车电气对无线电设备（例如汽车音响、通信系统等）的干扰也比电源正极搭铁方式小。

3. 两个电源

两个电源，是指蓄电池和发电机。前者在发动机未运转时可以向有关用电设备供电，后者在发动机运转到一定转速后取代蓄电池向有关用电设备供电，同时对蓄电池进行充电。两者互补可以有效地使用电设备在不同的情况下都能正常工作，同时延长了蓄电池的供电时间。

4. 用电设备并联

用电设备并联，是指汽车上的各种用电设备都采用并联方式与电源连接，每个用电设备都由各自串联在其支路中的专用开关控制，互不产生干扰。

5. 低压直流供电

为了简化结构和保证安全，汽车电气设备采用低压直流（DC）供电。柴油车大多采用 24 V（DC）供电（由两个 12 V 蓄电池串联供电），汽油车大都采用 12 V（DC）供电。汽车运行中的电压，一般 12 V 系统的为 14 V，24 V 系统的为 28 V。

6. 安装有保险装置

为了防止电路和元器件因搭铁或短路而烧坏电线束和用电设备，各种类型的汽车上均安装有保险装置。这些保险装置有的串接在元器件（或零部件）回路中，有的串接在支路中。

7. 大电流开关通常加装中间继电器

汽车中大电流的用电器如起动机、电喇叭等，工作时的电流很大（例如汽油机车起动机的电流一般约 100 ～ 200 A），如果直接用开关控制它们的工作状态，往往会使控制开关过早损坏。因此，控制大电流用电设备的开关常采用加装中间继电器的方法，即采用小电流控制继电器线圈，由继电器闭合后的触点为用电设备提供大电流。

8. 具有充放电指示

汽车上蓄电池的充电、放电情况一般由电压指示，也有的用指示灯指示。对于前者，当蓄电池向外供电、发电机向蓄电池充电时，都可从电压表上显示出来。对于后者，发动机未起动或低速运转时指示灯点亮，一旦发动机运转带动发电机转速超过 1 000 r/ min 以上，充电指示灯熄灭，表示处于充电状态。

9. 汽车电路上有颜色和编号特征

随着汽车用电设备的增加，导线数目也在不断增多，为便于识别和检修汽车电气设备，电路中的低压线通常由不同的颜色组成，并在汽车电气线路图上用不同颜色的字母代号标注出。

三、汽车电气设备的发展历程

自汽车问世 130 多年来，汽车的发展给整个世界和人类的生活带来了巨大的变化，汽车技术也取得了令人瞩目的进步，汽车设计和机械生产工艺水平都达到了成熟水平。因而，近年来汽车机械部分变化很小，而汽车的另一个重要组成部分——汽车电气设备变化极大。随着汽车技术的进步，汽车电气设备的结构与性能也在不断地进步，车载电子设备的数量越来越多，特别是电子技术在汽车上的广泛应用，在解决汽车节能降耗、行车安全、减少排放污染等方面起着越来越重要的作用。

汽车电子技术始于 20 世纪 60 年代，其发展大致可分为三个阶段。

1965—1975 年，汽车电子产品是由分立元件和集成电路 IC 组成，如晶体管收音机、集成电路调节器等。

1975—1985 年，主要发展专用的独立系统，如电子控制汽油喷射、制动防抱死装置等。

1985—2000 年，主要开发可完成各种功能的综合系统及各种车辆整体系统的集中控制，这个时代称为汽车的电子时代。

目前，微处理器重点应用于以下几个方面：最佳点火时刻控制、最佳空燃比控制、怠速控制、废气再循环控制、安全系统、减振控制系统、操纵系统、信息交换和报警系统、汽车导航系统、语音系统等。

未来的汽车设计将朝着环保、节能、操作简单、智能化的方向发展。随着新技术、新材料的不断应用，汽车电气设备将会体积更小、性能更高、维修更简便，更好地满足汽车用户的要求。

第二节　常用汽车电气维修工具认知

一、汽车电气基础元件

1. 熔断装置

当电路中流过超过规定的过大电流时，汽车电路熔断装置能够切断电路，从而防止烧坏电路连接导线和用电设备，并把故障限制在最小范围内。汽车上的熔断装置主要有熔断器、易熔线和断路器。

（1）熔断器（保险丝）。熔断器和易熔线符号如图 1–5 所示，熔断器在电路中起保护作用。当电路中流过超过规定的电流时，熔断器的熔丝自身发热而熔断，切断电路，防止烧坏电路连接导线和用电设备，并把故障限制在最小范围内。熔断器一般安装在仪表盘附近或发动机舱盖下面的熔断器盒内，常与继电器组装在一起，构成全车电路的中央接线盒。

熔断器外观与熔断电流值标注如图 1–6 所示。橘黄色的为 5 A、咖啡色的为 7.5 A、红色的为 10 A、蓝色的为 15 A、黄色的为 20 A、透明色的为 25 A、绿色的为 30 A、深橘色的为 40 A。

（a）熔断器符号　（b）易熔线符号

图 1–5　熔断器和易熔线符号

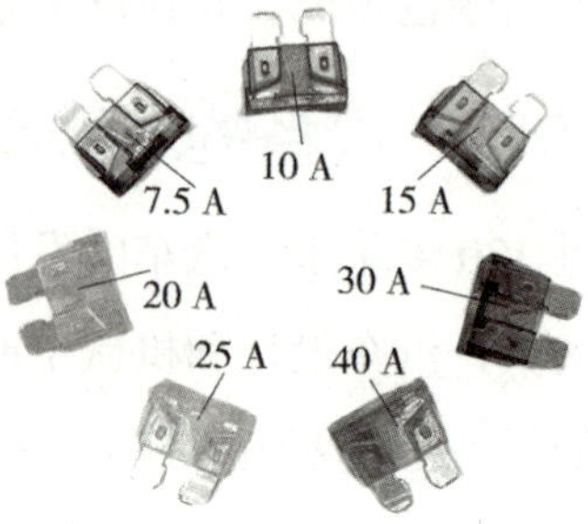

图 1–6　熔断器

一般情况下，环境温度在 18 ～ 32 ℃时，流过熔断器的电流为额定电流的 1.1 倍时，熔丝不熔断。流过熔电器的电流为额定电流的的 1.35 倍时，熔丝在 60 s 内熔断。流过熔电器的电流为额定电流的的 1.5 倍时，20 A 以内的熔丝在 15 s 内熔断，30 A 的熔丝在 30 s 内熔断。

熔断器在使用中应注意以下几点：

①熔断器熔断后，必须找到真正的故障原因，彻底排除故障。

②更换熔断器时，一定要与原规格相同。

③熔断器支架与熔断器接触不良会产生电压降和发热现象，安装时要保证良好接触。

（2）易熔线。易熔线是一种大容量的熔断器，用于保护电源电路和大电流电路，如图 1–7 所示。

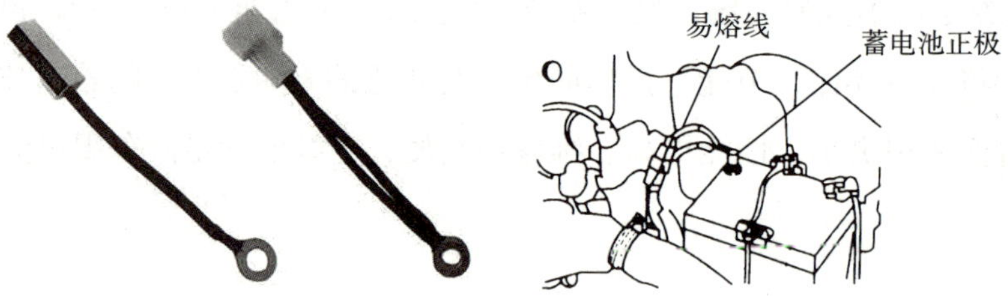

图 1–7　易熔线

易熔线在使用中应注意以下几点：

①绝对不允许换用超过规定容量的易熔线。

②易熔线熔断，可能是主要电路发生短路，因此，需要仔细检查，彻底排除隐患。

③不能和其他导线绞合在一起。

（3）断路器，如图 1–8 所示。在电路中用于防止有害的过载电流（额外的电流）。断路器是机械装置，它利用两种不同金属（双金属）的热效应断开电路。如果额外的电流经过双金属带，双金属带弯曲，触点开路，阻止电流通过。当电路断路器冷却，触点再次闭合，电路导通。当无电流时，双金属带冷却而使电路重新闭合，电路断路器复位。

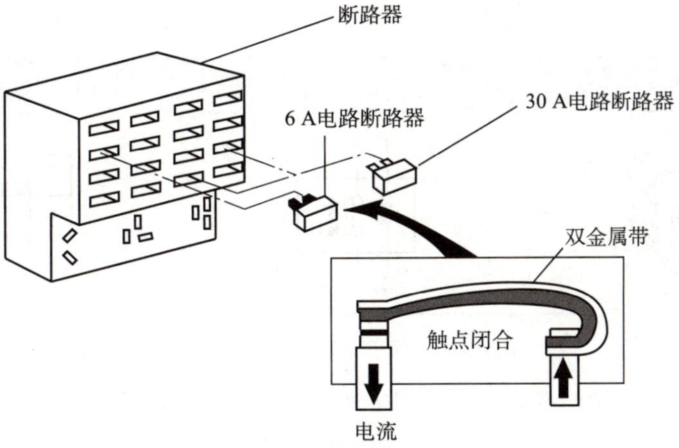

图 1-8　断路器

2. 继电器

图 1-9　继电器

一般情况下，汽车上使用的操纵开关的触点容量较小，不能直接控制工作电流较大的用电设备，常采用继电器来控制它的接通与断开。继电器可以实现自动接通或切断一对或多对触点，完成用小电流控制大电流，可以减小控制开关的电流负荷，保护电路中的控制开关。继电器包括进气预热继电器、空调继电器、喇叭继电器、雾灯继电器、中间继电器等，如图 1-9 所示。

汽车上的继电器有很多，常见的有三类：常开继电器、常闭继电器和混合型继电器。继电器的每个插脚都有标号，与中央接线盒正面板的继电器插座的插孔标号相对应，常见类型如表 1-1 所示。

表 1-1　继电器常见类型

型　号	外　形	电　路	引线标号	颜　色
1T	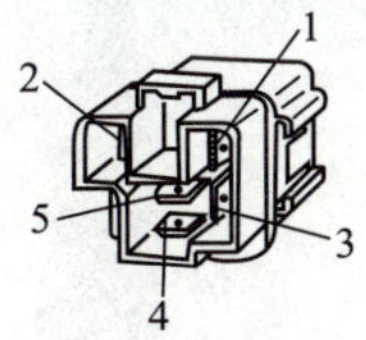	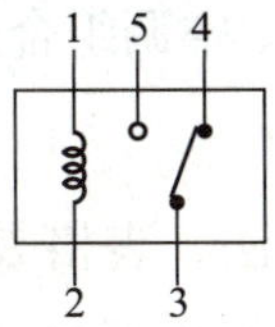	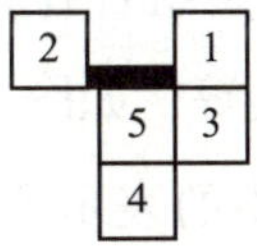	黑
1M	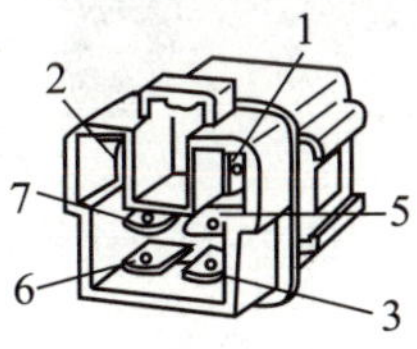	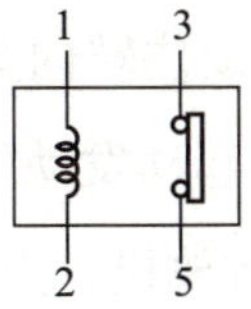	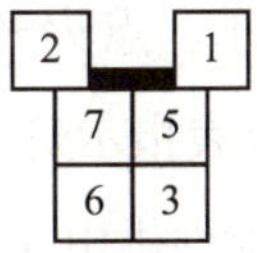	蓝
2M	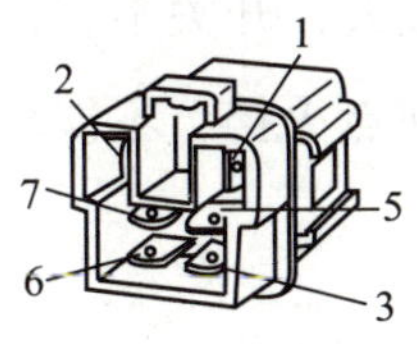	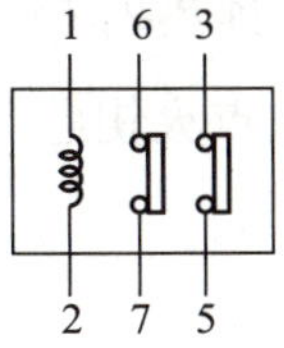	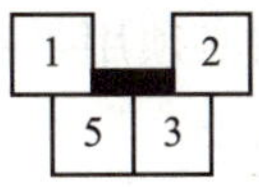	棕

续表

型　号	外　形	电　路	引线标号	颜　色
1M 1B	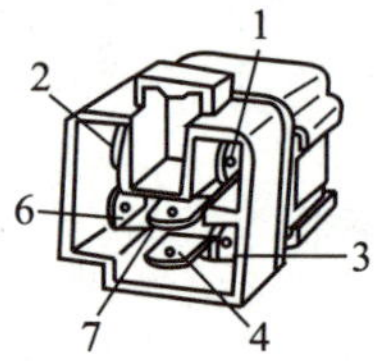	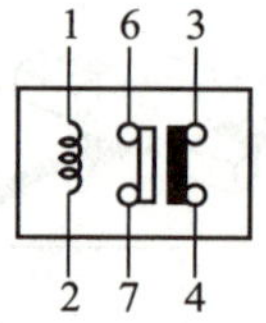		灰

注：要想在原车上安装额外的电子附件，简单地接入已有的电路中可能会使熔断装置或配线过载。采用继电器扩展可有效解决这一问题，如图 1-10 所示。

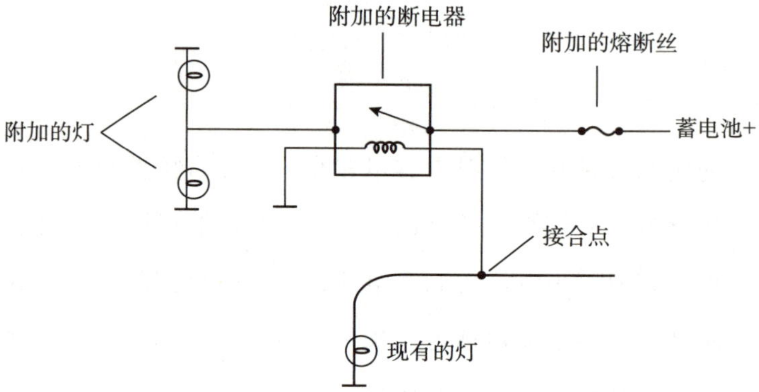

图 1-10　继电器扩展

3. 开关

汽车上各种电气控制系统的工作均受控于开关，汽车电气开关有组合开关和单体开关。现代汽车多采用组合开关，用于提高汽车的性能和乘坐舒适性；若采用较多的单体开关，汽车内部布置会很乱。因此，现代汽车将很多功能相近的控制系统的开关组合在一起，如灯光系统组合开关、音响组合开关、空调组合开关、驾驶人车门组合开关等，如图 1-11 所示。

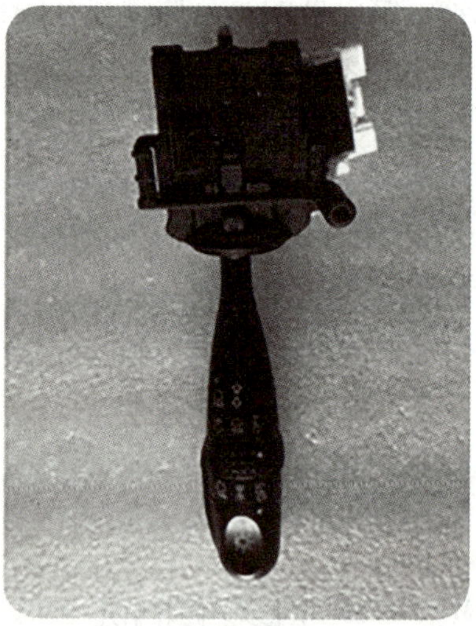

图 1-11　组合开关

开关在电路图中的表示方法有结构图表示法、表格表示法和图形符号表示法等。以点火开关为例，介绍电路中开关的表示方法如图 1-12 所示。点火开关的功能主要有锁住转向盘转轴（LOCK 挡）、接通仪表指示灯（ON 或 IG 挡）、起动发动机（ST 或 START 挡）、给附件供电（ACC 挡，主要是收放机、点烟器）及发动机预热（HEAT 挡）。其中，在起动挡、预热挡工作时消耗电流很大，开关不宜接通过久，所以这两个挡位在操作时必须用手克服弹簧力，扳住点火钥匙，一松手就弹回点火挡，不能自行定位，其他各挡位均可自行定位。

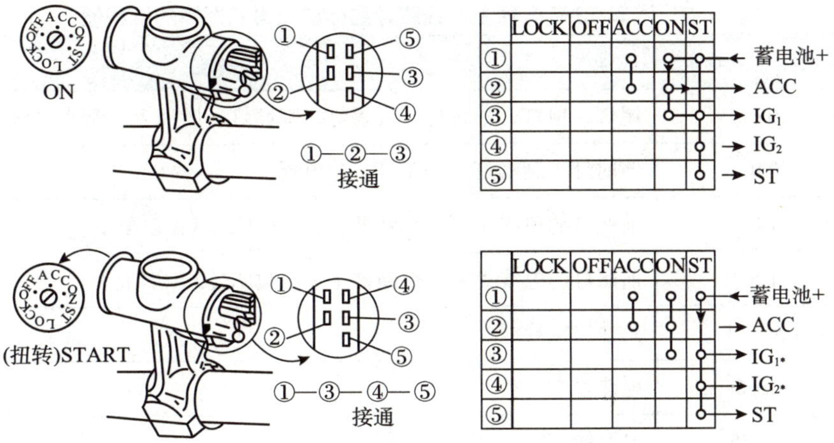

图 1–12　电路中开关的表示方法

4. 插接器

插接器就是通常所说的插头与插座，用于线束与线束或导线与导线间的相互连接。为了防止插接器在汽车行驶中脱开，所有的插接器均采用闭锁装置，如图 1–13 所示。

要拆开插接器时，首先要解除闭锁，如图 1–14 所示，然后把插接器拉开，不允许在未解除闭锁的情况下用力拉导线，这样会损坏闭锁装置或导线。有些插接器用钢丝扣锁止，取下钢丝扣后才能将插接器拔出。在插接器端子有接触不良或断线故障时，可将插接器分解，用小一字型螺丝刀或专用工具从壳体中取出导线及端子进行修理或更换。

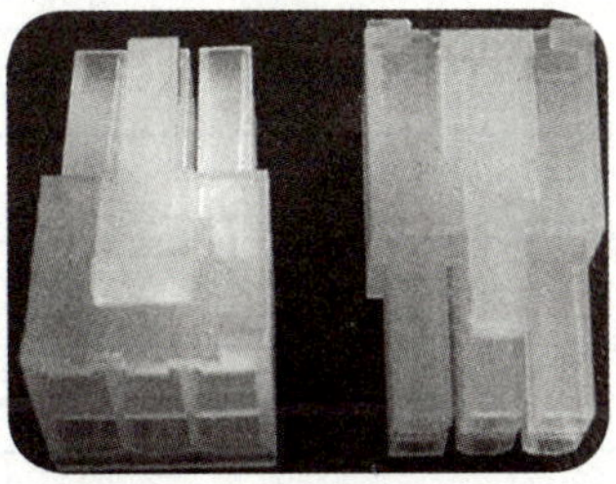

图 1–13　插接器

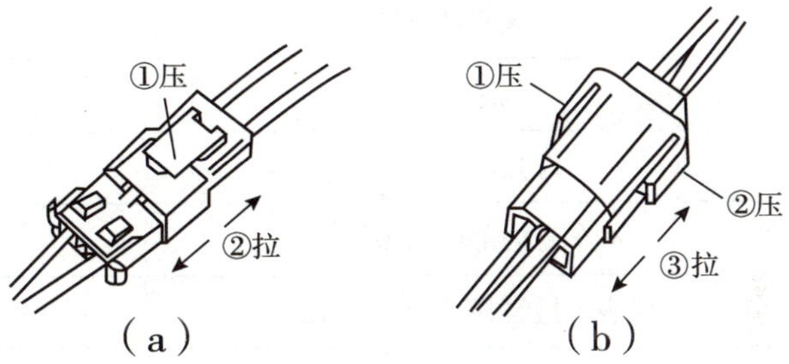

图 1–14　解除闭锁

5. 导线

汽车电气系统的导线有低压线和高压线两种。低压线又有普通线、起动电缆和控制电缆之分。高压线又有铜芯线和阻尼线之分。

（1）低压导线。

①导线的截面积。普通低压导线为铜质多丝导线，导线的截面主要根据用电设备的额定电流进行选择。但截面太小，机械强度差，易折断。一般汽车电器导线截面积不小于 0.5 mm^2。各种低压导线标称截面积允许的负载电流值如表 1–2 所示。

表 1–2　低压导线标称截面积允许的负载电流值

导线标称截面积（mm^2）	1.0	1.5	2.5	3.0	4.0	6.0	10	13
允许电流值（A）	11	14	20	22	25	35	50	60

汽车 12 V 电器主要线路导线标称截面积选择的推荐值如表 1–3 所示。

表 1–3 汽车 12 V 电器主要线路导线标称截面积选择的推荐值

汽车类型	截面积（mm^2）	用途
轿车货车挂车	0.5	尾灯、顶灯、指示灯、仪表灯、牌照灯、燃油表、刮水器电动机
	0.8	转向灯、制动灯、停车灯、分电器
	1.0	前照灯的单线（不接熔断器）、电喇叭（3 A 以下）
	1.5	前照灯的电线束（接熔断器）、电喇叭（3 A 以上）
	1.5 ～ 4	其他连接导线
	4 ～ 6	电热塞
	4 ～ 25	电源线
	16 ～ 95	起动机电缆

②导线的颜色。为便于安装和检修，汽车采用双色导线，主色为基础色，辅色为环布导线的条色带或螺旋色带，且标注时主色在前，辅色在后。以双色为基础选用时，各用电系统的电源线为单色，其余为双色。汽车电气各系统导线颜色代号如表 1–4 所示。

表 1–4 汽车电器各系统导线颜色代号

系统名称	电线主色	代号
电器装置搭铁线	黑	B
点火起动系统	白	W
电源系统	红	R
灯光信号系统	绿	G
车身内部照明系统	黄	Y
仪表、报警指示和喇叭系统	棕	Br
前照灯、雾灯等外部照明系统	蓝	Bl
各种辅助电器及操纵系统	灰	Gr
收放音机、点烟器等系统	紫	V

③线束。为使全车线路规整，安装方便及保护导线的绝缘，汽车上的全车线路除高压线、蓄电池电缆和起动机电缆外，一般将同区域的不同规格的导线用棉纱或薄聚氯乙烯带缠绕包扎成束，称为线束。

线束安装与检修的注意事项如下：

a．线束应用卡簧或绊钉固定，以免松动磨坏。

b．线束不可拉得过紧，尤其在拐弯处，在绕过锐角或穿过金属孔时，应用橡皮或套管保护，否则，容易磨坏线束而发生短路、搭铁，以至烧毁全车线束。

c．连接电器时，应根据插接器的规格及导线或插接头的颜色，分别接于电器上并插接到位。难以辨别时，一般可用试灯区分，而不要用刮火法。

（2）高压导线。高压导线用于汽车点火线圈至火花塞之间的电路。高压导线分为普通铜芯高压导线和高压阻尼点火导线，带阻尼的高压导线可抑制和衰减点火系统产生的高频电磁波，降低对电控装置和无线电设备的干扰，如图 1–15 所示。

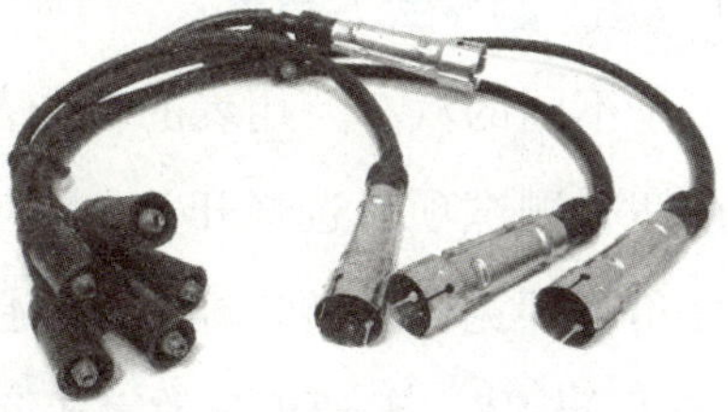

图 1–15　阻尼高压导线

二、汽车常用检测工具

1. 试灯

汽车电路的检测试灯分无源试灯和有源试灯两种。

（1）无源试灯。无源试灯就是在一段导线中连接一个 12 V 灯泡，如图 1–16 所示。当试灯一端搭铁另一端接触到带电的导体时，灯泡就会被点亮，如图 1–17 所示，它不能像电压表显示出被检电路点的电压，只能显示是否有电压。

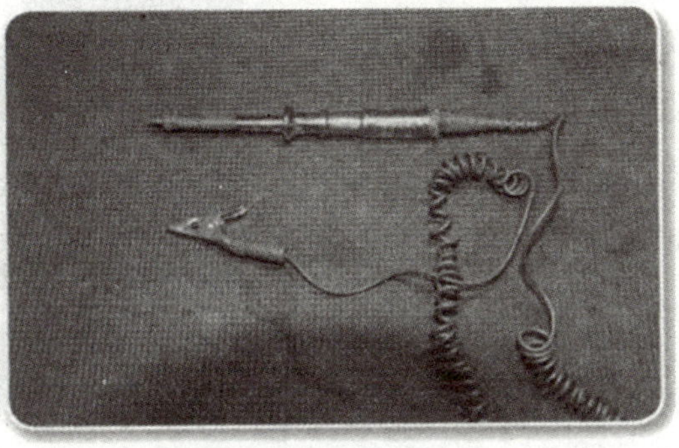

图 1–16　无源试灯

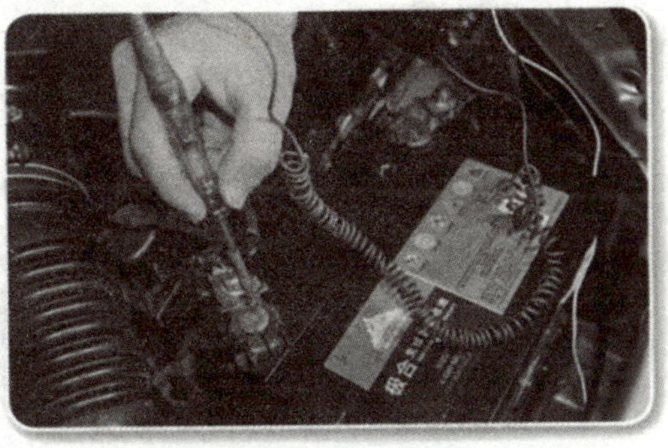

图 1–17　无源试灯的使用

警告：不提倡用试灯检测计算机控制的电路，容易烧坏电脑的内部控制电路。

（2）有源试灯。有源试灯同无源示灯类似，只是自带一个电池电源，连接到一条导线的两端上时，试灯内灯泡被点亮，可用于测试线路的通断，如图 1–18 所示。不能用有源试灯测试带电电路，否则会损坏试灯。

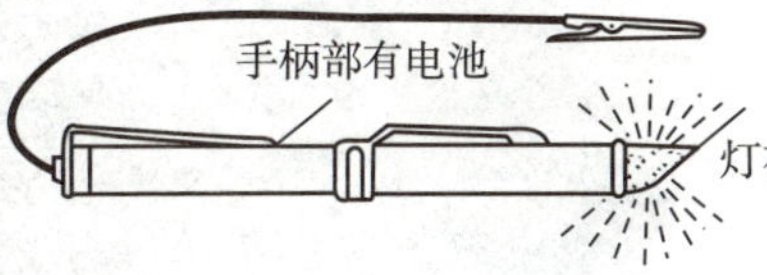

图 1–18　有源试灯

2. 跨接线

跨接线有时可作为故障诊断的辅助工具，如图 1–19 所示，可用于跨过某段被怀疑已断开的导线，而直接向某一部件供电的通路，也可用于不依赖于电路中的开关或导线而向电路中加上电池电压。如图 1–20 所示为汽车蓄电池跨接示意图，它可配上与通导性测试笔相同的探针和夹子，也可设计为各种特殊形式。但切勿将跨接线直接跨接在蓄电池的两端或蓄电池正极和搭铁之间。

图 1–19　跨接线

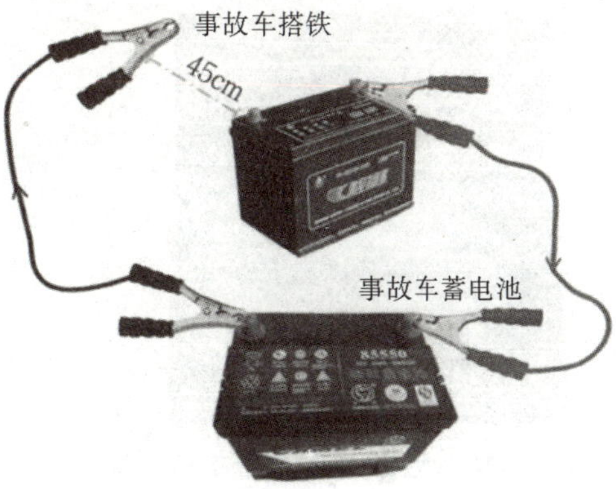

图 1–20　汽车蓄电池跨接示意图

3. 数字式万用表

不同的汽车万用表的功能及结构不尽相同。但基本是由数字及模拟量显示屏、功能按钮、测试项目选择开关、温度测量插孔、公用插孔（用于测量电压、电阻、频率、闭合角、频宽比和转速等）、搭铁插孔、电流测量插孔、测试探针（或大电流钳）等全部或部分构成。普通汽车数字式万用表如图 1-21 所示。

数字式万用表

4. 汽车故障诊断仪

故障诊断仪通过数据通信线以串行的方式获得控制电脑的实时数据参数，包括故障信息、实时运行参数、控制电脑与诊断仪之间的控制指令。故障诊断仪有两种：通用诊断仪和专用诊断仪。

（1）通用诊断仪。通用诊断仪的主要功能：控制电脑版本的识别、故障码的读取和清除、动态数据参数显示、传感器和部分执行器的功能测试与调整、某些特殊参数的设定、维修资料及故障诊断提示、路试记录等。通用诊断仪可测试的车型较多，使用范围较广，但它与专用诊断仪相比，无法完成某些特殊功能。常用的通用诊断仪如图 1-22、图 1-23 所示。

图 1-21　数字式万用表

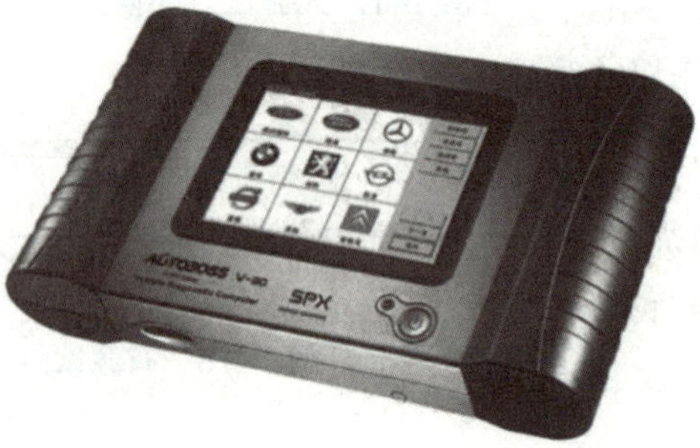

图 1-22　车博仕 V-30 诊断仪

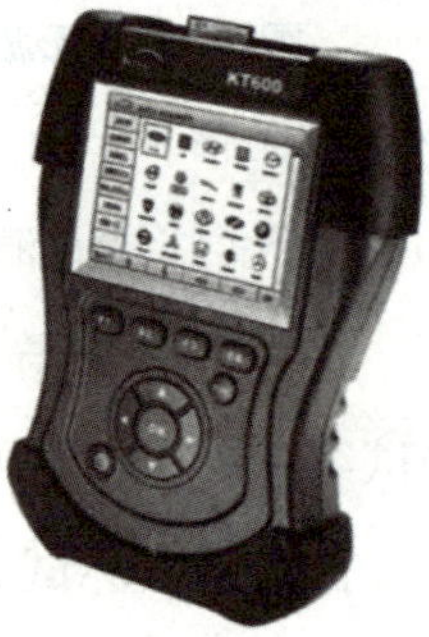

图 1-23　金德 KT60 诊断仪

（2）专用诊断仪。专用诊断仪除具有通用诊断仪的功能之外，还能完成某些特殊功能，诊断的内容更多、更完善。常用的专用诊断仪如图 1-24、图 1-25 所示。

图 1-24　大众 VAG1552 专用诊断仪

图 1-25　大众 VAG5051 专用诊断仪

5. 汽车专用示波器

常见的汽车专用示波器按功能一般可分为专用型示波器和综合型示波器两种。

（1）专用型示波器。这类示波器专用性比较强，可以精确地显示各种波形的变化，如点火初级，次级波形、各种传感器的输入 / 输出电压波形、各种执行器的电流或电压波形、脉冲宽度和占空比等；缺点是功能比较单一，如图 1–26 所示。

（2）综合型示波器。这类示波器除了具有专用型示波器的一般功能外，通常还具有读取与消除故障码功能和动态数据分析功能等，部分示波器还具有发动机动力性能测试功能等；缺点是系统稳定性差及精度略低，如图 1–27 所示。

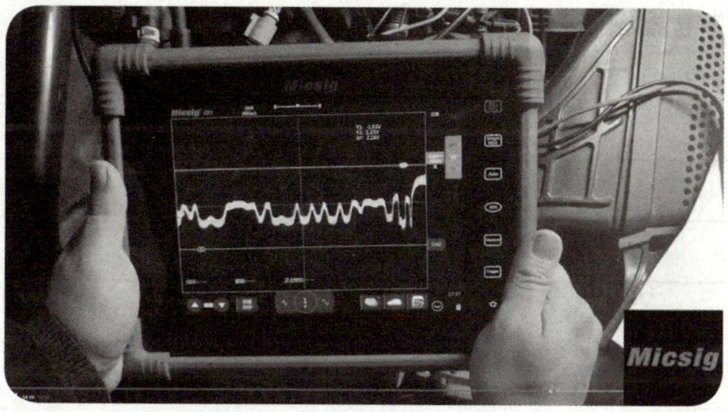

图 1–26　汽车专用示波器

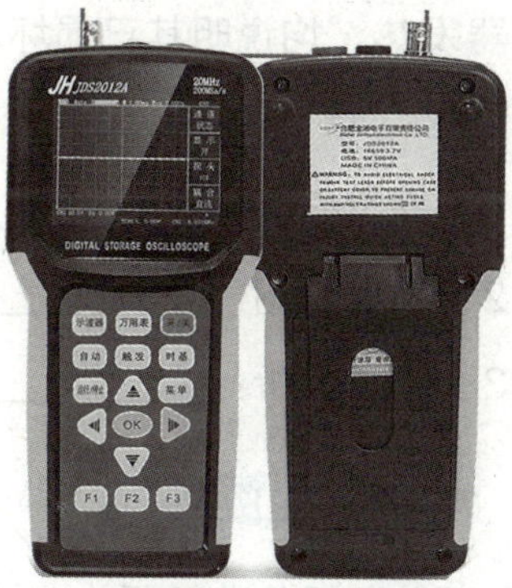

图 1–27　综合型示波器

警告：

①测试点火高压线时，必须使用专用探头，不能将示波器探头直接接入点火次级电路。

②使用汽车专用示波器时，要远离热源，如排气管、催化器等，温度过高会损坏仪器。

③汽车示波器在测试时，要尽量离开风扇叶片、皮带等转动部件。

④测试时确认发动机机盖支撑良好，防止发动机机盖自动下降时伤及头部或示波器。

⑤路试时，不要将汽车专用示波器放在仪表台上方，最好是拿在手中测试。

本章实训

检测继电器

一、实训准备

1. 扳手、旋具、尖嘴钳、跨接线、万用表、继电器、游标卡尺。
2. 翼子板护裙、转向盘护套、变速杆护套、座椅护套和脚垫。
3. 各种开关、保护装置、灯泡、蓄电池、电烙铁、导线。
4. 别克威朗轿车维修手册。

二、实训过程

1. 静态检测

可用万用表测量电阻法检查判断继电器的好坏。用万用表 R×100 Ω 挡检查线圈（85）脚与（86）脚、（87）脚与（87a）脚应导通。而开关（87）脚与（30）脚间电阻应为∞（无穷大）。如检得结果与上述规律不符，说明继电器有问题。

2. 通电检测

如果上述检查无问题，可在线圈（85）脚与（86）脚间加 12 V 供电，用万用表检查开关（87）脚与（30）脚应导通，并且能够听到一声“咔嗒”的吸合声。如检查结果不符合上述规律，或通电后继电器发热，均说明其已损坏。其他各种继电器均可按上述方法进行检测判断。

3. 数据记录

（1）静态检测：线圈 ______________________ 开关 ______________________

（2）通电检测：开关 ______________________

（3）结果分析：____

三、评价反馈

对本章学习任务进行评价，填写表 1–5。

表 1–5　评分表

考核项目	评分标准	分数	学生自评	小组评价	教师评价	小计
活动参与	是否积极主动	5				
安全生产	有无安全隐患	10				
现场 5 S	是否做到	10				
任务方案	是否合理	15				
操作过程	继电器静态测试； 继电器通电测试； 结果分析	30				
任务完成情况	是否圆满完成	5				
工具和设备使用	是否规范、标准	10				
劳动纪律	是否违反	10				
工单填写	是否完整、规范	5				
总分		100				
教师签名：			年　月　日		得分	

课程思政

用“工匠精神”做中国精品

2020重庆英才大会“英才杯”创新创业创造项目大赛决赛将于11月20日在悦来国际会展中心举行。作为本届大赛中的高技能领军人才，刘源不仅掌握了横跨电子、电路、自动化、机械、液压气路控制等多个领域的维修知识和技术，还对机电设备原理和各类故障有着敏锐的洞察力和高效的解决能力，被同行誉为“机电神医”。

刘源通过自己的钻研，摸索了一套工作方法，不仅为企业节约了成本，提高了效益，而且引导大家更重视工匠精神了。他先后参与发动机生产线、缸盖产品传送线、冲压生产线等百余台(套)大型机械设备电气控制系统的安装调试及维修工作。通过不断探索和积累，沉淀出了一套属于自己的“看、听、析、查”四步维修“绝招”。运用此方法，不仅能极大地降低设备的维修时间，而且为设备良好运行提供重要的维修依据。

刘源说：“令我深感高兴的是，在国家的倡导和大家的共同努力下，近些年崇尚工匠精神的社会氛围正在形成。造车，与机器安装和维修一样，都是精细活，需要工匠精神。我想，只要大家坚持把工匠精神落实到每一道流程上，每一处工序里，每一个产品中，中国制造就会成为中国精品，在全球更有竞争力和美誉度。”

来源：人民网

思考习题

1. 填空题

（1）汽车电路由__________、__________、__________和连接导线组成。

（2）为了防止电路或元件因__________或__________而烧坏线束和用电设备，电路中均设置__________装置。

（3）__________之间的连接、__________之间的连接、__________之间的连接均采用插接器。

2. 操作题

（1）用灯泡、导线、熔断丝、继电器、小开关、点火开关、蓄电池制作一个简易的灯泡控制电路，并画出电路简图。

（2）用万用表进行电路检测并记录。

第二章

电源系统

本章导读

蓄电池与发电机并联向用电设备供电，保证车辆的正常运行。因此从事汽车修理的人员必须对汽车电源系统有正确的认知，能够准确掌握电源系统的组成、工作原理，做到对蓄电池的类型及选用的准确判断，能够对汽车电源系统正确的使用和维护。

学习目标

1. 了解蓄电池的作用、分类和工作原理，掌握蓄电池型号的含义。

2. 掌握蓄电池的使用、检测与维护方法。

3. 了解交流发电机的分类和功用、结构、工作原理及检测维修方法。

4. 了解电压调节器的原理，掌握电压调节器的检测方法。

5. 掌握充电指示灯常见的故障诊断与排除方法。

第一节　概述

汽车电源系统主要由蓄电池、交流发电机、电压调节器等组成，如图 2–1 所示。蓄电池与发电机并联向用电设备供电。交流发电机与发电机调节器互相配合工作，其主要任务是对除起动机以外的所有用电设备供电，并向蓄电池充电。

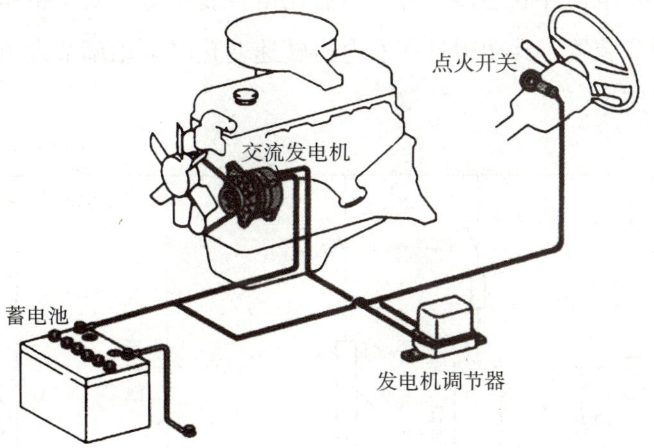

图 2–1　汽车电源系统

一、汽车电源系统的分类

汽车电源系统的分类如图 2–2 所示。

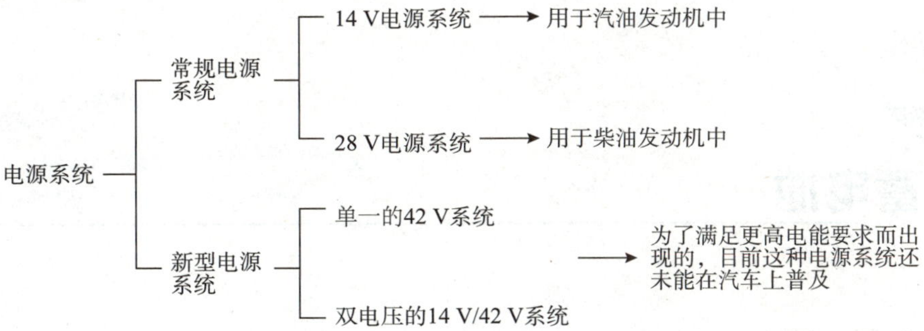

图 2–2　汽车电源系统的分类

二、汽车电源系统的组成及工作原理

1. 系统组成

汽车电源系统的组成如图 2–3 所示。

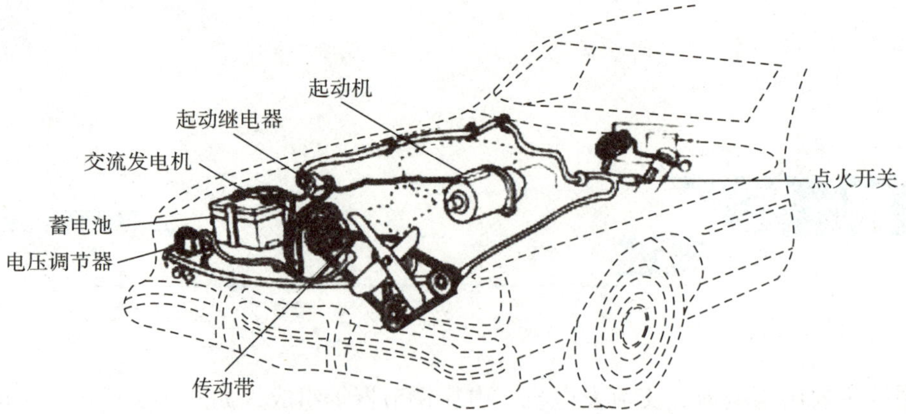

图 2-3　汽车电源系统的组成

2. 工作原理

在汽车上，蓄电池、发电机并联连接，并向所有用电设备供电。发电机是主电源，蓄电池是辅助电源。调节器是一种电压调节装置，其功用是在发电机转速变化时自动调节发电机的输出电压，并使输出电压保持稳定，如图 2-4 所示。

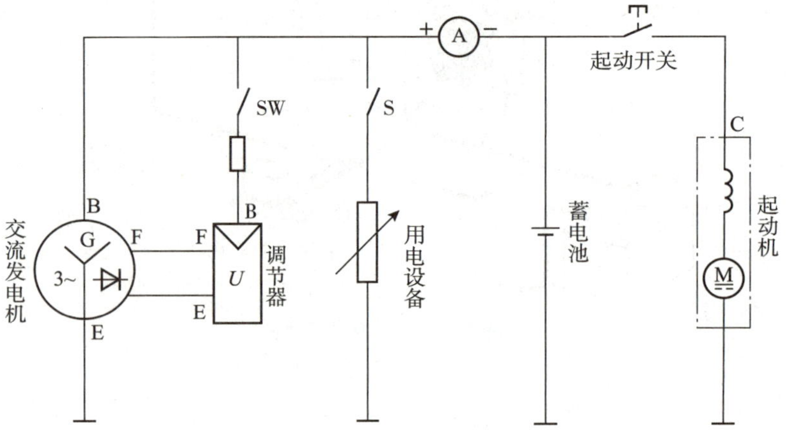

图 2-4　汽车电源系统的工作原理

第二节　蓄电池

汽车蓄电池是一种储存电能的装置，是一个可逆的直流电源。当外电路接通时，它便开始了能量转换过程。在放电过程中，蓄电池中的化学能转变成电能；在充电过程中，电能被转变成化学能。

对蓄电池最大的需求就是必须提供可靠电流用于起动发动机，起动机所需的起动电流可高达数百安培。

一、蓄电池的作用

汽车上的电源有两个：蓄电池和发电机。其中蓄电池为辅助电源，发电机为主电源，这两个电源并联连接，全车的用电设备也均为并联连接，如图 2–5 所示。

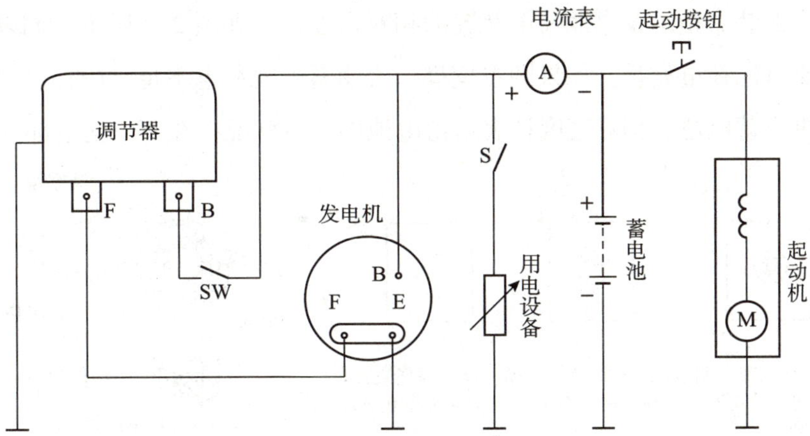

图 2–5　汽车并联电路

蓄电池是一种可逆直流电源，其作用如下。

（1）起动发动机时，蓄电池向起动机和用电设备供电。

（2）当发电机发出电压低于蓄电池的电压时，由蓄电池向用电设备供电。

（3）当发电机发出电压高于蓄电池的电压时，蓄电池将发电机的剩余电能储存起来。

（4）当发电机过载时，蓄电池协助发电机向用电设备供电。

（5）蓄电池相当于一个较大的电容器，能吸收电路中随时出现的瞬时过电压，以保护晶体管元件不被击穿损坏。

作为汽车的起动电源，蓄电池必须能满足起动发动机的需要，即在短时间内（5 ～ 10 s）可供给起动机强大的电流，所以汽车用蓄电池又叫作起动型蓄电池。汽油发动机的电流一般为 200 ～ 600 A，柴油发动机的电流一般为 800 ～ 1 000 A。

二、蓄电池的分类

目前使用的蓄电池有普通蓄电池、干式荷电铅蓄电池、免维护蓄电池等。

1. 普通蓄电池

普通蓄电池由极板、隔板、电解液、电池盖板、加液孔塞、电池外壳、正负极柱等组成，如图 2–6 所示。

蓄电池电解液的密度一般为 1.24 ～ 1.30 g/cm^3，选用的密度应根据地区、气候条件和制造厂的要求而定。

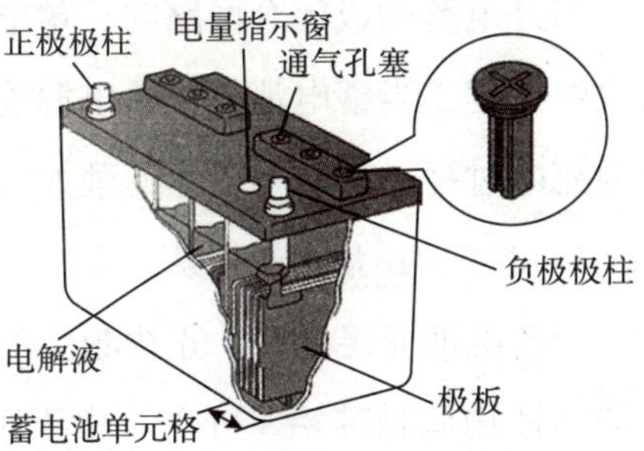

图 2–6　蓄电池的基本结构

2. 干式荷电铅蓄电池

干式荷电铅蓄电池已大量在汽车上使用。它与普通蓄电池的区别在于极板组在干燥状态的条件下，能够较长时间地保存制造过程中所得到的电荷。所以干式荷电铅蓄电池在规定的保存期内（2 年），只要加入符合规定密度的电解液，放置 15 ～ 20 min，调整液面高度至规定标准后即可使用。

3. 免维护蓄电池

免维护蓄电池在使用过程中，无须补加蒸馏水，这减少了维护的工作量。它的使用寿命约为普通蓄电池的 4 倍，是目前普遍使用的蓄电池。

免维护蓄电池内部装有指示蓄电池荷电状况的相对密度计，如图 2-7 所示。如果相对密度计顶部的圆点呈绿色，表明蓄电池荷电充足。如果圆点模糊，表明蓄电池荷电不足，应补充充电。如果圆点呈黄色或透亮，则必须更换蓄电池。相对密度计表示蓄电池的荷电状况，在蓄电池上部一般都有明确标注。

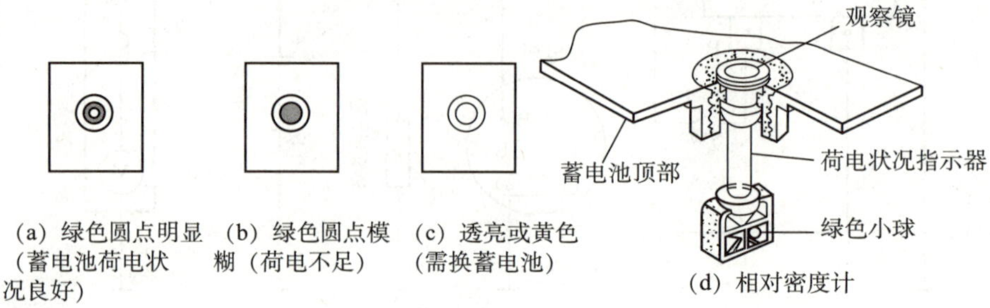

图 2-7　蓄电池内装相对密度计

三、蓄电池的型号

按工业和信息化部 JB/T 2599—2012《铅酸蓄电池名称、型号编制与命名方法》标准规定，铅蓄电池的型号分为三部分，如表 2-1。如型号 6-QA-60 代表 6 节额定电压 12 V、额定容量 60 A・h 的起动型干荷电铅蓄电池。

表 2-1　蓄电池的型号说明

第一部分	第二部分		第三部分	
串联的单格电池数	蓄电池的类型	蓄电池的特征	蓄电池的额定容量	蓄电池的特殊性能
用阿拉伯数字表示	用大写的汉语拼音字母表示。如： Q——起动用铅蓄电池 N——内燃机车用蓄电池 M——摩托车用蓄电池	用大写的汉语拼音字母表示。如： A——干荷电铅蓄电池 H——湿荷电铅蓄电池 W——免维护铅蓄电池 B——薄型极板 无字母——普通铅蓄电池	20 h 率放电率的额定容量，单位为 A・h，单位略去不写	用大写的汉语拼音字母表示。如： G——高起动率 D——低温性能好 S——塑料槽蓄电池

四、蓄电池的工作原理

当外电路构成闭合回路时，蓄电池将化学能转化为电能而向外供电，称为放电过程。当蓄电池与直流电源连接时，即电能转化为化学能储存起来，称为充电过程。其基本工作原理如图 2-8 所示。

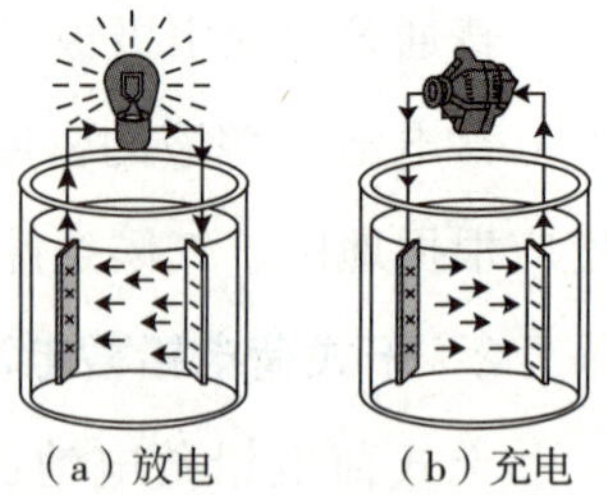

图 2-8　蓄电池的工作原理图

1. 蓄电池的放电过程

当蓄电池充足电时，正极板上的活性物质是二氧化铅（PbO_2），负极板上的活性物质是纯铅（Pb）。由于正负极板是两种不同的导体，与电解液（H_2SO_4）起化学反应后，正极板带正电，负极板带负电，两极板间产生了约 2 V 的电位差。当蓄电池接上负载放电时，在电位差的作用下，电流由正极通过负载流向负极。这使两极板由原来的二氧化铅（PbO_2）和海绵状铅（Pb）逐渐变成硫酸铅（Pb_2SO_4），电解液的密度下降。

2. 蓄电池的充电过程

放电后的蓄电池与直流电源连接（蓄电池正极接直流电源正极，蓄电池负极接直流电源负极），当外加电源的电压高于蓄电池的电动势时，电流将以与放电电流相反的方向流过蓄电池，使极板上的活性物质和电解液恢复到放电前的状态，即正、负极板上的硫酸铅绝大部分变为二氧化铅与海绵状铅，电解液密度增加，充电结束。蓄电池的工作过程如图 2–9 所示。

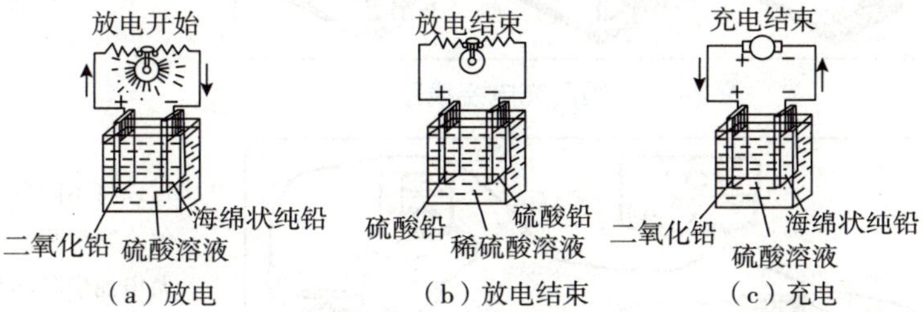

图 2–9 蓄电池的工作过程

五、蓄电池的使用与维护

（1）不要连续使用起动机。每次起动的时间不得超过 5 s，相邻两次起动应间隔 15 s，连续三次不能成功起动发动机，应查明原因，排除故障后再起动发动机。

（2）经常清除蓄电池表面的灰尘污物，保持表面清洁。

（3）检查蓄电池在车上是否安装牢靠，以防行车时发生振动和移位。

（4）检查蓄电池的放电程度，如果其低于规定标准，要立即进行补充充电。

（5）拆卸蓄电池电缆时，应先拆下蓄电池负极，再拆下蓄电池正极。安装蓄电池电缆时，应先安装蓄电池正极，再安装蓄电池负极，以免拆卸过程中造成蓄电池断路。

六、蓄电池正确充电方法

1. 充电设备

蓄电池是直流电源，必须用直流电源对其进行充电。充电时，充电电源的正极接蓄电池的正极，充电电源的负极接蓄电池的负极。

汽车上的充电设备是由发动机驱动的交流发电机。充电间多采用硅整流充电机、晶闸管整流充电机和智能充电机等。

2. 充电方法

（1）定电压充电。恒压充电是指充电过程中，充电电源电压保持恒定的充电方法。

恒压充电的接线方法如图 2–10 所示。若充电电压过高，将导致过充电；若充电电压过低，将导致充电不足。一般单格电池充电电压选为 2.5 V。在恒压充电初期，充电电流较大，4 ～ 5 h 内即可达到额定容量的 90% ～ 95%，因而充电时间较短，而且不需要照管和调整充电电流，适用于补充充电。由于充电电流不可调节，所以不适用于初充电和去硫化充电。

（2）定电流充电。恒流充电指充电电流保持恒定的充电方法，广泛用于初充电、补充充电和去硫化充电等。恒流充电的接线方法如图 2–11 所示。

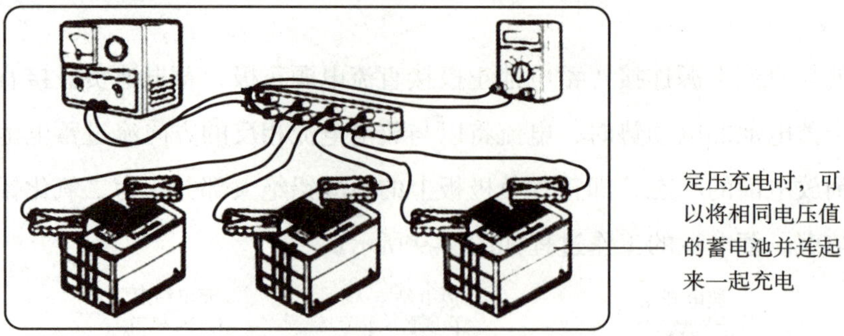

图 2–10　恒压充电接线图

图 2–11　恒流充电接线图

为缩短充电时间，充电过程通常分为两个阶段。第一阶段采用较大的充电电流，使蓄电池的容量得到迅速恢复，当蓄电池电量基本充足，单格电池 1 电压达到 2.4 V，电解水开始产生气泡时，转入第二阶段，将充电电流减小一半，直到电解液密度和蓄电池端电压达到最大值且在 2 ～ 3 h 内不再上升，蓄电池内部剧烈冒出气泡时为止。

恒流充电的适应性强，可任意选择和调整充电电流的大小，有利于保持蓄电池的技术性能和延长其使用寿命；其缺点是充电时间长，要经常调节充电电流。

（3）脉冲快速充电。脉冲快速充电必须用脉冲快速充电机进行充电，其充电电流波形如图 2–12 所示。

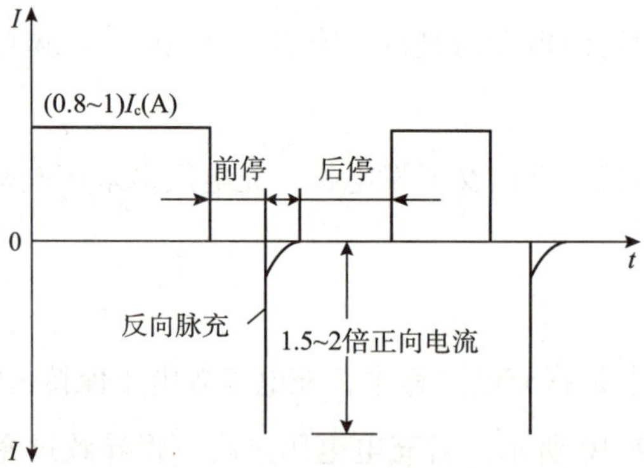

图 2–12　脉冲充电波形图

脉冲快速充电的过程：先用 0.8 ～ 1 倍额定容量的大电流进行恒流充电，使蓄电池在短时间内充至额定容量的 50% ～ 60%。当单格电池电压升至 2.4 V，开始冒气泡时，由充电机的控制电路自动控制，开始脉冲快速充电，然后再放电或反向充电，使蓄电池反向通过一个较大的脉冲电流（脉冲深度一般为充电电流的 1.5 ～ 3 倍，脉冲宽度为 150 ～ 1 000 μs），然后再停止充电 40 ms（称为后停充）。后续过程：正脉冲充电→前停充→负脉冲瞬间放电→后停充→正脉冲充电……循环进行，直至充满电。脉冲快速充电的优点是可大大缩短充电时间（新蓄电池充电仅需 5 h，补充充电需 1 h）。缺点是对蓄电池的寿命有一定的影响，并且脉冲快速充电机结构复杂，价格昂贵，适用于电池集中、充电频繁、要求应急的场合。

3. 检测蓄电池

蓄电池技术状况的检测包括电解液液面高度的检查、蓄电池端电压的检测。

（1）电解液液面高度的检查。普通蓄电池必须定期检查电解液的液面高度，如果电解液密度足够，则添加蒸馏水；如果密度不够，则添加专用电解液。

蓄电池的壳体是由透明或半透明材料制成的，在上面有正常液位范围标记，电解液的液位必须在该范围之内，如图 2–13 所示。

无正常液位范围标记的蓄电池，电解液必须保持在隔板上方 10 ～ 15 mm 的位置，如图 2–14 所示。

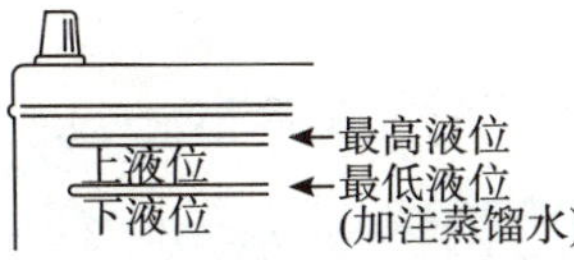

图 2–13　透明壳体液位检查

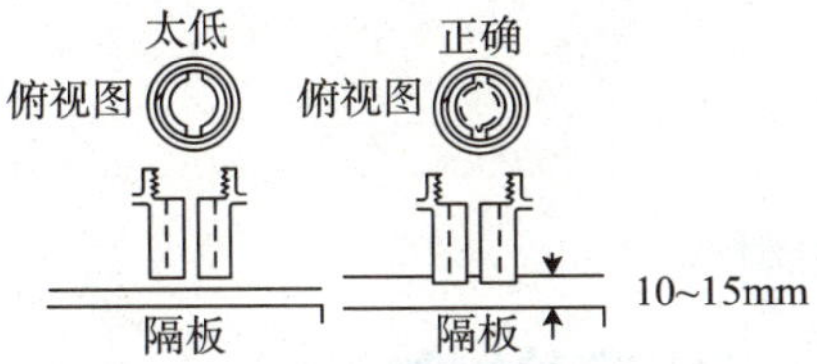

图 2–14　蓄电池液位检查

（2）蓄电池端电压的检测。用万用表测量蓄电池的端电压。万用表如图 2–15 所示，测量时按以下步骤进行：

①将万用表置于直流 20 V 挡。

②将万用表的正表笔接蓄电池的正极端，负表笔接蓄电池的蓄电池的负极端。

③读出指示电压值，12 V 以上为正常值。

④电压值低于 9 V，表明蓄电池已放电，需进行维护充电。

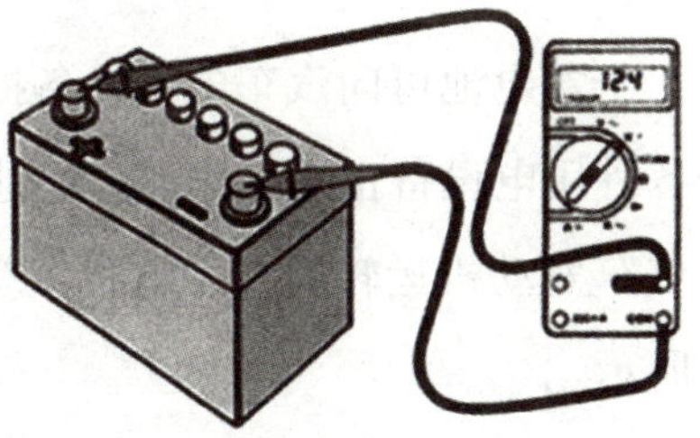
图 2–15　万用表测蓄电池电压

（3）放电程度的检查方法。电解液密度与放电程度的关系是密度每下降 0.01 g/cm^3 相当于蓄电池放电 6%，当判定蓄电池在夏季放电超过 50%、冬季放电超过 25% 时不宜再使用，应及时进行充电，否则会使蓄电池早期损坏。放电程度可通过测量电解液密度来估算。

（4）汽车蓄电池测试诊断。汽车蓄电池诊断可以使用蓄电池测试仪，其测量原理是电导测量，通过测量蓄电池内部电阻，计算出结果。这种测量不会给蓄电池加上负载，对蓄电池的电量要求不高。以蓄电池测试仪 VAS 6161 为例，其有三种运行模式，分别为维护模式、保修模式、服务模式。

维护模式是专门用于新车蓄电池检测的一种模式，在车辆库存时，随时检测蓄电池的质量。首先使用扫描仪通过车辆条形码读取车辆识别号（也可以手动输入）；然后使用扫描仪读取蓄电池二维码（也可以手动选择蓄电池型号和相应的蓄电池制造商）；接着连接测试导线，对测量蓄电池温度和蓄电池内阻进行测试。检测结果显示为蓄电池良好、立即充电或蓄电池损坏。

保修模式是在车用蓄电池有保修需要时使用的一种模式。保修模式可以在车辆上进行，也可以在拆下的蓄电池上进行。测试过程与维护模式相同，检测结果可以分成两类，分别为有享受保修的故障和没有享受保修的故障。

服务模式可以用于检测所有保修到期的蓄电池或检测车辆非原厂品牌的蓄电池。测试过程与维护模式相同，检测结果可以分蓄电池良好、蓄电池良好需充电、蓄电池充电再检测和蓄电池已耗尽四种。若蓄电池充电后的检测结果仍然为蓄电池充电再检测时，需要更换蓄电池。若检测结果是蓄电池已耗尽，请在确认导线连接正常的情况下再检测一次，结果仍为蓄电池已耗尽，则需要更换蓄电池。

测试的注意事项：

①应去除蓄电池极柱上的表面电荷。

②蓄电池检测应在关闭所有用电设备后进行，此时所有系统都应处于静止状态。

③在测试时应注意不要用手挡住温度传感器。

④确认输入正确的信息。

⑤选择正确的检测模式，否则会影响测试结果。

第三节 交流发电机

蓄电池可向汽车电气设备提供电能，但蓄电池的电量有限，不能满足汽车连续供电的需要。要保证各种用电设备正常工作，蓄电池必须经常充电，所以汽车需要充电系统产生电能随时给蓄电池充电。当汽车发动机运转时，发电机产生的电能不但可以给蓄电池充电，而且可以给用电设备供电，如图 2-16 所示。

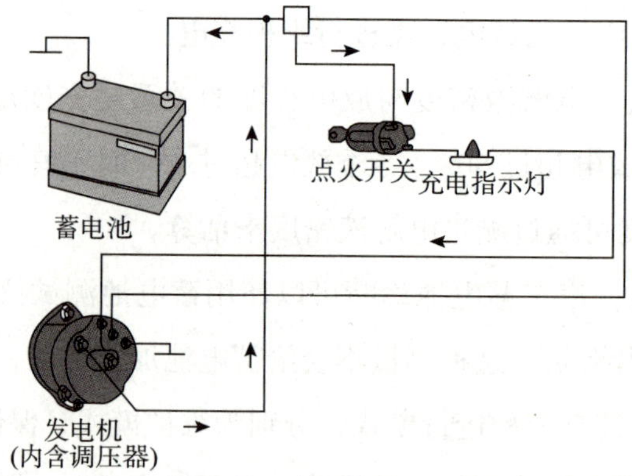

图 2-16　充电系统

一、交流发电机的功用、分类与型号

1. 交流发电机的功用

发电机是汽车的主要电源，其功用是在发动机正常运转时（怠速以上），给所有用电设备（起动机除外）供电，同时给蓄电池充电。

2. 交流发电机的分类

汽车发电机包括直流发电机和交流发电机。由于交流发电机在许多方面优于直流发电机，直流发电机已趋于淘汰。目前汽车均采用交流发电机。按照不同的方法将交流发电机分为以下几类：

（1）按总体结构分类

①普通交流发电机（使用时需要配装电压调节器的发电机）。

②整体式交流发电机（发电机和调节器制成一个整体的发电机）。

③带真空泵式交流发电机（和汽车制动系统用真空助力泵安装在一起的发电机）。

④无刷式交流发电机（不需要电刷的发电机），如 JFW1913。

⑤永磁式交流发电机（磁极为永久磁铁制成的发电机）。

按总体结构分类，常见的三种类型的交流发电机如图 2–17 所示。

（a）普通交流发电机　　（b）整体式交流发电机　　（c）带真空泵式交流发电机。

图 2–17　常见的三种类型的交流发电机

（2）按整流器的结构分类

①六管交流发电机，如 JF1522（东风汽车用）。

②八管交流发电机，如 JFZ1542（天津 TJ7130 型汽车用）。

③九管交流发电机，如（日本日立、三菱、马自达汽车用）。

④十一管交流发电机，如 JFZ1913Z（奥迪、桑塔纳汽车用）。

按整流器结构分类，四种常见类型的交流发电机如图 2–18 所示。

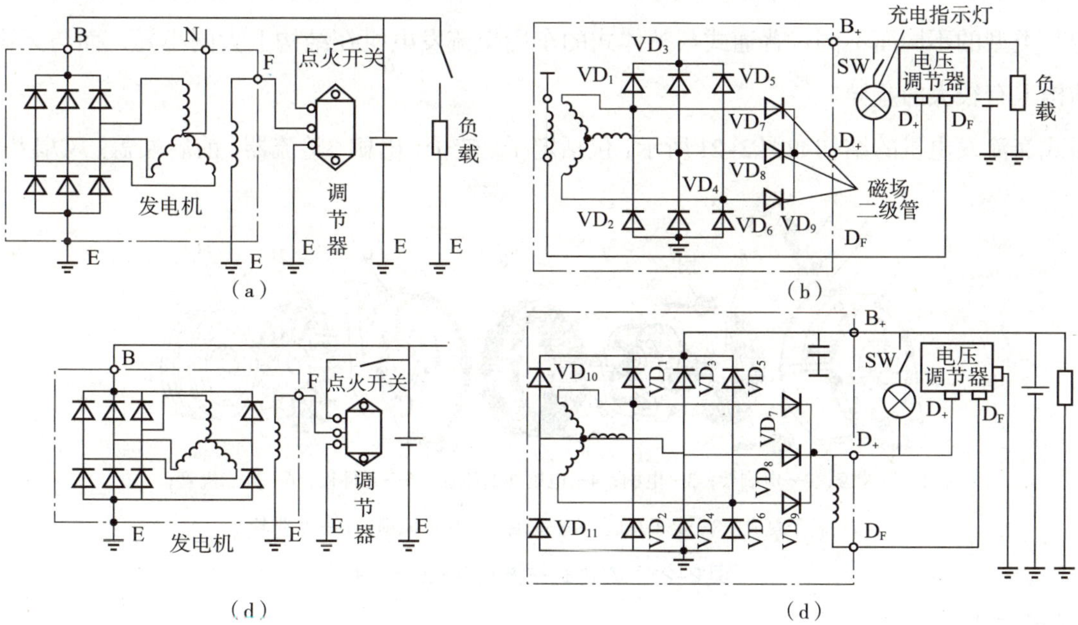

图 2–18　四种常见类型的交流发电机

（3）按磁场绕组搭铁形式分类

①内搭铁型交流发电机，磁场绕组的一端（负极）直接搭铁（和壳体相连）。

②外搭铁型交流发电机，磁场绕组的一端（负极）接入调节器，通过调节器后再搭铁。

内、外搭铁型交流发电机的磁场绕组搭铁形式如图 2-19 所示。

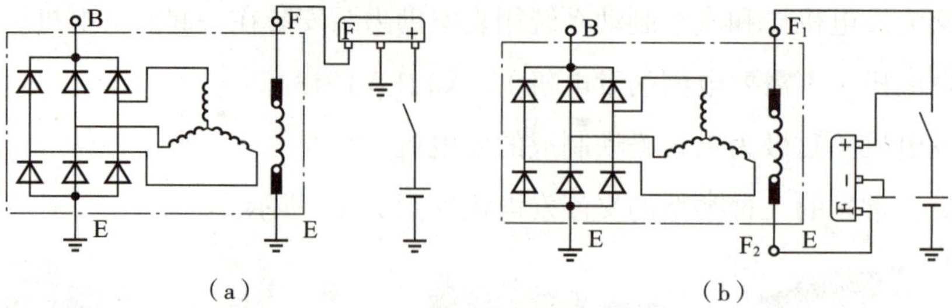

图 2-19　内、外搭铁型交流发电机的磁场绕组搭铁形式

3. 交流发电机的型号

车用交流发电机的型号根据各国家或地区的规定各有不同，根据规定，我国汽车交流发电机的型号如图 2-20 所示。

第 1 部分为产品代号。交流发电机的产品代号有 JF、JFZ、JFB、JFW 四种，分别表示交流发电机、整体式交流发电机、带真空泵式交流发电机和无刷式交流发电机。

第 2 部分为电压等级代号。用 1 位阿拉伯数字表示，如 1–12 V，2–24 V，6–6 V。

第 3 部分为电流等级代号。

第 4 部分为设计序号。

第 5 部分为变型代号。

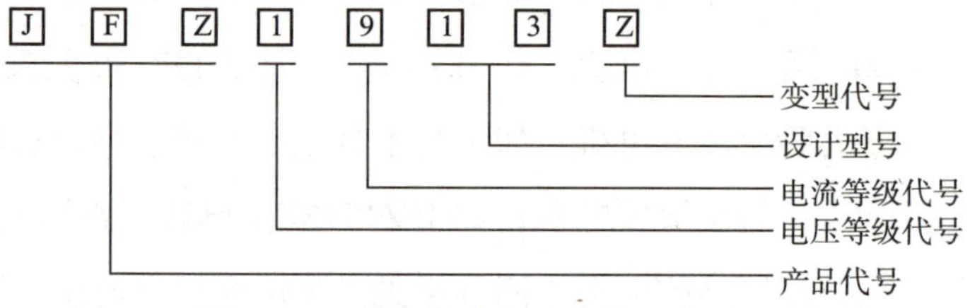

图 2-20　我国汽车交流发电机的型号

二、交流发电机的结构

汽车发电机多采用三相同步交流发电机，其结构按其类型的不同而不同。普通式与整体式的车用交流发电机在结构上大同小异，而与无刷式、永磁式在结构上有较大的差异。

普通式交流发电机的结构如图 2-21 所示，包括定子、转子、电刷、整流器、前后端盖、风扇及带轮等。

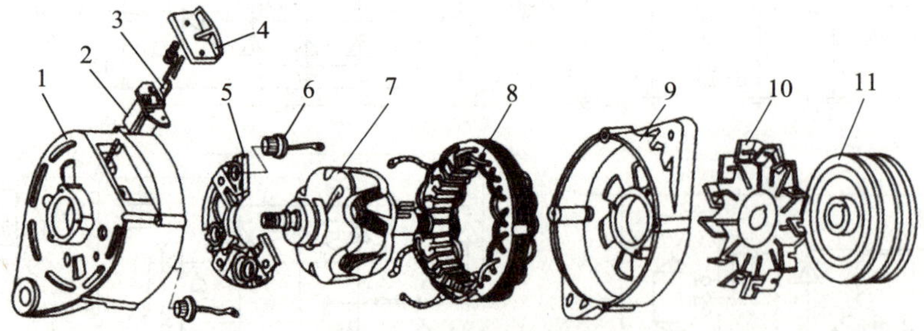

1—后端盖；2—电刷架；3—电刷；4—电刷弹簧压盖；5—元件板；6—硅二极管；

7—转子总成；8—定子总成；9—前端盖；10—风扇；11—V 带轮。

图 2-21　普通式交流发电机的结构

1. 定子总成

定子总成是产生和输出交流电的部件，又叫作电枢，由定子铁芯和定子绕组组成，如图 2-20 所示。

定子铁芯由相互绝缘的内圆带槽的环状硅钢片叠成。定子槽内置有三相对称绕组，三相绕组大多数采用Y形（星形）联结，也有用△形联结的。当定子绕组为Y形连接时，三相绕组的公共结点称为中性点。从三相绕组的中性点引一根导线到发电机外，标记为N。N点电压称为中性点电压。

2. 转子

转子的作用是形成发电机的磁场。它主要由两块爪极、磁场绕组和集电环组成，如图2–22所示。两个电刷安装在与端盖绝缘的电刷架内，通过弹簧力与集电环保持接触。当电机工作时，两个电刷与直流电源连通，为磁场绕组提供定向电流并产生旋转的磁场。

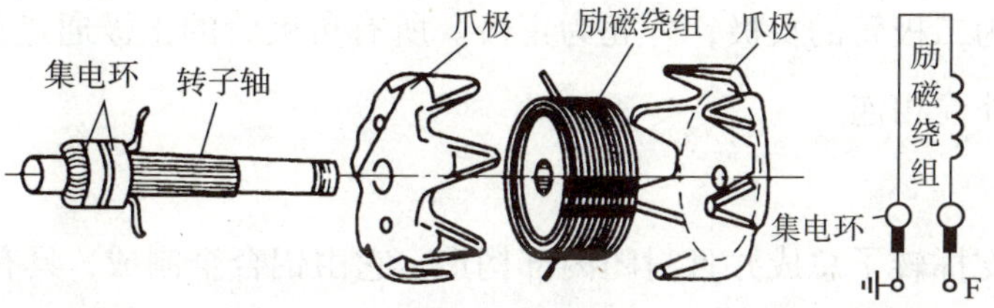

图2–22　交流发电机转子总成构造

（1）交流发电机的励磁。通电给交流发电机的磁场绕组，使其产生磁场，称为励磁。交流发电机的励磁方式采用他励和自励相结合的方式。

①当发电机输出电压低于蓄电池端电压时，发电机的励磁电流由蓄电池供给，称为他励。

②当发电机输出电压达到蓄电池电压时，发电机的励磁电流由自己供给，称为自励。

（2）交流发电机的搭铁形式。根据交流发电机励磁电流的控制形式，可分为内搭铁型、外搭铁型交流发电机。

①连接发电机电刷组件的两个磁场接线柱中，有一个直接搭铁，另一个接调节器，由调节器控制励磁电流的相线，就称这种发电机为内搭铁型交流发电机，如图2–19（a）所示。

②连接发电机电刷组件的两个磁场接线柱均与发电机外壳绝缘，并且有一个通过开关接电源，另一个接调节器，调节器控制励磁电流的搭铁，就称这种交流发电机为外搭铁型交流发电机，如图2–19（b）所示。

交流发电机的搭铁形式必须与调节器的搭铁形式一致。汽车电源系统较多采用内搭铁型发电机和内搭铁型调节器。

3. 整流器

如图2–23所示，整流器由正整流板和负整流板组成。其作用是将三相定子绕组输出的交流电，通过三相桥式整流变成直流电输出。同时，由于二极管的导电特性，整流器可阻止蓄电池电流向发电机倒流，避免烧坏发电机。交流发电机的整流器大多由六只硅二极管组成。

正极管的中心引线为二极管的正极，外壳为负极。所有正极管的负极通过正整流板连在一起形成发电机的正极，该接线柱即为发电机的正极接线柱，用“B”表示。

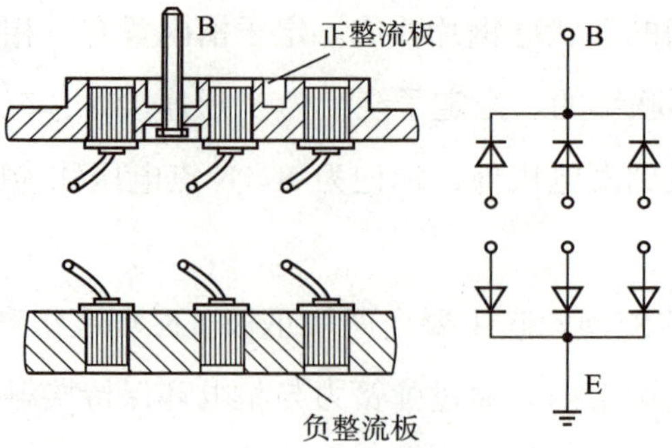

图 2-23　整流器

负极管的中心引线为二极管的负极，外壳为正极。所有负极管的正极通过负整流板连在一起形成发电机的负极，与发电机外壳相连。

4. 前后端盖

前后端盖的作用是支撑转子总成并且封闭内部构造。它由铝合金制成，具有轻便、阻磁（减少漏磁）和散热性能好等优点。

5. 电刷与电刷架

电刷是通过集电环给励磁绕组提供电流的元件。电刷安装在电刷架内，通过弹簧与集电环紧密接触，如图 2-24 所示。电刷架根据发电机类型的不同，其安装位置也不同。安装在发电机后端盖上的称为外装式，如图 2-24（a）所示，这种结构便于电刷的维护与更换。与整流器安装在一起的称为内装式，如图 2-24（b）所示，当维护或更换电刷时，将发电机后端盖上的防护罩拆下。

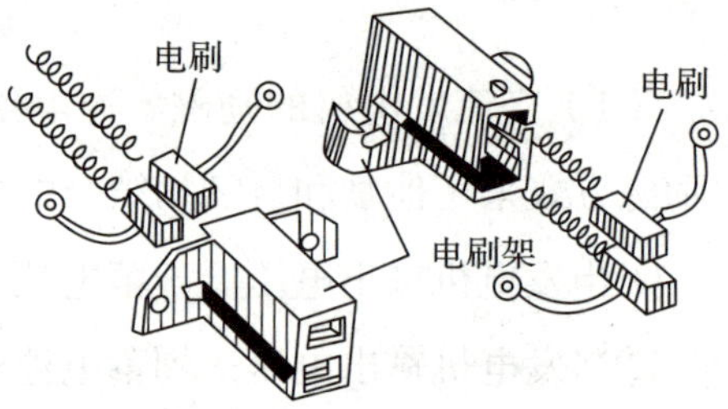

（a）外装式　　（b）内装式。

图 2-24　电刷与电刷架

6. 带轮及风扇

带轮的作用是通过传动带将发动机的转矩传递给发电机的转子轴。风扇的作用是当发电机工作时，通风冷却发电机内部，防止发电机温度过高。

三、交流发电机的工作原理

1. 发电原理

交流发电机发电原理示意图如图 2-25 所示，发电机定子的三相绕组按一定规律分布在发电机的定子槽中，内部有一个转子，转子上安装着爪极和励磁绕组。

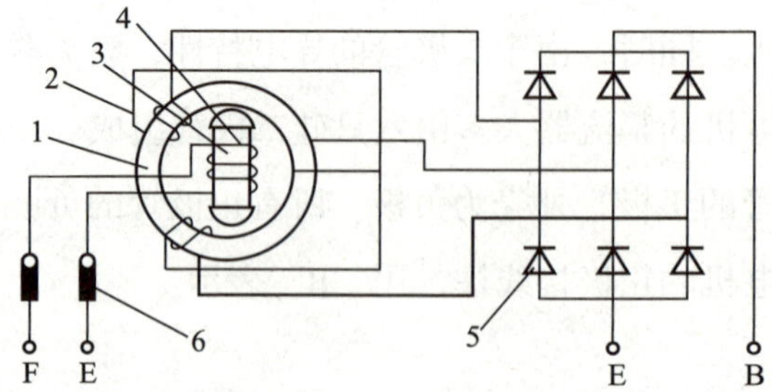

1—定子铁芯；2—定子绕组；3—转子；4—励磁绕组；5—整流二极管；6—电刷。

图 2-25　交流发电机发电原理示意图

当外电路通过电刷使励磁绕组通电时便产生磁场，使爪极被磁化为 N 极和 S 极。当转子旋转时，磁通交替地在定子绕组中变化，根据电磁感应原理可知，定子的三相绕组中便产生交变的感应电动势，这就是交流发电机的发电原理。

2. 整流原理

将交流电变成直流电的过程称为整流。整流的方法有许多种，但是汽车交流发电机所使用的是一种既简单又有效的二极管整流法。

交流发电机定子的三相绕组中感应产生的交流电，通过 6 只二极管组成的三相桥式整流电路整流为直流电。整流电路图如图 2–26（a）所示。

二极管具有单向导通性，当给二极管加上正向电压时，二极管导通；当给二极管加上反向电压时，二极管截止。将定子的三相绕组和 6 只整流二极管按图 2–26（a）的电路连接，发电机的输出端 B、E 上就输出一个脉动直流电压，波形如图 2–26（b）所示，这就是发电机的整流原理。

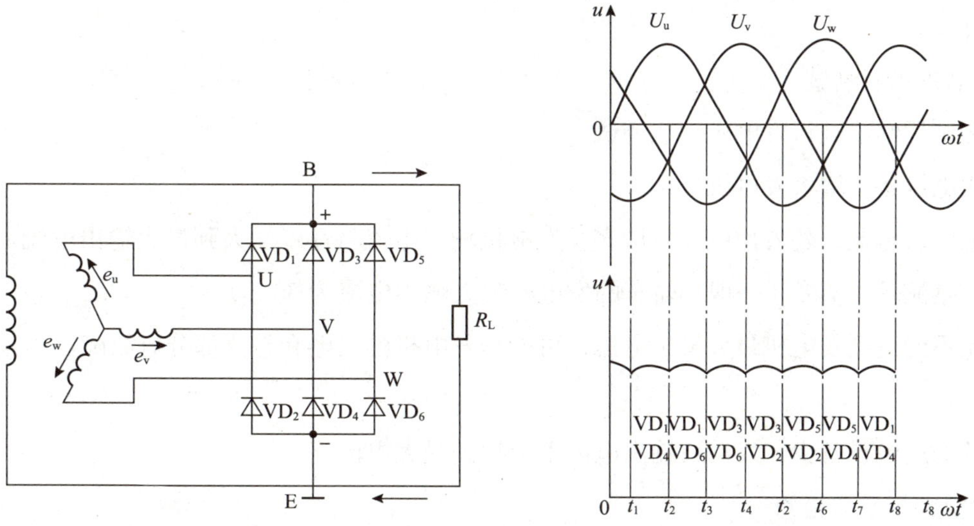

（a）整流电路图　　（b）三相绕组电压波形及整流后的波形

图 2–26　交流发电机整流原理

3. 励磁方式

将电流引入励磁绕组使之产生磁场称为励磁。交流发电机励磁方式有他励和自励两种。

（1）他励。在发电机转速较低时（发动机未达到怠速转速），自身不能发电，需要蓄电池供给发电机励磁绕组电流，使励磁绕组产生磁场来发电。这种由蓄电池供给磁场电流发电的方式称为他励发电。

（2）自励。随着转速的提高（一般在发动机达到怠速时），发电机定子绕组的电动势逐渐升高并能使整流器二极管导通，当发电机的输出电压大于蓄电池电压时，发电机就能对外供电了。当发电机能对外供电时，就可以把自身发的电供给励磁绕组，这种自身供给磁场电流发电的方式称为自励发电。

交流发电机开始发电时，需由蓄电池供给励磁电流。当发电机电压达到蓄电池电压时，即由发电机自己供给励磁电流，也就是由他励转变为自励。

四、发电机的检修

1. 发电机就车检修

发电机就车检修主要是发电机无负载情况下测试发电机电压是否保持在恒定的水平、发电机带负载情况下测试发电机输入电流和功率。

（1）发电机无负载测试

①连接电流表和电压表。

②关闭所有的用电设备。

③起动发动机保持转速 2 000 r/ min。

④查看电流表，电流应小于 10 A。

⑤检查电压表，电压应在 13.5 V 与 15.1 V 之间。

⑥如果电压大于额定值，可能是 IC 调节器有故障；如果电压小于额定值，可能是除 IC 调节器外的发电机元件有故障。

（2）发电机满载测试

无负载测试后继续进行发电机满载测试。

①打开用电设备，增大发电机负载。

②观察电流表电流，随着用电设备增多，发电机输出电流将逐步增大到最大输出电流。当达到最大输出电流后，电流基本不变（一般小轿车的发电机最大输出电流为 30 A）。

③如电流不能达到发电机最大输出电流，可能是发电机的发电和整流部分有故障。

注意事项：

如果打开的用电设备少，发动机输出电流不会达到最大电流值。

2. 发电机的拆装与检修

交流发电机的维护可从五个方面完成，即拆卸、分解、检查、组装、安装。

（1）拆卸

①断开蓄电池负极（–）端子电缆。

②脱开发电机电缆和连接器。

③）拆卸发电机。

（2）分解

①拆卸发电机皮带轮。

②拆卸发电机电刷架总成。

③拆卸发电机调节器总成。

④拆卸整流器。

⑤拆卸发电机转子总成。

（3）检查

①检查发电机转子总成。目视检查发电机转子总成，如图 2-27 所示。

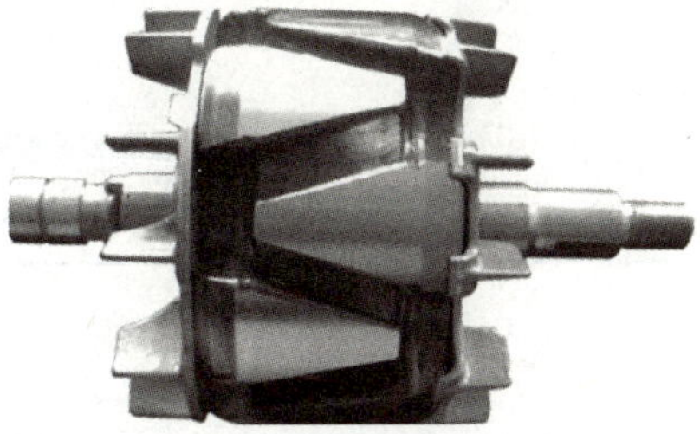

图 2-27　目视检查发电机转子总成

②检查带整流器的发电机座。

（4）组装

①安装发电机转子总成。

②安装整流器端盖。用压机将整流器端盖压到驱动端盖内。

③安装发电机电刷架总成。

④安装发电机皮带轮。当皮带轮锁至螺母拧紧后，它会随轴一起旋转。拧紧螺母时，使用 SST（专用工具）和螺母保持不动，转动轴。

（5）安装

①安装发电机，滑动轴套直到表面和托架平齐（管接头一端）。

②连接发电机电缆和连接器。

③连接蓄电池负极端子电缆。

④起动发动机进行运转试验。

3. 交流发电机的正确使用

交流发电机的结构简单，维护方便。若正确使用，不仅使故障减少而且使其寿命增长。若使用不当，则会很快被损坏。因此在使用和维护中应特别注意以下几点：

（1）汽车交流发电机均为负极搭铁，蓄电池搭铁极性必须与此相同，否则，蓄电池将使整流二极管烧坏。

（2）发电机运转时，不能用试火花的方法检查发电机是否发电，否则容易损坏二极管。

（3）一旦发现发电机不发电或充电电流很小时，就应及时找出故障并予以排除，不应再长期继续运转。因为一只二极管短路，发电机就不能正常输出电压，并会导致其他二极管或定子绕组被烧坏。

（4）整流器的 6 只二极管与定子绕组连接时，绝对禁止用兆欧表（摇表）或 220 V 交流发电机检查发电机的绝缘情况，否则将使二极管击穿而损坏。

（5）发电机熄火时，应将点火开关断开，否则蓄电池将长期经磁场绕组和调节器放电。

（6）发电机与蓄电池之间的导线要连接可靠，若突然断开，将会产生过电压，易损坏电子元器件。

第四节 电压调节器

一、电压调节器的认知

发电机在汽车上是按固定的传动比由发动机驱动旋转的，其转速随发动机转速变化而变化，且范围较大。

根据电磁感应原理，交流发电机发出的电压，随发电机速度和负载（输出电流）而变化。由于发动机的转速不断变化，交流发电机转速很难保持不变。因此，为了使发电机能提供稳定的电压，必须采用调节器来控制电压。一般充电系统使用发电机的电压调节器来保持充电系统的电压稳定，如图 2–28 所示。

图 2–28　电压调节器

1. 电压调节器的功用

当发电机转速变化时，自动对发电机的电压进行调节，维持发电机的电压稳定，以满足汽车用电设备的要求。

电压调节器

2. 电压调节器的工作原理

根据电磁感应原理，发电机的感应电动势为 $E_{\Phi}=C_e n\Phi$，即感应电动势 E_{Φ} 与发电机转速 n 和磁通 Φ 成正比。发电机的空载电压 $U=E_{\Phi}$，发电机在汽车上是按固定的传动比驱动旋转的，其转速 n 随发动机转速变化在很大范围内变动。如果要在转速 n 变化时维持发电机电压恒定，就必须相应地改变磁极磁通 Φ。因为磁极磁通 Φ 取决于励磁 I_f 电流的大小，所以在发电机转速变化时，只要自动调节励磁电流 I_f，就能使发电机电压保持恒定。电压调节器就是利用自动调节励磁电流使磁极磁通改变这一原理来调节发电机电压的。

（1）晶体管式电压调节器的工作原理。晶体管式电压调节器，也称电子调节器，以稳压管作为电压感受元件，通过控制晶体三极管的通断来调节励磁电流 I_f，使发电机电压保持稳定。这种调节器没有触点，使用过程中无须保养和维护，结构简单、体积小、重量轻。

晶体管式电压调节器有多种形式，其电路各不相同，基本结构一般由 2 ～ 4 个晶体管、1 ～ 2 个稳压管和一些电阻、电容、二极管组成。调节器对外引出有“+”（或“S”“点火”）、“F”（或“励磁”）、“E”（或“搭铁”“–”）等的接线柱或引线，分别与交流发电机等连接构成汽车电气装置的充电系统。

如图 2–29 所示为晶体管式电压调节器基本原理。调节器的“+”接线柱接点火开关，“F”接线柱接发电机励磁绕组，“+”和“F”之间为三极管的集电极与发射极之间形成的开关电路，“+”与“–”

之间有两个电阻 R_1、R_2 组成的分压器，其 O 点电压正比于发电机电压，O 点与放大器之间接有稳压管 D_w 用来感受电压，其工作过程如下：

在发电机电压较低的情况下，分压器中间 O 点电压也较低，此时稳压管处于截止状态，此状态经放大器放大后，给三极管的基极一个高电位信号，使三极管导通，励磁电流可以通过三极管流入发电机励磁绕组，使发电机电压上升，当电压上升到电压调节器调整值时，O 点电压升高至稳压管的击穿电压，稳压管被击穿，此信号经放大器放大后给三极管一个低电位信号，使三极管截止，切断励磁电流，发电机无励磁电流，电压下降，这样又使三极管导通，如此反复，使发电机的电压稳定在某个调定值。

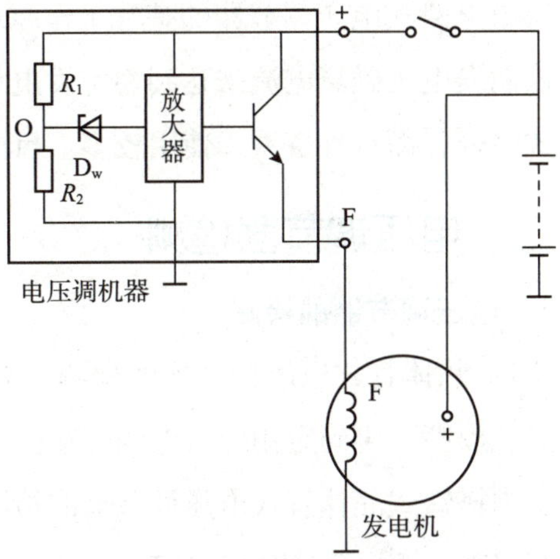

图 2–29 晶体管式电压调节器基本原理

晶体管式电压调节器与具有内、外搭铁形式的交流发电机配套使用，使用前一定要判断其搭铁形式，并与发电机相应的接线柱正确连接。如图 2–30 所示为发电机和电压调节器的两种接线方式。这两种形式的发电机与电压调节器不能互换，否则将会造成发电机电压失调或不发电。

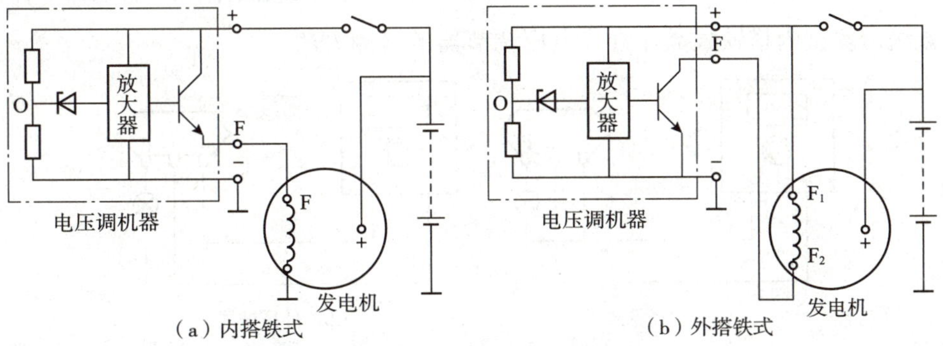

图 2–30 发电机和电压调节器的两种接线方式

内搭铁式调节器装在发电机与点火开关之间，发电机励磁绕组有一端搭铁。

外搭铁式调节器装在发电机励磁绕组与搭铁之间，发电机励磁绕组无搭铁端，电压调节器控制励磁绕组搭铁。

（2）集成电路式电压调节器的工作原理。集成电路式电压调节器是利用集成电路（IC）组成的调节器，可分为全集成电路电压调节器和混合集成电路电压调节器两类。前者是将二极管、三极管、电阻、电容等电子元件同时装在一块硅基片上。后者是用厚膜或薄膜电阻与集成的单片芯片或分立元件组装而成，使用最广泛的是厚膜混合集成电路调节器。

集成电路式电压调节器除具有晶体管电压调节器的优点外，还有以下特点：

①体积小、重量轻。因此它可以直接装在发电机内部或壳体上成为整体式交流发电机的一个零件，这样可以省去调节器和发电机之间的导线，减小了线路损失与故障，使调节器的精度可达 ±0.3 V，工作更为可靠。

②耐高温性能好，可在 130 ℃高温下正常工作。

③更加耐振，使用寿命长。

集成电路式电压调节器的基本工作原理与晶体管电压调节器完全一样，都是利用晶体三极管的开关特性控制发电机磁场电流来达到稳定发电机输出电压的目的。集成电路式电压调节器也有内搭铁式和外搭铁式之分，而且外搭铁式使用较多。目前汽车上已大量采用集成电路式电压调节器。

二、电压调节器检测

1. 电压调节器的检测

（1）晶体管式电压调节器的检测。对晶体管式电压调节器进行检测前，应先了解调节器的电路特点及搭铁极性，再确定相应的检测方法。

①内搭铁式晶体管式电压调节器的检测。将可调直流电源与调节器按图 2-31（a）所示的线路接好，再逐渐提高电源电压。当电压达到6 V左右时，指示灯亮。继续提高电源电压，当电压达到13.5～14.5 V时，指示灯熄灭。此时电压即为调节器的调节电压，若指示灯不亮或发电机电压超过规定值后，灯仍不熄灭，则调节器有故障。

②外搭铁式晶体管式电压调节器的检测。外搭铁式交流发电机工作时，磁场绕组通过调节器搭铁，具体检测线路连接如图 2-31（b）所示。由于其检测方法与内搭铁式晶体管式电压调节器的检测方法完全相同，检测方法可参见内搭铁式晶体管式电压调节器的检测方法。

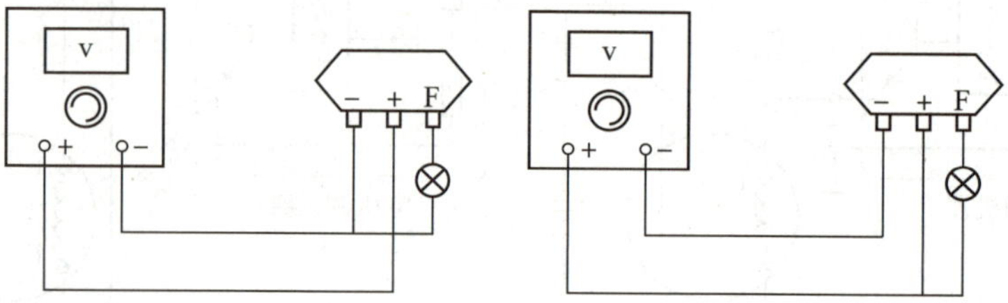

（a）内搭铁式　　（b）外搭铁式

图 2-31　晶体管式电压调节器的测试

（2）集成电路式电压调节器的检测。

①发电机电压检测法。集成电路调节器直接在发电机上检测发电机的输出电压，称为发电机电压检测法，如图 2-32 所示。加在分压器 R_1 和 R_2 上的电压是励磁二极管输出端 L 的电压 U_L，$U_L = U_B$ 因此，检测点 P 的电压加在稳压管 VZ_1 上，其电压与发电机的端电压 U_B 成正比，所以该检测法称为发电机电压检测法。

②蓄电池电压检测法。如果用连接导线检测蓄电池的端电压来检测发电机的输出电压，称为蓄电池电压检测法，如图 2-33 所示。加在分压器 R_1 和 R_2 上的电压为蓄电池端电压，由于通过检测点 P 加到稳压管 VZ_1 上的反向电压与蓄电池成正比，所以该检测法称为蓄电池电压检测法。

在这两种基本检测法中，前者发电机的引线可以少一根，但是发电机 B 端到蓄电池的接线柱之间的电压降较大时，蓄电池的充电电压将会降低，使蓄电池充电不足，因此一般大功率发电机宜采用蓄电池电压检测法。

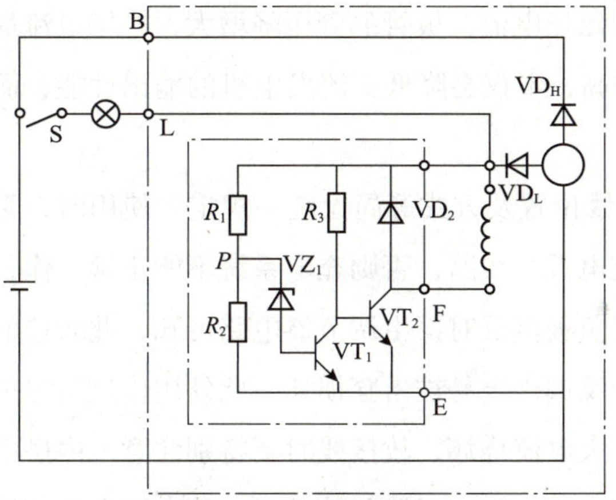

图 2–32 发电机电压检测电路

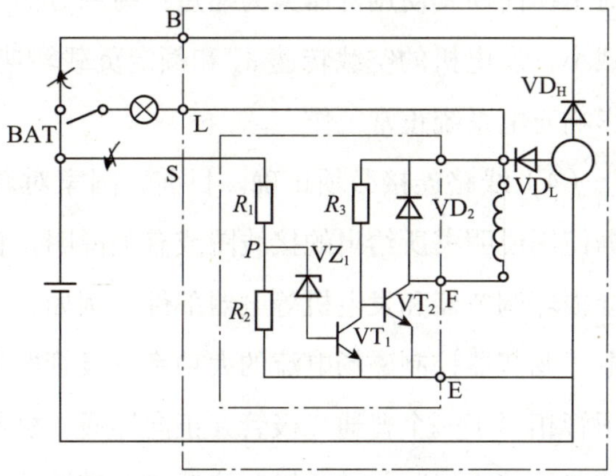

图 2–33 蓄电池电压检测电路

2. 电压调节器的正确使

电压调节器在使用中应注意以下几点。

（1）调节器与发电机的电压等级必须一致，否则电源系统不能正常工作。

（2）调节器与发电机的搭铁形式必须一致，交流发电机的磁场电流在调节器中的流向如图 2–34 所示。

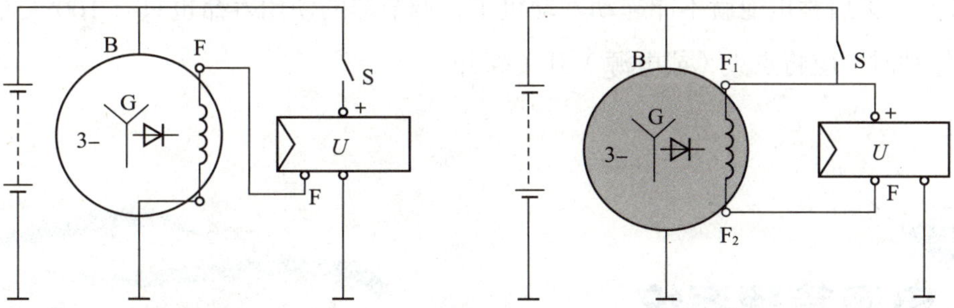

（a）内搭铁发电机与调节器　　（b）外搭铁发电机与调节器

图 2–34 磁场电流的流向

由图 2–34 可知，对于外搭铁式发电机与外搭铁式的调节器，磁场电流是由调节器的“磁场”端子（“F”）流入，经内部的大功率三极管（NPN 型三极管）后从调节器的“搭铁”（“–”）端子流出，再回到电源负极。对于内搭铁式发电机和内搭铁式调节器，磁场电流则是由调节器“+”端子流入，经内部的大功率三极管（PNP 型）后，从调节器“F”端子流出，再经发电机磁场绕组搭铁回到电源负极。由此可见，内搭铁式调节器只能与内搭铁式发电机配用，外搭铁式调节器只能与外搭铁式发电机配用，否则发电机无磁场电流而不能输出电压，蓄电池使用寿命会大大缩短。当调节器与发电机的搭铁形式不匹配而又亟需使用时，只能通过改变发电机磁场绕组的搭铁形式，使发电机与调节器搭铁形式一致后方可配合使用。

（3）交流发电机的功率不得超过调节器设计时所能配用的交流发电机的功率，因为交流发电机的功率愈大，磁场电流亦愈大。（如 14 V 750 W 交流发电机，其磁场电流为 3 ～ 4 A；14 V 1 000 W 交流发电机，其磁场电流为 4 ～ 5 A。）磁场电流越大，对调节器中控制磁场电流的大功率管（三极管、复合管或达林顿管）的技术要求越高，成本也越高。大功率发电机的调节器搭配小功率发电机，虽然可用，但成本较高，不经济。而小功率发电机的调节器不能与大功率发电机配用，一方面是因为调节器会因超负荷工作而使其使用寿命大为缩短；另一方面是因为控制磁场电流三极管的管压降增大，磁场电流最大值减小，发电机的空载转速 n_A 和额定负载转速 n_R 都将增高，不仅会降低交流发电机的输出性能，而且会影响充电系统正常工作。

（4）线路连接必须正确。目前，国家对调节器的接线位置及方式等尚无统一规定。使用时，必须根据使用说明书所给出的接线图或有关说明，正确连接充电系统线路，否则充电系统不能正常工作，甚至会损坏调节器和发电机等电器部件。例如，当调节器正负极接反时，由调节器电路可知，此时任何一种电子调节器控制磁场电流的大功率三极管的发射结均为反偏，极易被击穿损坏，此外用作过压保护的稳压管相当于一个普通二极管并正向导通，极易被通过的大电流烧坏，故接线时要特别注意。内搭铁式调节器的“磁场”与“负极”接反或外搭铁式调节器的“磁场”与“正极”接反时，蓄电池电压在接通电源（或点火）开关后，全部加在大功率管的集电极与发射极，调节器亦容易被击穿损坏。

（5）调节器必须受点火（或电源）开关控制，一旦接通电源，调节器中控制磁场电流的大功率管在发电机输出电压低于蓄电池充电电压时就始终导通。如果调节器不受开关控制，那么汽车停驶时，该功率管也始终导通工作，夜间停驶也是如此，且此时功率管工作负荷接近最大，这不但会使电子调节器的使用寿命大为缩短，而且会导致蓄电池亏电。试验证明，当电子调节器不受开关控制而直接与蓄电池连通时，使用 5 ～ 7 天后蓄电池就不能起动发动机了，调节器的使用寿命也只有 100 天左右。

（6）汽车停驶时，应将点火（或电源）开关断开。

第五节 电源管理系统

一、电源管理系统简介

能量管理的任务是在车辆所有运行状态下保证能量的使用始终保持最优化状态。能量管理系统负责监督和控制车辆停止和行驶期间的能量平衡。每个能量管理系统的主要组成部分都是发动机控制单元中的电源管理系统软件。该电源管理系统控制车内的能量流。发动机起动后发电机（能量发生器）提供电流，在理想状态下该电流能够满足所有用电器的需求且有多余的电能为蓄电池充电。所连接用电器的耗电量大于发电机可以提供的电量时，车载网络电压就会下降至蓄电池的电压水平，这时蓄电池开始放电。如果一部带有普通电源系统的汽车长期停驶，则汽车蓄电池会因电器的休眠电流（如防盗锁止系统）而将电流耗尽，这可能导致没有足够的电能来供发动机起动使用。

电源管理系统主要由蓄电池诊断、休眠电流管理和动态电源管理三部分组成。

1. 蓄电池诊断

蓄电池诊断持续地测定汽车蓄电池的状态。传感器根据蓄电池的电压、电流和温度，来测定蓄电池当前的充电状态和功率。

2. 休眠电流管理

休眠电流管理在汽车停放期间降低电流的消耗。在点火开关断开的情况下，控制各种不同电器的电流供给（此时需参考蓄电池诊断给出的数据）。根据蓄电池的充电状态，会逐渐关闭某个电器，以免蓄电池大量放电，由此保持汽车的起动性能。

3. 动态电源管理

在汽车行驶期间，动态电源管理将发电机产生的电流按需分配给不同的电器。当发电机产生的电流超过电器消耗的需要时，它便会进行调节处理，保证向蓄电池供电，使其达到最佳充电状态。

二、电源管理系统的作用

电源管理系统用于监测和控制充电系统，并发出诊断信息，提醒驾驶员蓄电池和发电机的可能故障，其基本组成如图 2–35 所示。它主要利用已有的车载电脑功能，使发电机效率最大化，并管理系统电力负荷。通过控制电能的分配，优化起动发动机的电能供给，改善蓄电池充电状态和寿命，优化起动性能。它能使系统对燃油经济性的影响降到最低程度，使车辆的起动性能和蓄电池的寿命得到明显地改善和提高。

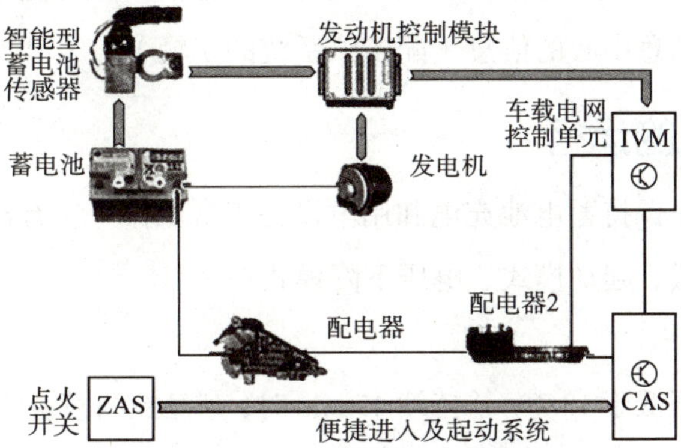

图 2–35 BWM5 系智能电网结构

三、电源管理系统的组成部件

1. 发电机

发电机是不可维修的部件。如果诊断出发电机故障，必须将它作为一个总成更换。电压调节器与发电机控制装置集成一体，控制着发电机的输出。如果发电机磁场控制电路出现故障，则发电机默认输出电压为 13.8 V。

2. 车身控制模块

车身控制模块是一个 GMLAN（通用汽车局域网）装置。它与发动机控制模块和仪表板组合为仪表通信以进行电源管理操作。车身控制模块确定发电机输出，并发送信息到发动机控制模块，以控制发电机接通信号电路。它监测来自发动机控制模块的发电机磁场占空比信号电路信息，以控制发电机。监测蓄电池电流传感器、蓄电池正极电压电路，并估计蓄电池温度以确定蓄电池充电状态。车身控制模块可控制提高怠速转速。

3. 蓄电池电流传感器

蓄电池电流传感器是一个可维修的部件，装在蓄电池处与蓄电池负极电缆连接。蓄电池电流传感器利用霍尔效应制成，对外有电源、信号、搭铁三个端子。蓄电池电流传感器监测蓄电池电流，直接输入到车身控制模块中。它产生一个 128 Hz、占空比为 0 ～ 100% 的 5 V 脉冲宽度调制信号。正常的占空比为 5% ～ 95%，0 ～ 5% 和 95% ～ 100% 的占空比用于诊断。

4. 发动机控制模块

发动机运行时，发动机控制模块将发电机接通信号发送至发电机以打开调节器。发电机电压调压器通过控制转子的电流，从而控制发电机的输出电压。转子电流与调节器供给的电脉冲宽度成正比。发动机起动后，调节器通过内部导线检测定子上的交流电压来感测发电机的转动。一旦发动机运行，调节器通过控制脉冲宽度来改变励磁电流，从而调节发电机输出电压，保证蓄电池正常充电以及电气系统正常运行。发电机磁场占空比端子内部连接到电压调节器，外部连接到发动机控制模块。当电压调节器检测到充电系统故障时，它将此电路搭铁并向发动机控制模块发送信号，告知该故障。发动机控制模块监测发电机磁场占空比信号电路，并接收来自车身控制模块信息而做出控制指令。

5. 组合仪表

组合仪表提醒用户要特别关注充电系统。它有两种提醒方法：一种是充电指示灯，另外一种是可维修蓄电池充电系统的驾驶员信息中心的信息（配备该系统的车辆）。

四、电源管理系统的运行

电源管理系统的作用在于保持蓄电池充电和用电设备正常工作。它有蓄电池硫化模式、充电模式、燃油经济性模式、前照灯模式、起动模式、电压下降模式。

1. 蓄电池硫化模式

当转换的发电机输出电压低于 13.2 V 并持续 45 min 时，车身控制模块将进入此模式。出现此情况时，车身控制模块将进入充电模式 2 ～ 3 min。然后根据电压要求，车身控制模块将确定进入哪一个模式。

2. 充电模式

满足以下任一条件，车身控制模块将进入“充电模式”：

（1）刮水器接通并持续 3 s。

（2）暖风、通风和空调系统控制单元感测到冷却风扇高速运行，以及后窗除雾器和暖风、通风与空调系统的鼓风机高速运行。

（3）估计的蓄电池温度低于 0 ℃。

（4）“蓄电池充电状态”低于 80%。

（5）车速高于 145 km/h。

（6）电流传感器出现故障。

（7）系统电压被确定低于 12.56 V。

遇到上述任何情况，根据蓄电池充电状态和估计的蓄电池温度，系统将设置交流发电机输出电压的目标为充电电压在 13.9 ～ 15.5 V 之间。

3. 燃油经济性模式

当估计的蓄电池温度至少为 0 ℃但是低于或等于 80 ℃，计算得到的蓄电池电流小于 15 A 并大

于 –8 A，且蓄电池充电状态大于或等于 80% 时，车身控制模块将进入燃油经济性模式。发电机的目标输出电压是蓄电池开路电压，且在 12.5 ～ 13.1 V 之间。当出现以上所述任一条件时，车身控制模块将退出此模式并进入“充电模式”。

4. 前照灯模式

当前照灯（远光或近光）打开时，车身控制模块将进入“前照灯模式”，电压在 13.9 ～ 14.5 V 之间调节。

5. 起动模式

当发动机起动时，车身控制模块设置发电机的目标输出电压为 14.5 V，且持续 30 s。

6. 电压下降模式

当计算的环境温度高于 0 ℃时，车身控制模块将进入“电压下降模式”。计算的蓄电池电流小于 1 A、大于 –7 A，且发电机磁场占空比小于 99% 时发电机输出电压的目标值为 12.9 V。一旦满足“充电模式”准则，车身控制模块将退出该模式。

五、组合仪表放电警示灯的控制

以下一种或多种情况发生时，仪表板组合仪表点亮放电警示灯，并在驾驶员信息中心显示警告信息（配备）。

（1）发动机控制模块检测到发电机输出电压低于 11 V 或者高于 16 V。组合仪表从发动机控制模块接收到一条 GMLAN 信息，请求点亮放电警示灯。

（2）当系统电压低于 11 V 或高于 16 V，且持续 30 s 以上时，组合仪表接收到来自车身控制模块的 GMLAN 信息，指出系统电压范围出现问题，点亮放电警示灯。

六、蓄电池能量管理

蓄电池能量管理的任务是确保蓄电池始终有足够的能量用来起动发动机。控制单元根据发动机转速、蓄电池电压、发电机的负荷信号等相关数据进行评估。

在保证安全行驶的前提下，适当地关闭舒适功能的用电设备。电源管理系统示意图如图 2–36 所示。其工作过程有两种方式：一种是提高怠速转速，另一种是减少用电负荷。不管是提高怠速转速还是减少用电负荷都是独立的，且这两种功能不能同时开启。

大众车系具有三种管理模式。

（1）管理模式一。15 号线接通并且发电机处于工作状态。如果蓄电池电压低于 12.7 V，则控制单元要求发动机的怠速提升。如果蓄电池的电压低于 12.2 V，则以下的用电器将被关闭：座椅加热、后风窗加热、后视镜加热、转向盘加热、脚坑照明、门内把手照明、全自动空调耗能降低或空调关闭、信息娱乐系统关闭并有关闭警示。

（2）管理模式二。15 号线接通并且发电机处于停机状态。如果蓄电池的电压低于 12.2 V，则以下的用电器将被关闭：空调耗能降低或空调关闭、脚坑照明、门内把手照明、上 / 下车灯、离家功能、信息娱乐系统关闭并有关闭警示。

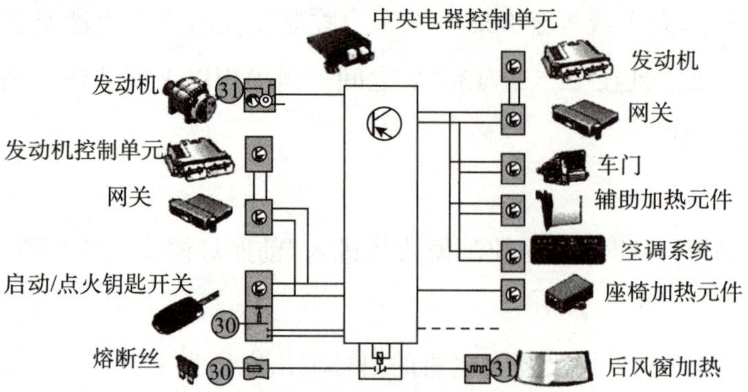

图 2-36　电源管理系统示意图

（3）管理模式三。15 号线断开并且发电机处于停机状态。如果蓄电池的电压低于 11.8 V，则以下的用电器将被关闭：车内灯、脚坑照明、门内把手照明、上 / 下车灯、离家功能、信息娱乐系统关闭。

这三种管理模式的不同之处在于，用电器被关闭的次序不同。在第三种模式中，一些用电器将会被立即关闭。如果关闭的条件取消，用电器将会被重新激活。如果用电器因为电能管理的原因被关闭，则电控单元中有故障存储。

第六节 电源系统维护及故障诊断

一、电源系统电路

1. 利用九管发电机控制放电警示灯的电源电路

九管发电机控制放电警示灯的电源电路如图 2-37 所示。

接通点火开关，电流从蓄电池“+”极→点火开关 S→放电警告灯 HL→调节器火线接线柱“+”→磁场接线柱“F”→发电机励磁绕组→搭铁→蓄电池“−”极，构成回路。蓄电池提供励磁电流完成他励。放电警告灯亮，表示蓄电池放电。

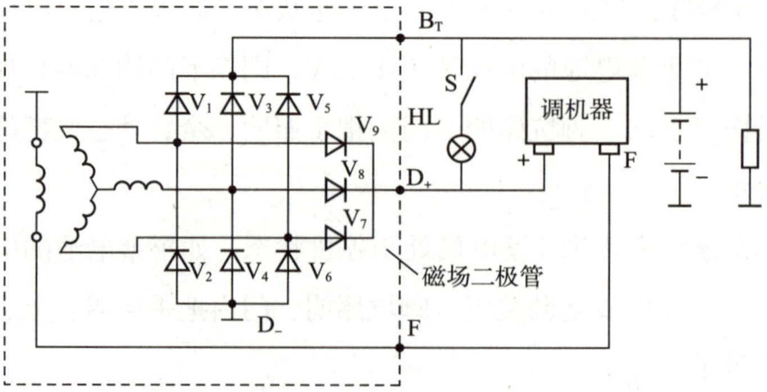

图 2-37　九管发电机控制放电警示灯的电源电路

当发动机起动后，放电警告灯受蓄电池电压和励磁二极管输出端电压“D+”的差值所控制。随着发电机转速的升高，“D+”处电压升高，放电警告灯两端的电位差减小，灯就会自动变暗与熄灭。此后“B+”与“D+”等电位（都高于蓄电池电动势）放电警告灯一直熄灭，表示发电机对蓄电池充电。此时发电机提供励磁电流，并给用电设备供电。

2. 由 IC 调节器控制放电警示灯的电源电路

有的轿车采用内装集成电路 IC 调节器，放电警告灯受 IC 调节器控制。IC 调节器控制放电警示灯的电源电路如图 2–38 所示。

发电机的“IG”端经点火开关接至蓄电池，用于检测蓄电池和发电机电压，从而控制三极管 VT1 的导通与截止，三极管 VT1 控制发电机磁场电路。发电机的 P 端接至发电机一相定子绕组上，集成电路调节器从 P 端检测到交流发电机的电压，从而控制其导通与截止，三极管 VT2 控制放电警告灯电路。

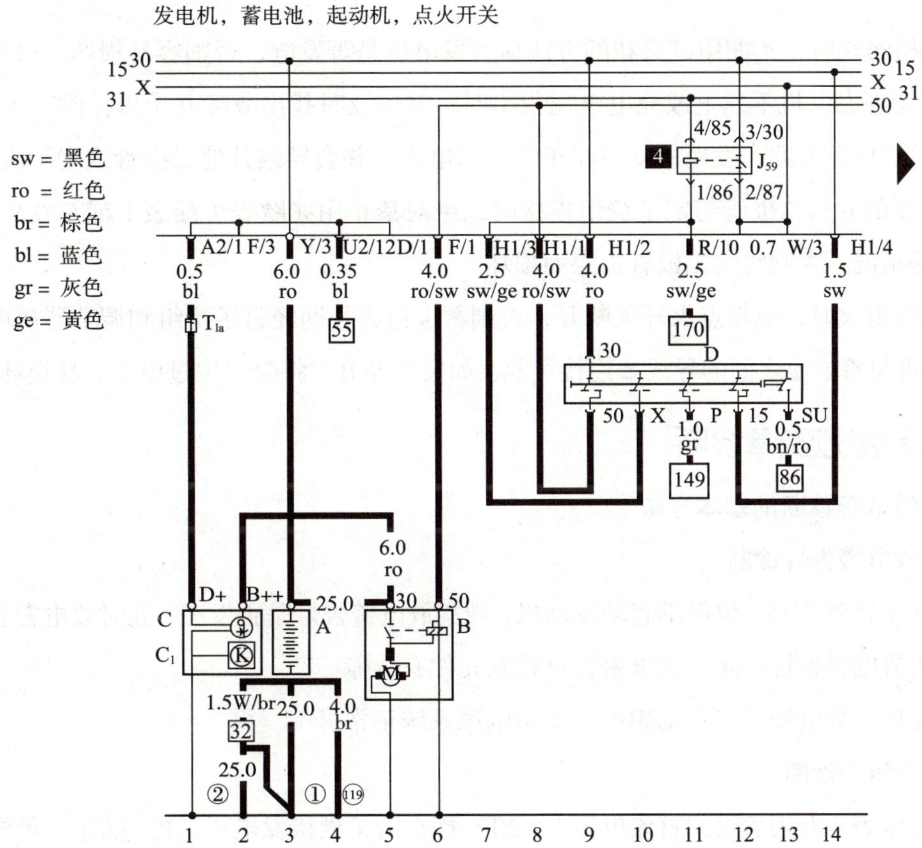

A—蓄电池；B—起动机；C—发电机；C_1—电压调节器；D—点火开关；J_{59}—X—触点卸荷继电器；

T_{1a}—单孔接头—蓄电池附近；①—搭铁线，蓄电池—车身；②—搭铁线，变速器—车身；⑲—搭铁连接点，前照灯线束内。

图 2–38 IC 调节器控制放电警示灯的电源电路

当点火开关接通，发电机未转动，蓄电池电压经点火开关加到发电机“IG”端和调节器的“IG”端，调节器的电源就被接通。调节器电源电路为：蓄电池正极→易熔线（60 A）→点火开关“B”端子→点火开关触点→点火开关“IG”端子→发动机熔断器（15 A）→发电机线束连接器“IG”端子→IC 调节器内部电路→搭铁端子“E”→蓄电池负极。

集成电路检测出这个电压，使 VT1 导通，于是励磁电路接通。励磁电路为：蓄电池正极→易熔线（60 A）→点火开关“B”端子→发电机输出端子“B”→磁场绕组→调节器磁场端子“F”→ IC 调节器功率管 VT1 →调节器搭铁端子“E”→蓄电池负极。

此时，交流发电机未运转不发电，P 端电压为零，集成电路检测出该电压使 VT2 导通，于是放电警告灯亮，指示蓄电池放电。其电路为：蓄电池正极→易熔线（60 A）→点火开关“B”端子→点火开关触点→点火开关“IG”端子→仪表熔断器（10 A）→放电警告灯→发电机线束连接器“L”端子→ IC 调节器功率管 VT2 →调节器搭铁端子“E”→蓄电池负极。

二、发电机的正确使用方法

交流发电机的结构简单，维护方便，若正确使用，则不仅故障少而且寿命长。若使用不当，则会很快被损坏。因此在使用和维护发电机中应特别注意以下几点：

（1）汽车交流发电机均为负极搭铁，蓄电池搭铁极性必须与此相同，否则，蓄电池将使整流二极管立即烧坏。

（2）发电机运转时，不能用试火花的方法检查发电机是否发电，否则容易损坏二极管。

（3）一旦发现发电机不发电或充电电流很小时，就应及时找出故障并予以排除，不应再长期继续运转。因为一只二极管短路，发电机就不能正常输出电压，并会导致其他二极管或定子绕组被烧坏。

（4）整流器的 6 只二极管与定子绕组连接时，绝对禁止用兆欧表（摇表）或 220 V 交流发电机检查发电机的绝缘情况，否则将使二极管击穿而损坏。

（5）发电机熄火时，应将点火开关断开，否则蓄电池将长期经磁场绕组和调节器放电。

（6）发电机与蓄电池之间的导线要连接可靠。如突然断开，将会产生过电压，易损坏电子元器件。

三、电源系统故障诊断

1. 电源系统故障诊断的基本方法

（1）利用放电警告灯诊断

①将点火开关转到“ON”位但不起动发动机，观察放电警告灯是否发亮。此时放电警告灯应当点亮，如果不亮，说明放电警告灯线路或放电警告灯控制元件有故障。

②起动发动机，放电警示灯自动熄灭，说明电源系统正常。

（2）利用电压表诊断

①将直流电压表（万用表拨到直流电压 DC 20 V 挡）的正极接发电机“B”端子，负极搭铁。

②记下此时电压表指示的电压，该电压即为蓄电池的空载电压，正常值为 12.0 ～ 12.6 V。

③起动发动机，电压表指示的电压应高于蓄电池的空载电压，并稳定在某一调节电压值不变。

若电压表指示的电压高于调节器的调节电压，且随发电机转速升高而升高，则说明发电机能发电，调节器有故障。若电压表指示的电压随发电机转速升高而保持蓄电池空载电压值不变或低于蓄电池空载电压值，则说明发电机或调节器有故障。

（3）空载与负载性能的诊断

①空载性能诊断。

a．将电压表的正、负极分别与蓄电池的正、负极相连，将钳形直流电流表的检测钳夹到发电机“B”端子引出的导线上，如图 2–39 所示。

b．起动发动机，并使其以 2 000 r/ min 运行，此时电压表指示的电压应为 13.9 ～ 15.1 V，电流表读数应小于 10 A。调节电压过高或过低应检修或更换调节器。电流过大说明蓄电池充电不足或有故障，应补充充电或更换蓄电池。

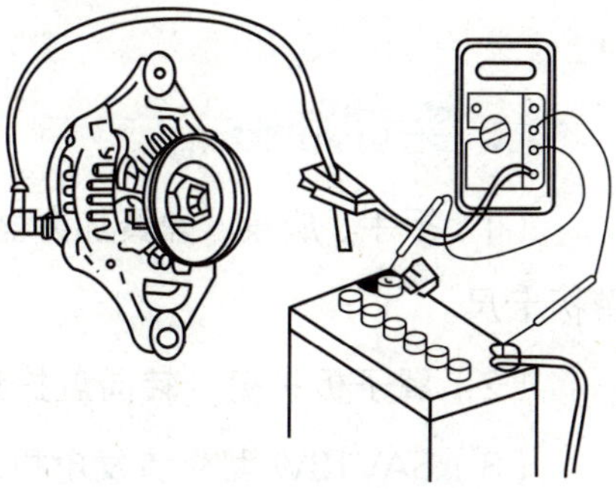
图 2–39 检测充电系统性能

②负载性能诊断。

a．检测仪器的连接同空载性能诊断。

b．起动发动机并使其以 2 000 r/ min 运行。

c．接通前照灯和暖风电动机，此时调节器电压也应为 13.9 ～ 15.1 V，电流表读数应大于 30 A，若小于 30 A，则说明发电机功率不足，应拆下检修或更换发电机。

2. 电源系统的常见故障诊断与排除

电源系统常见的故障为不充电、充电电流过小和充电电流过大等。

（1）不充电

①故障现象：发动机起动后，放电警告灯不熄灭。

②故障原因：线路断开或短路；发电机本身故障；调节器故障。

③判断步骤与方法：

a．检查发电机传动带的松紧度。

b．检查充电线路各导线和接头有无断裂或松脱，检查发电机的接线是否正确。

c．起动发动机，用万用表测量发电机正极的电压，电压应在 14 ～ 15 V 之间，如果电压为蓄电池电压，说明发电机或调节器有故障。

（2）充电电流过小

①故障现象：蓄电池经常存电不足；打开大灯灯光暗淡；按动电喇叭声音小。

②判断步骤与方法：

a．检查发电机传动带的松紧度，检查充电线路各导线接头是否接触不良或锈蚀脏污。

b．检查发电机输出电压，如输出电压低于规定值，应更换发电机。

（3）充电电流过大

①故障现象：用电设备经常被损坏。在蓄电池不亏电的情况下，充电电流仍在 10 A 以上。

②判断步骤与方法：充电电流过大的故障，一般是调节器失调所致，更换调节器即可。

本章实训

检查交流发电机

一、实训准备

（1）扳手、旋具、弹簧加力器、跨接线、试灯、欧姆表、万用表、多用途试验器 V. A. G1315 A、游标卡尺。

（2）翼子板护裙、转向盘护套、变速杆护套、座椅护套和脚垫。

（3）SAV13VI 型交流发电机及部件、蓄电池、点火开关。

（4）雪佛兰科鲁兹轿车维修手册。

二、实训过程

1. 规范地检查与调整交流发电机 V 型传动带松紧度

由于交流发电机V型传动带的挠度能反映交流发电机的传动状况，通过检查V型传动带的挠度（或张紧力）可以确定其松紧度是否合适。

（1）用弹簧加力器在水泵传动带轮与发电机传动带轮之间 V 型传动带的中部施加 40 ～ 50 N 的力，其挠度应为 8 ～ 12 mm，如图 2-40 所示。

（2）用 100 N 左右的力，在水泵传动带轮与交流发电机传动带轮之间 V 型传动带的中部压下 V 型传动带时，其挠度应为 2 mm（新传动带）或 5 mm（旧传动带）。如果不符合要求，则对 V 型传动带进行调整。

（3）拧松张紧卡板和交流发电机支架紧固螺栓（至少松开一圈，紧固螺栓松开后，交流发电机靠自重倒向一侧），用扭力扳手转动张紧螺母使 V 型传动带挠度符合规定数值，然后用 35 N · m 的力矩拧紧张紧螺母上的紧固螺栓，用 20 N · m 的力矩拧紧交流发电机支架紧固螺栓，如图 2-41 所示。

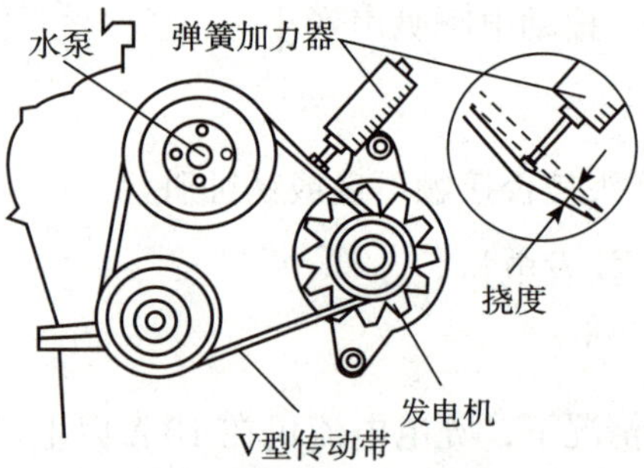

图 2-40　检查交流发电机 V 型传动带的挠度

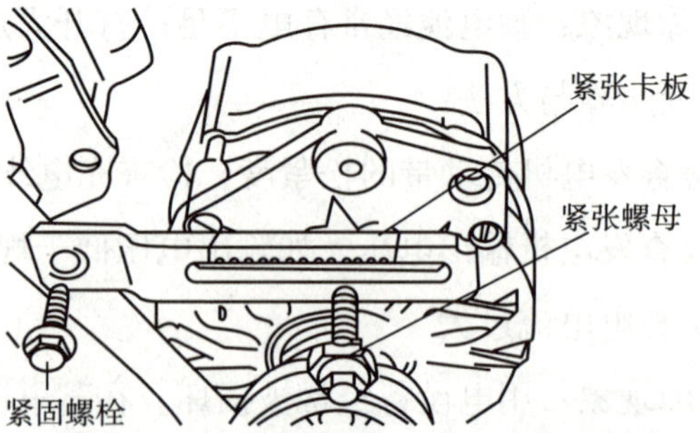

图 2-41　调整交流发电机 V 型传动带的挠度

（4）再检查 V 型传动带松紧度是否合适。如果不符合要求，则重新调整。

2. 规范检查交流发电机及电压调节器

（1）检查交流发电机是否发电

①将万用表的负表笔接发电机外壳，正表笔接交流发电机“B+”接线柱，测得的电压应为蓄电池电压。如果无电压，则表明交流发电机“B+”接线柱至蓄电池断路，应检修线路。

②如果测得的电压为蓄电池电压，则起动发动机，并提高发动机转速，此时测得的电压应高于蓄电池电压，否则，说明交流发电机不发电，应检修交流发电机及电压调节器。

（2）检查交流发电机部件

雪佛兰科鲁兹轿车的交流发电机结构如图 2-42 所示。

从车上拆下交流发电机，将交流发电机解体，检查交流发电机部件是否正常。

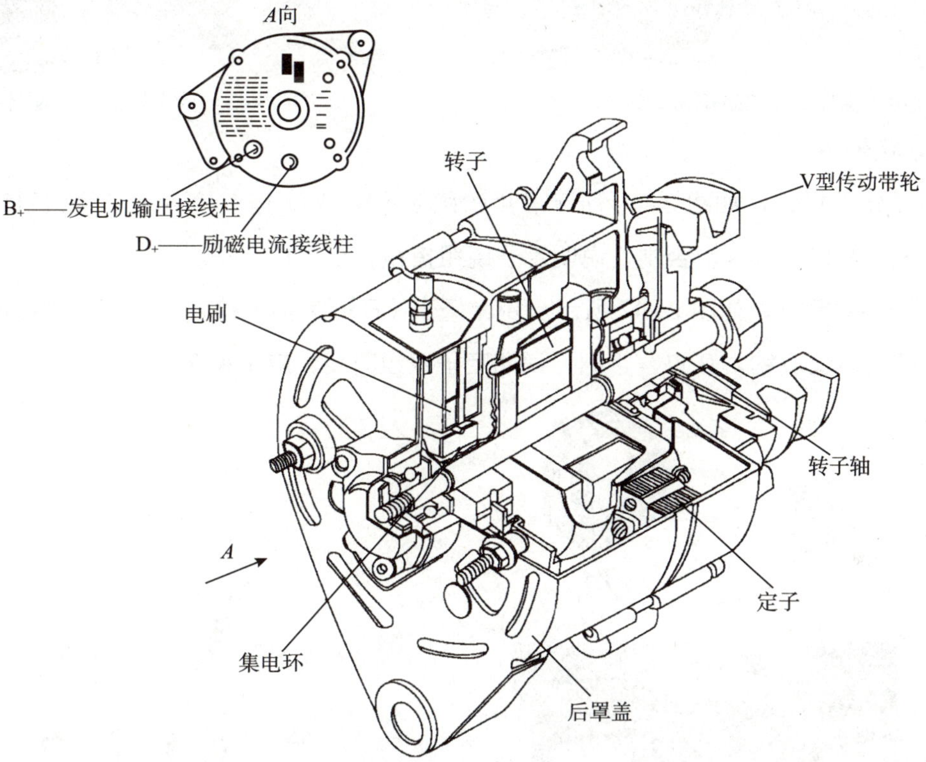

图 2-42　雪佛兰科鲁兹轿车的交流发电机结构

①检查转子

a. 目测检查转子集电环表面是否光滑、清洁。如果有油污，则可用布沾些汽油将其擦净。如果有烧伤或轻微划痕，则可用“00”号砂布打磨。用游标卡尺测量集电环的磨损量，如图 2-43 所示，如果磨损量超过 0.2 mm，则更换转子。

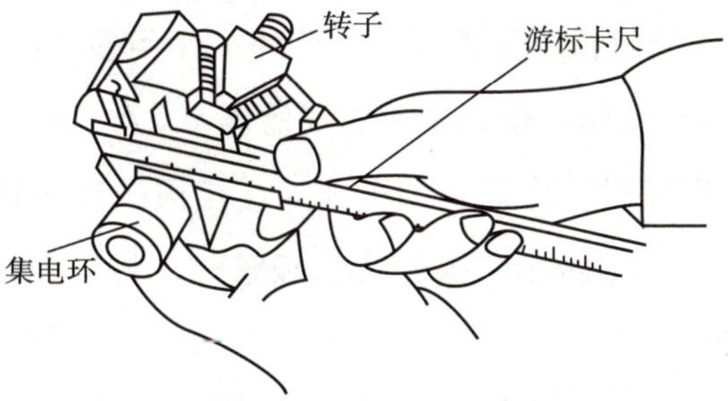

图 2-43　检查集电环磨损量

b. 检查励磁绕组短路或断路，如图 2-44 所示。用欧姆表（R×Ω 挡）检查两个集电环之间的电阻值，应为 3～4 Ω，如果电阻值小于 2 Ω，则表明励磁绕组间短路，应更换转子。如果电阻值过大，则表明励磁绕组断路，应更换转子。

c. 检查励磁绕组搭铁，如图 2-45 所示。用欧姆表（R×kΩ 挡）检查集电环与转子爪极（或转子轴）之间电阻值，应为∞，否则，说明励磁绕组搭铁，应更换转子。

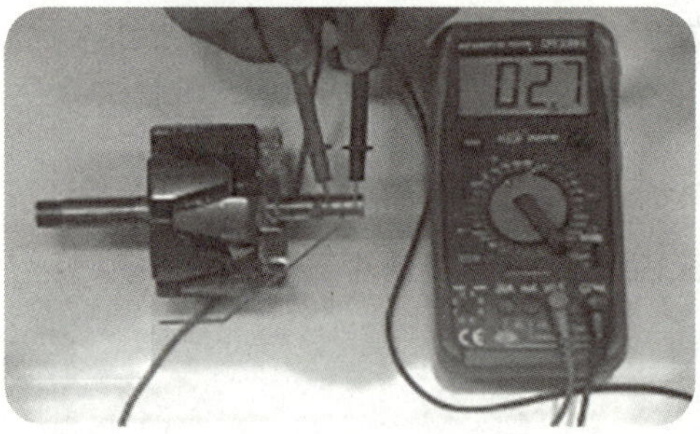

图 2-44 检查励磁绕组短路或断路

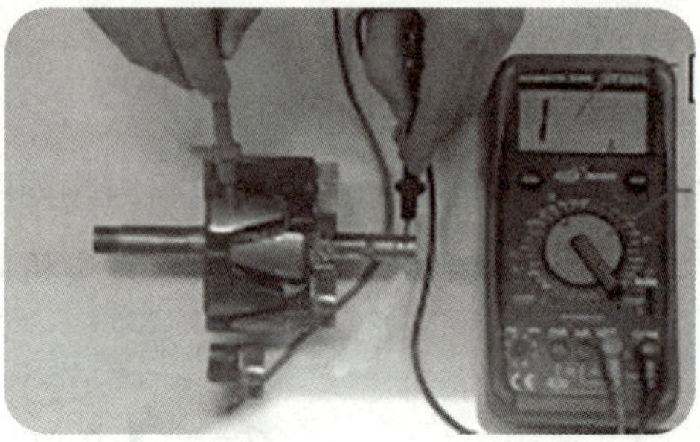

图 2-45 检查励磁绕组是否搭铁

（2）检查定子

①检查定子绕组搭铁，如图 2-46 所示。用欧姆表（R×kΩ 挡）检查定子绕组引线与定子铁芯之间电阻值，其电阻值应为∞，否则，说明定子绕组搭铁，应更换定子。

②检查定子绕组断路，如图 2-47 所示。用欧姆表（R×Ω 挡）检查定子绕组引线和中性点引线之间电阻值，其电阻值应约为 0 Ω，否则，说明定子绕组断路，应更换定子。

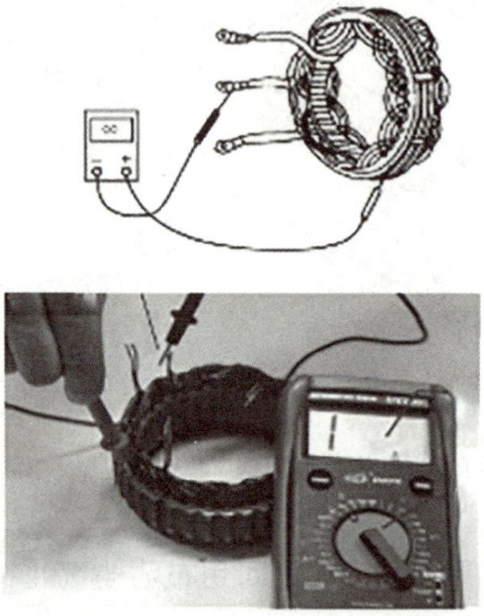

图 2-46 检查定子绕组是否搭铁

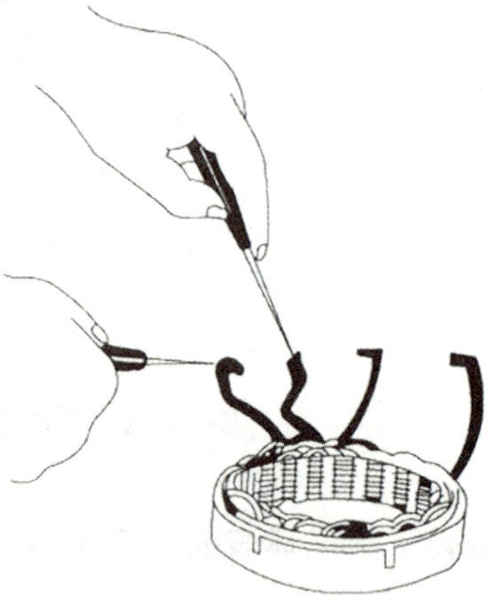

图 2-47 检查定子绕组是否断路

（3）检查整流器

用电烙铁断开定子绕组与二极管板（元件板）的连线。使用多用途试验器 V. A. G 1315 A（或万用表）检查整流器，如图 2-48 所示。使用多用途试验器 V. A. G 1315 A 需同时按下电阻测量按钮和电压测量按钮。检查正二极管时，将黑色端子连接在正极散热器片（B+）上，红色端子依次放在二极管的焊点上，如图 2-48（a）所示。检查负二极管时，将红色端子连接在负极散热片上，黑色端子依次放在焊点上，如图 2-48（b）所示。检查励磁二极管时，将黑色端子连接在磁场接线柱（D+）上，红色端子依次放在二极管焊点上，如图 2-48（c）所示。均需要进行三次测量，并且显示值应为 50 ～ 80 Ω，否则，应更换二极管。

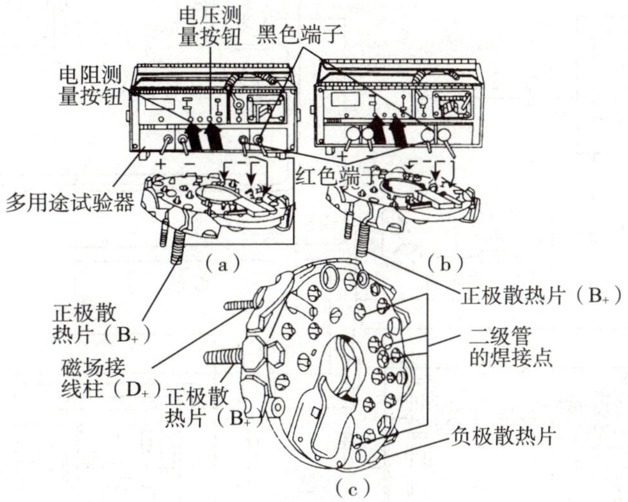

图 2-48　检查整流器

（4）检查电刷

检查电刷时，用游标卡尺测量电刷长度，如图 2-49 所示。电刷的标准长度为 13 mm，使用极限为 5 mm。如果超过极限值，则更换电刷。

（5）检查电压调节器

先拆下电压调节器（图 2-50），用一根电线将调节器的“F”接线柱与“–”连接起来，再将电压调节器装入交流发电机中。起动发动机并提高发动机转速，此时，电压调节器处于不工作状态。如果充电指示灯熄灭，则表明交流发电机工作正常，电压调节器有故障，应更换电压调节器。如果充电指示灯仍亮，则表明交流发电机有故障。

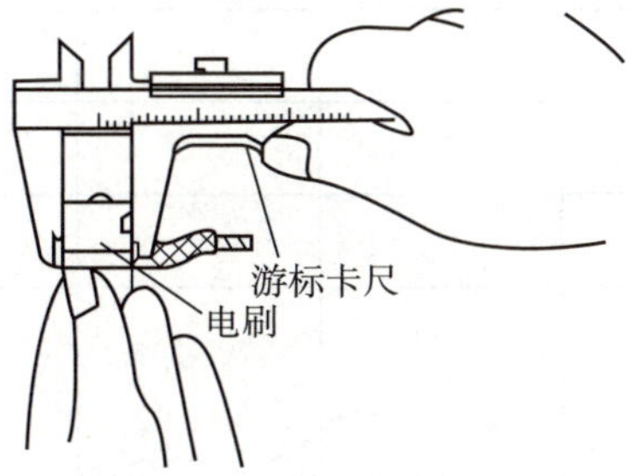

图 2-49　检查电刷长度

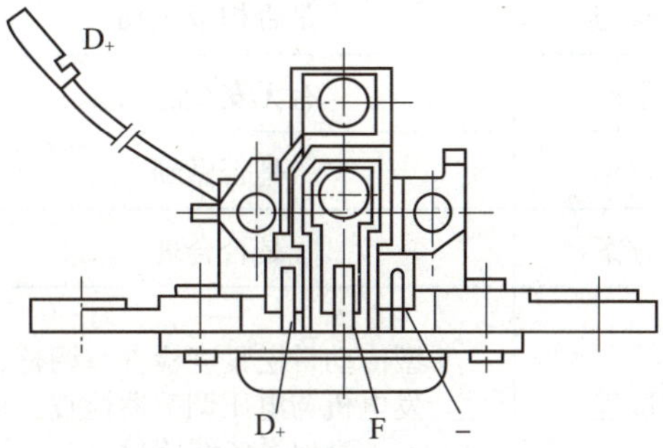

图 2-50　检查电压调节器

3. 规范地检查充电系统线路

雪佛兰科鲁兹轿车充电系统电气线路图如图 2-51 所示。

（1）检查交流发电机“B+”接线柱、起动机电磁开关“30”接线柱，看导线连接是否松脱。如有，则将其连接紧固。

（2）用万用表检查交流发电机“B+”接线柱有无电压（蓄电池电压）。如果无电压，则表明交流发电机“B+”接线柱至起动机电磁开关“30”接线柱导线断路。

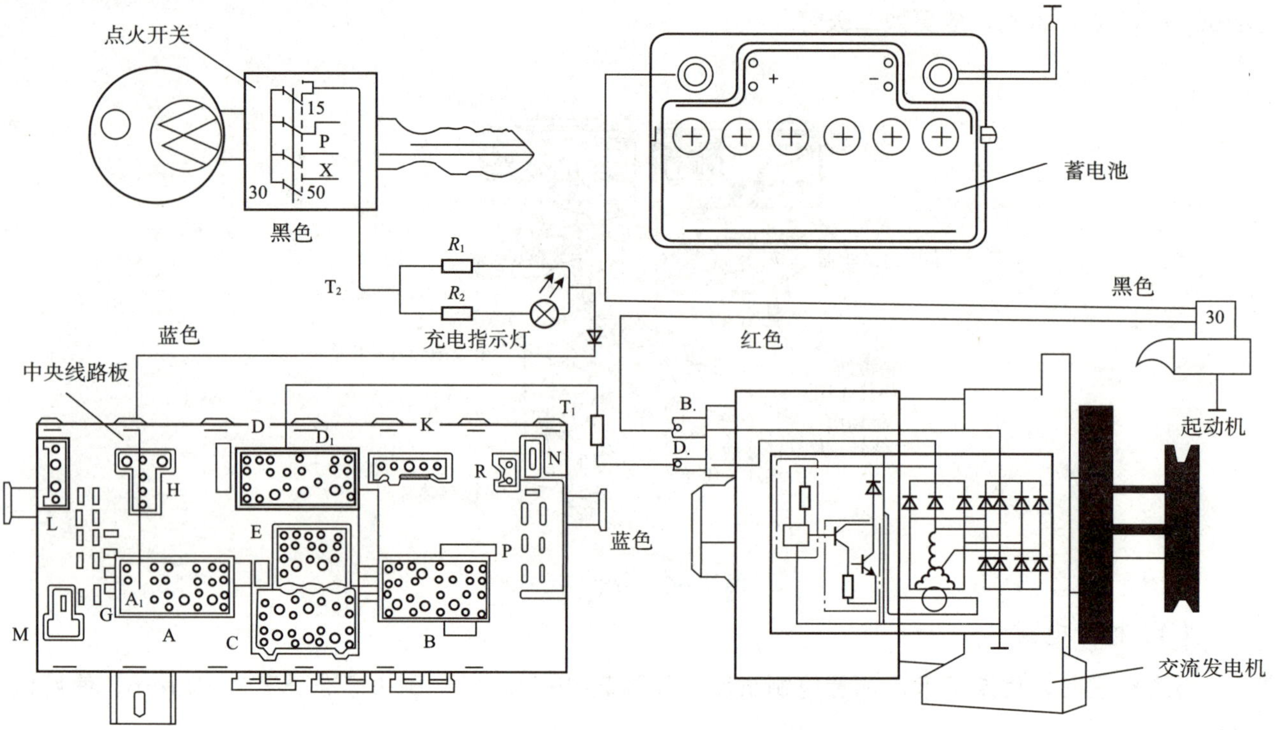

图 2–51　雪佛兰科鲁兹轿车充电系统电气线路图

三、评价反馈

对本章学习任务进行评价，填写表 2–2。

表 2–2　评分表

考核项目	评分标准	分数	学生自评	小组评价	教师评价	小计
活动参与	是否积极主动	5				
安全生产	有无安全隐患	10				
现场 5S	是否做到	10				
任务方案	是否合理	15				
操作过程	V 型传动带松紧度检查与调整； 发电机与电压调节器检查； 充电系统线路检查	30				
任务完成情况	是否圆满完成	5				
工具和设备使用	是否规范、标准	10				
劳动纪律	是否违反	10				
工单填写	是否完整、规范	5				
总分		100				
教师签名：			年　月　日		得分	

课程思政

2021 中德汽车大会汽车科技创新展开幕

2021 年 10 月 18 日，2021 中德汽车大会重要活动之一的汽车科技创新展在中国一汽研发中心开幕，展览将持续两天。

汽车科技创新展吸引了马勒汽车技术（中国）有限公司、大陆投资（中国）有限公司、索恩格汽车部件（中国）有限公司等 20 余家汽车相关企业参加。参展范围涵盖智能座舱解决方案、3D 视觉、电池电芯、电机电控、发动机系统、电驱动系统、智能车载网联智能系统等 9 大类、50 余种产品、10 余项创新技术，对促进创新技术交流、推动优质项目落地，近距离对接主机厂的研发、采购和合作需求，具有重要意义。

本届中德汽车大会以“创新引领·绿色未来”为主题，将邀请中德嘉宾共同探讨新时期行业创新发展趋势与国际合作机遇，探讨构建新发展格局、推进“碳达峰、碳中和”对汽车行业发展的积极影响。大会为参会中德企业、园区搭建意见交流、宣传展示、合作对接和人脉拓展渠道，满足多样性需求，进一步畅通汽车产业国内大循环、促进国内国际双循环良性互动。

来源：《长春日报》

思考习题

1. 填空题

（1）蓄电池由________、________、________、________、________和________组成。

（2）蓄电池充电终了的特征：________________________。

（3）交流发电机主要由________、________、________、________、前后端盖、风扇及带轮等组成。

（4）按交流发电机磁场绕组的搭铁形式分类，交流发电机分为________型交流发电机和________型交流发电机。

（5）电压调节器的作用是________________________________。

（6）电压调节器分为____________、____________。

2. 操作题

（1）蓄电池的日常使用和维护应做到哪些？

（2）拆卸、安装蓄电池应注意哪些事项？

（3）怎样测试交流发电机性能？

（4）交流发电机在使用过程中为什么要定期进行维护？

（5）发电机的维护包括哪些内容？

（6）简述电源系统的组成。

（7）论述电源系统的工作原理。

第三章

发动机电气系统

本章导读

发动机由静止状态过渡到自行运转状态的过程称之为起动。在汽车发展过程中出现过多种起动形式，而电力起动具有操作简便、起动迅速、有重复起动能力、可以远距离控制的特点，在现代汽车上得到广泛应用。

学习目标

1. 了解发动机的起动原理、起动系统的组成。
2. 掌握起动机的结构、型号含义和工作原理。
3. 能够正确拆装起动机，掌握起动机的检修方法。
4. 掌握两种起动系统电路的组成、工作过程和应用特点。
5. 熟练地对起动系统电路进行故障诊断、排除。

第一节　起动系统

一、起动系统概述

起动系统

1. 电力起动机的分类

常见的电力起动机主要有以下三种。

（1）电磁控制强制啮合式起动机（常规起动机）。磁极采用电磁铁，传动机构中一般只是由简单的驱动齿轮、单向离合器和拨叉等组成，无特殊结构。

（2）永磁起动机。原理与常规起动机相同，但起动机的磁极用永磁材料制成，取消了磁场线圈，使其结构简化、体积小、质量轻，目前应用最为广泛。

（3）减速起动机。减速起动机采用高速、小型和低力矩电动机，在传动机构中设有减速装置，可以放大输出转矩。质量和体积比起 = 常规起动机可减小 30% ～ 35%，但结构和工艺比较复杂。

不管何种起动机都要满足以下要求：

（1）起动时应该平顺，起动机的齿轮与发动机的飞轮齿圈啮合要柔和，不应发生冲击。

（2）发动机起动后，起动机的小齿轮应能自动打滑或脱离啮合。

（3）发动机在工作中，起动机的小齿轮不能再进入啮合，以防止发生冲击。

（4）起动系统结构应简单，工作应可靠。

2. 起动机的结构

起动机一般由直流电动机、传动机构（或称啮合机构）和控制装置（电磁开关）三部分组成。起动机的基本结构如图 3-1 所示。

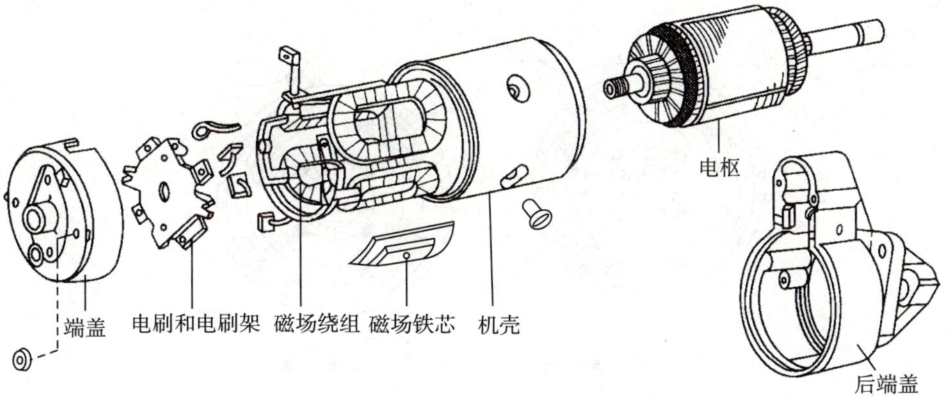

图 3-1　起动机的基本结构

直流电动机的作用是将蓄电池输入的电能转换为机械能，产生电磁转矩。其结构由电枢（转子）、磁极（定子）、换向器和电刷等主要部件构成。

（1）电枢。直流电动机的转动部分称为电枢，又称转子。电枢由外圆带槽的硅钢片叠成的铁芯、电枢绕组、电枢轴和换向器组成，如图 3-2 所示。为了获得足够的转矩，通过电枢绕组的电流较大（汽油机为 200 ～ 600 A，柴油机可达 1 000 A），因此，电枢绕组采用较粗的矩形裸铜漆包线绕制为成型绕组。

（2）磁极。磁极由固定在机壳内的磁极铁芯和磁场绕组线圈（励磁绕组）组成，如图 3-3（a）所示。磁极一般有 4 个，两对磁极相对交错安装在电动机的壳体内，定子与转子铁芯形成的磁通回路，如图 3-3（b）所示。低碳钢板制成的机壳也是磁路的一部分。

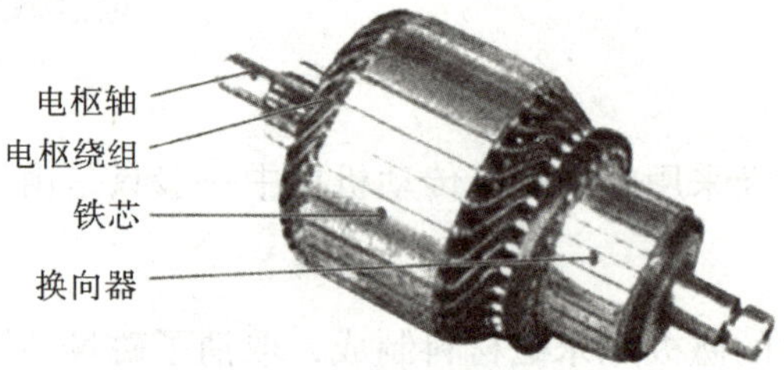

图 3-2　电枢组成

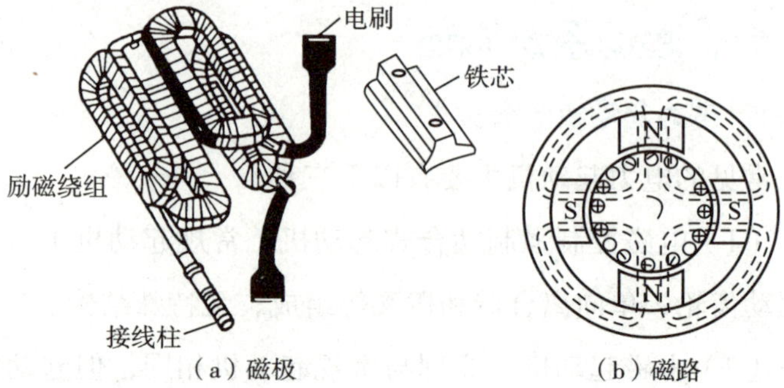

（a）磁极　（b）磁路

图 3-3　磁极

起动机内部线路连接如图 3-4（a）所示。励磁绕组一端接在外壳的绝缘接线柱上，另一端与两个非搭铁电刷相连接。当起动开关接通时，电动机的电路为蓄电池正极→接线柱 2 →励磁绕组 3 →电刷 6 →换向器和电枢绕组 5 →搭铁电刷 4 →搭铁→蓄电池负极。4 个励磁线圈有的是相互串联后再与电枢绕组串联（称为串联式），有的则是两两相互串联后再并联，与电枢绕组串联（称为混联式），如图 3-4（b）、（c）所示。

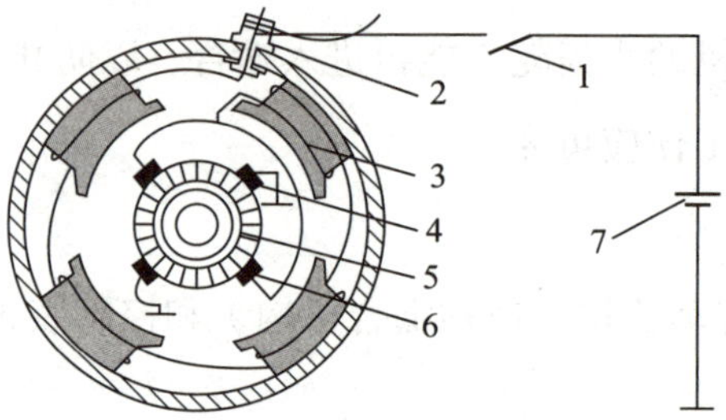

（a）

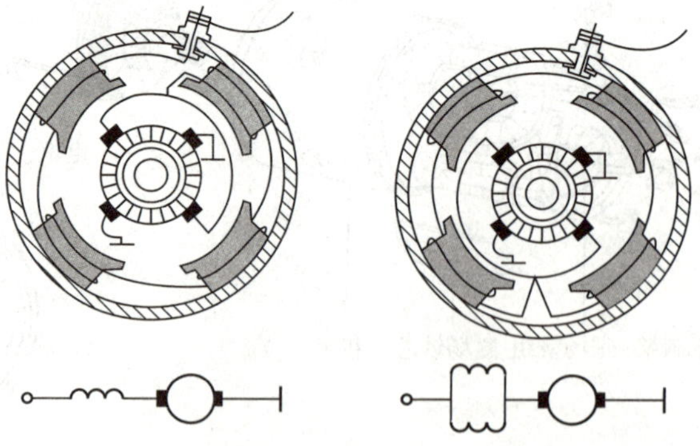

（b）4个励磁绕组相互串联　（c）励磁绕组两两串联后再并联

1—起动开关；2—接线柱；3—励磁绕组；4—负极（搭铁）电刷；5—换向器和电枢绕组；6—正极电刷；7—蓄电池。

图 3-4　磁场绕组的连接

（3）电刷与电刷架。如图 3-5 所示，电刷架一般为框式结构，其中正极电刷架绝缘地固定在端盖上，负极电刷架与端盖直接相连并搭铁。电刷置于电刷架中，电刷有铜粉与石墨粉压制而成，呈棕黑色。电刷架上有较强弹性的盘形弹簧压在电刷侧面。

（4）换向器。它由许多截面呈燕尾形的铜片围合而成，如图 3-6 所示。铜片之间由云母绝缘。云母绝缘层应比换向器铜片外表面凹下 0.8 mm 左右，以免铜片磨损时母片很快凸起。电枢绕组各线圈的端头均焊接在换向器的铜片上。

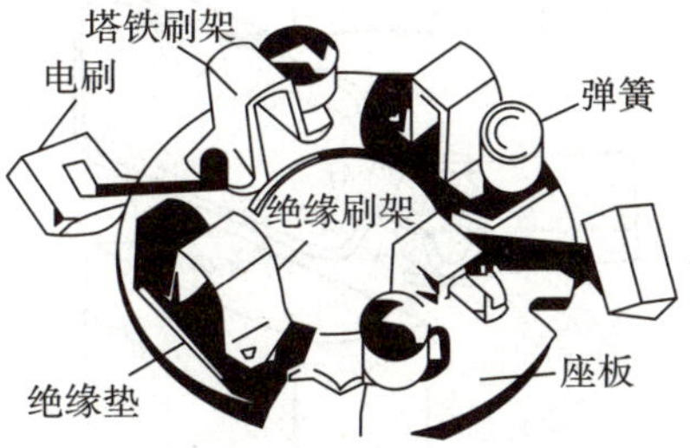

图 3-5 电刷及电刷架

（a）

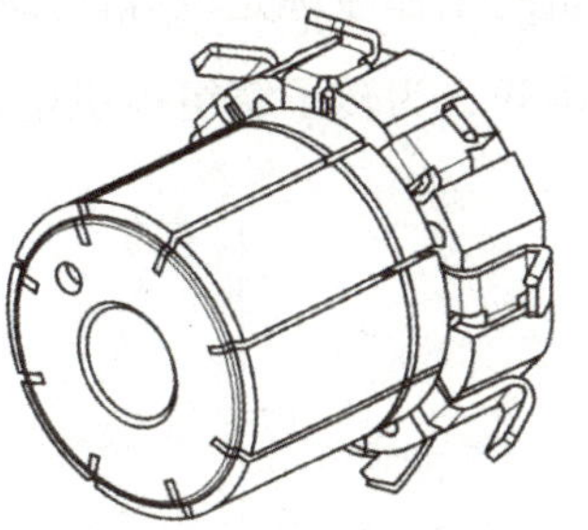

（b）

图 3-6 换向器外形图

传动机构由单向离合器与驱动齿轮、拨叉等组成。其作用是在起动发动机时使驱动齿轮与飞轮齿圈相啮合，将起动机的转矩传递给发动机曲轴。在发动机起动后又能使驱动齿轮与飞轮自动脱离，在它们脱离的过程中，发动机飞轮反拖驱动齿轮时，单向离合器使其形成空转，避免了飞轮带动起动机轴旋转。

控制装置即操纵机构，主要是指起动机的电磁开关，用来接通或断开电动机与蓄电池之间的电路。

3. 起动机的型号

根据我国行业标准 QC/T 73—1993《汽车电气设备产品型号编制方法》的规定，起动机的型号由以下五部分组成：

第 1 部分为产品代号：起动机的产品代号 QD、QDJ、QDY 分别表示起动机、减速起动机、永磁起动机。第 2 部分为电压等级代号：1 ～ 12 V，2 ～ 24 V。第 3 部分为功率等级代号：“1”代表 0 ～ 1 kW，“2”代表 1 ～ 2 kW……，“9”代表 8 ～ 9 kW。第 4 部分为设计序号。第 5 部分为变型代号。

例如，QD27E 表示额定电压为 24 V、功率为 6 ～ 7 kW、第 5 次设计的起动机。

4. 起动机的工作原理

（1）直流电动机的工作原理

直流电动机的工作原理图如图 3-7 所示。当直流电动机工作时，电流通过电刷和换向器流入电枢绕组。换向片 A 与正电刷接触，换向片 B 与负电刷接触，绕组中的电流方向为 $a \rightarrow b \rightarrow c \rightarrow d$，根据左手定则通电导体在磁场中受电磁力的原理，绕组 *ab* 边、*cd* 边均受到电磁力 *F* 的作用，由此产生逆时针方向的电磁转矩 *M* 使电枢转动。当电枢转动至换向片 A 与负电刷接触，换向片 B 与正电刷接触时，电流改由 $d \to c \to b \to a$（换向器适时地改变了电枢绕组中的电流方向），但电磁转矩的方向仍保持不变，使电枢按逆时针方向继续转动。

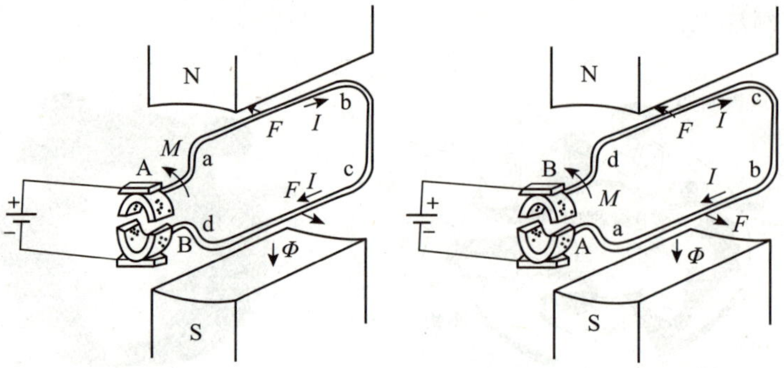

图 3–7　直流电动机的工作原理图

直流串励式电动机的工作原理是电源向励磁绕组提供励磁电流，如图 3–8 所示，使其产生磁场，再通过电刷与转子绕组串联，为转子绕组提供电流。

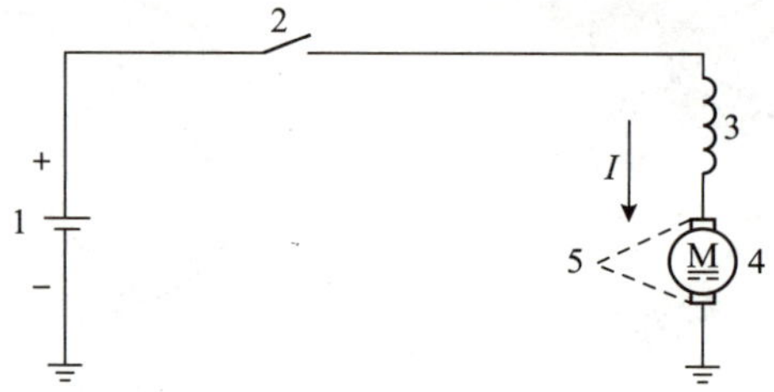

1—蓄电池；2—电源开关；3—励磁绕组；4—转子总成；5—电刷和电刷架。

图 3–8　直流串励式电动机的电路原理

（2）传动机构的工作原理

传动机构是起动机的主要组成部件，包括单向离合器和减速机构（有的起动机没有减速机构）两部分。单向离合器是起动机传动机构的重要组成部分，其作用是将电动机的转矩传递给发动机的飞轮齿圈，使发动机迅速起动，同时在发动机起动后自动打滑，防止起动机被飞轮反拖，保护起动机不至于飞散损坏。

单向离合器分为滚柱式单向离合器、摩擦片式单向离合器和弹簧式单向离合器等。下面以滚柱式单向离合器为例。滚柱式单向离合器是国内外汽车起动机中使用最多的一种，其结构如图 3–9 所示。其中，驱动齿轮用 40 号中碳钢加工淬火而成，与外壳连成一体。外壳内安装有十字块，十字块与外壳形成了 4 个楔形槽，槽内安装有 4 套滚柱及弹簧。十字块与花键套固定连接，壳底与外壳密封。花键套筒的外面安装有缓冲弹簧、拨环及卡环。单向离合器总成利用花键套与起动机轴的花键形成动配合，做轴向移动和随轴移动。

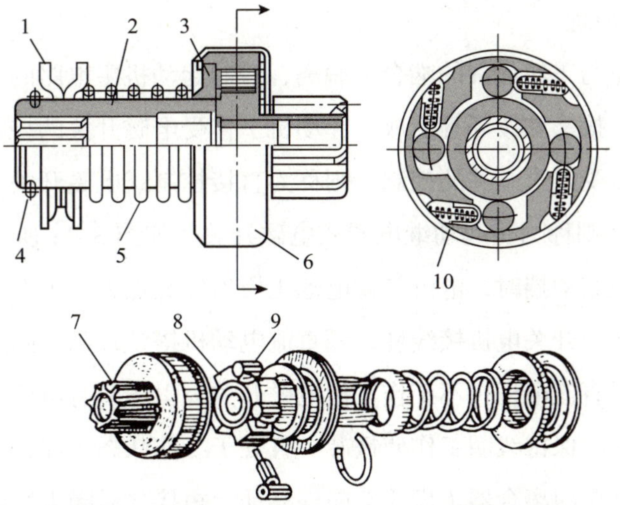

1—拨环；2—花键套；3—底壳；4—卡环；5—缓冲弹簧；
6—外壳；7—驱动齿轮；8—十字块；9—滚柱；10—滚珠弹簧。

图 3–9 滚柱式单向离合器的结构

如图 3–10 所示为滚柱式单向离合器的工作原理图。如图 3–10（a）所示，当发动机起动时，经拨叉将单向离合器沿电枢花键轴推出，驱动齿轮啮入发动机飞轮齿圈。十字块处于主动状态，随电动机电枢一起旋转，促使 4 个滚柱进入楔形槽的窄端，将十字块与外壳挤紧，电动机电枢的转矩由十字块经滚柱、外壳传给驱动齿轮，达到驱动发动机飞轮齿圈旋转、起动发动机运转的目的。

发动机起动后，飞轮齿圈的转速高于驱动齿轮，十字块处于被动状态，外壳与滚柱的摩擦力使滚柱进入楔形槽的宽端而自由滚动，驱动齿轮及外壳随飞轮齿圈进行高速旋转而起动机空转（起动电路并未及时断开），如图 3–10（b）所示。这种单向离合器的打滑功能，防止了电枢超速飞散。起动完毕后，由于拨叉回位弹簧的作用，经拨环使单向离合器退回，驱动齿轮完全脱离飞轮齿圈。

滚柱式单向离合器具有结构简单、坚固耐用、体积小、重量轻和工作可靠等优点，因此得到广泛应用。其不足是不能在大功率起动机上应用。

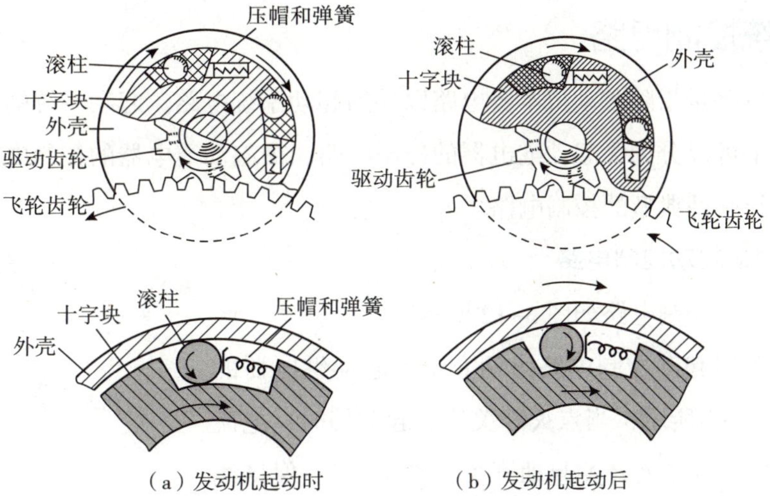

（a）发动机起动时　　（b）发动机起动后

图 3–10 滚柱式单向离合器的工作原理图

（3）电磁开关的工作原理

电磁开关控制驱动齿轮与飞轮齿圈的啮合与脱离，控制起动机主电路的接通与断开。起动机的控制机构主要由起动电磁开关、拨叉和拨环等组成。起动机工作受电磁开关的控制，而电磁开关又受别的装置控制。如果电磁开关直接受点火开关的控制，则称为直接控制式电磁开关。如果在电磁开关的控制回路中加入继电器控制回路，则称为带起动继电器式电磁开关。如图 3–11 所示为电磁开关的组成与工作原理图。当点火开关接通至起动挡时，电流与蓄电池正极出发经点火开关至电磁开关接线，之后分为两路：第一路经吸引线圈到磁力开关电机接线柱，经直流电动机搭铁；第二路经保持线圈至外壳搭铁。开始由于电流很小，所以此时直流电动机不工作，但电磁开关吸引线圈有电流产生磁场，吸动活动铁芯，推动大铜片短接接线柱，此时保持线圈工作使铁芯一直处于工作状态（保证导电盘与接线柱相连），同时活动铁芯带动的拨叉推动单向离合器（齿轮）向外移动，短接之后吸引线圈退出工作。当松开点火开关后，此时由于电流消失，磁力也逐渐消失，活动铁芯在回位弹簧的作用下返回，同时拨叉带动单向离合器向里移动。

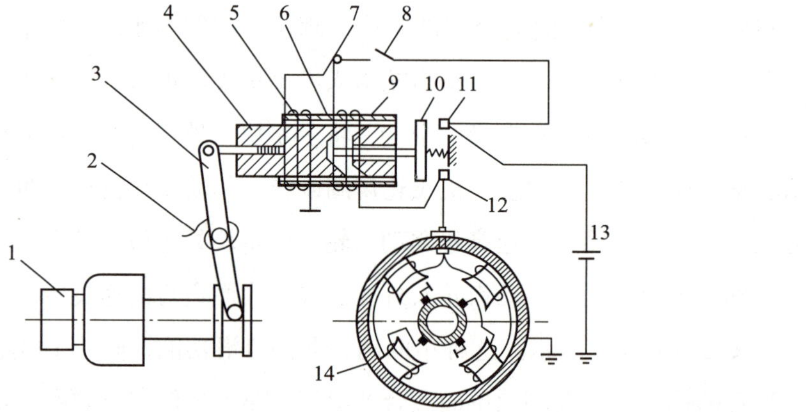

1—单向离合器；2—回位弹簧；3—拨叉；4—活动铁芯；5—保持线圈；6—吸引线圈；7—电磁开关接线；8—点火开关；9—铁芯套筒；10—导电盘；11、12—接线柱；13—蓄电池；14—电动机。

图 3–11 电磁开关的组成与工作原理图

二、起动系统控制电路

起动系统的控制电路是指除起动机本身电路以外的起动系统电路。起动系统的控制电路随车型的不同而有所不同，大体上可以分为无起动继电器的控制电路、带起动继电器的控制电路和带有保护继电器的控制电路。下面介绍两种典型的控制电路。

1. 无起动继电器的起动控制电路

无起动继电器的起动控制电路如图 3–12 所示。

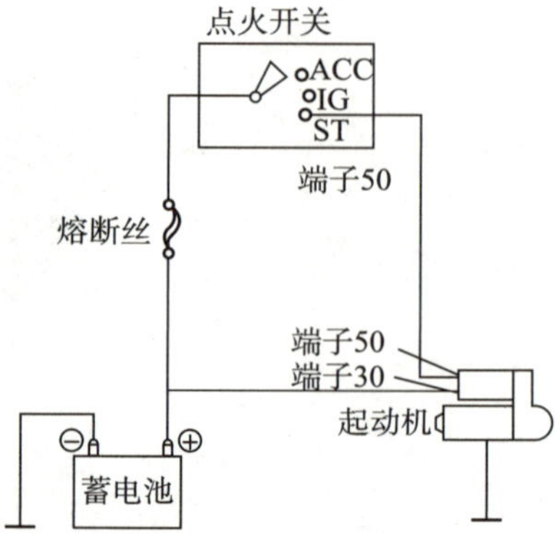

图 3–12 无起动继电器的起动控制电路

以丰田 AE 系列车型起动控制电路为例介绍无起动继电器的起动控制电路，如图 3–13 所示，当点火开关位于起动挡时，电流的流向为：蓄电池“+”→点火开关起动开关→端子 50 →保持线圈→搭铁；同时吸引线圈中也通过电流，方向为：蓄电池“+”→点火开关起动开关→端子 50 →吸引线圈→端子 C →励磁线圈→电枢→搭铁。此时由于吸引线圈和励磁线圈中的电流非常小，电动机低速运转。同时吸引线圈和保持线圈中产生的磁场吸引活动铁芯向右运动，克服复位弹簧的作用力，拉动拨叉向左运动，拨叉使离合器的小齿轮向左与飞轮的齿圈啮合。这个过程电动机的转速低，可以保证齿轮之间平顺啮合。

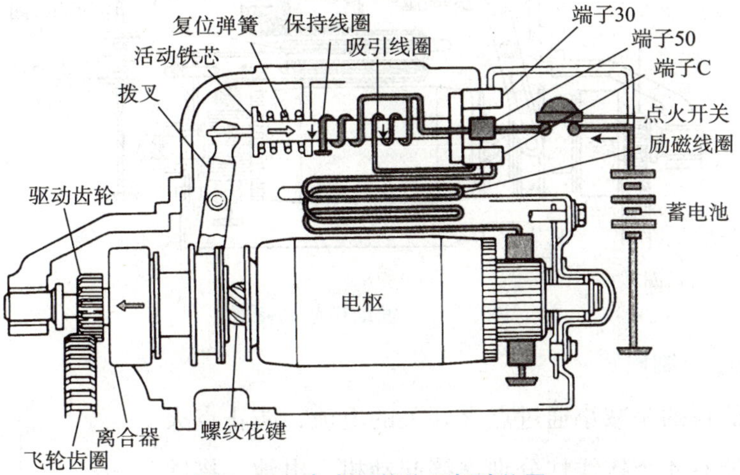

图 3-13　点火开关位于起动位置

当小齿轮和飞轮齿圈完全啮合以后，如图 3-14 所示，与活动铁芯连在一起的接触片向右运动，和端子 30 及端子 C 接触，从而接通了主开关，通过起动机的电流增大，电动机的转速升高。而电枢轴上的螺纹使小齿轮和飞轮齿圈更加牢固地啮合，此时吸引线圈两端的电压相等，所以无电流通过。保持线圈产生的磁场力使活动铁芯保持在原位不动，此时的电流方向分别为：蓄电池“+”→点火开关起动开关→端子 50→保持线圈→搭铁；蓄电池“+”→端子 30 接触片→端子 C→励磁线圈→电枢绕组→搭铁。

发动机起动以后，点火开关会从“START”挡回到“ON”挡，这就切断了端子 50 上的电压。这时，接触片和端子 30 及端子 C 仍保持接触。如图 3-15 所示，电路中的电流方向为：蓄电池“+”→端子 30→接触片→端子 C→吸引线圈→保持线圈→搭铁。同时电流还经过端子 C→励磁线圈→电枢→搭铁。由于此时吸引线圈和保持线圈的电流方向相反，产生的磁场力相互抵消，在复位弹簧的作用下，活动铁芯向左运动，使得小齿轮与飞轮齿圈脱离；同时，接触片和两个端子断开，切断电动机中的电流，整个起动过程结束。

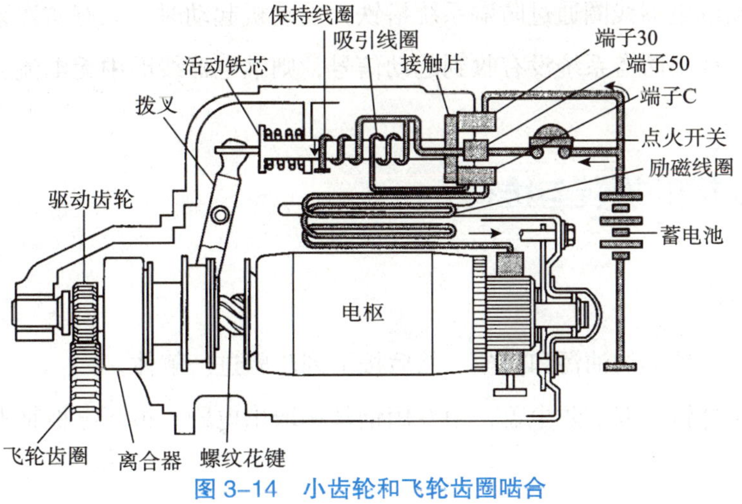

图 3-14　小齿轮和飞轮齿圈啮合

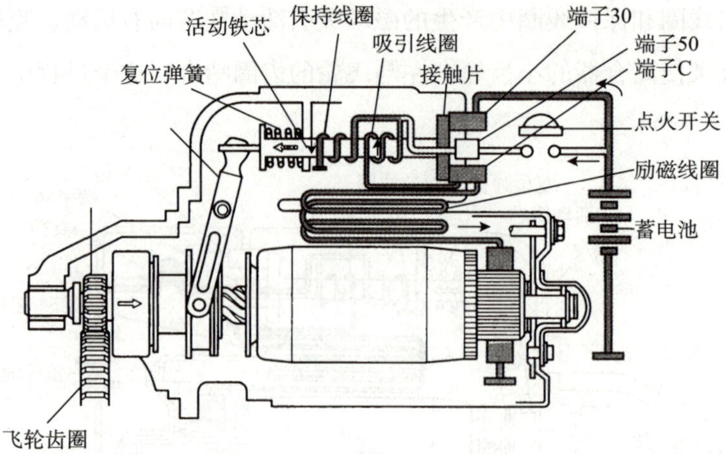

图 3–15　发动机起动完成

2. 带起动继电器的控制电路

安装起动继电器的目的是减小通过点火开关的电流，防止点火开关烧损。起动继电器有 4 个接线柱分别连接起动机、电池、搭铁和点火开关，点火开关与搭铁接线柱之间是继电器的电磁线圈，起动机和电池接线柱之间是继电器的触点，如图 3–16 所示。

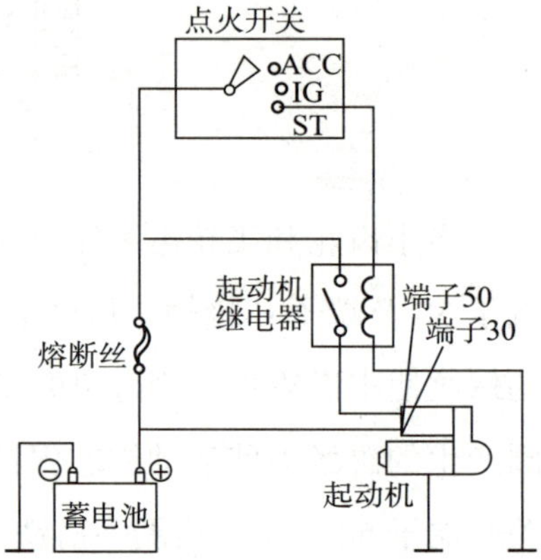

图 3–16　带起动继电器的控制电路

发动机起动时，点火开关“起动挡”接通，继电器的电磁线圈通电，使触点闭合，电源的电流即经继电器的触点通向起动机电磁开关的起动机接线柱，电磁开关通电后，便控制起动机进入工作状态。从电路中可以看出，由于继电器的线圈电阻较大，起动期间流经点火开关起动挡和继电器线圈的电流较小，大电流经过继电器开关流入起动机，保护了点火开关。

有时驾驶员会在发动机怠速运转期间误认为发动机没有运转而再次起动，为此一些车型的起动电路中会设置防止重复起动功能。例如大众新宝来会在点火开关中设置锁止功能，发动机运行期间驾驶员不能将钥匙再次从“点火”位置旋转至“起动”位置。有些车型会在起动电路中增加防止重复起动的继电器，或是在“一键启动”功能的电路中设置防止重复起动的功能。

现代大多汽车起动继电器线圈通过防盗系统搭铁，发动机起动时，只有防盗系统发出起动信号后，继电器线圈才能搭铁。如果防盗系统没有收到起动信号，则继电器线圈中无电流，起动机就不能工作，从而实现了防盗功能。

三、常规起动机的拆装与维护

1. 起动机的拆装

（1）起动机的分解

起动机解体前应清洁外部的油污和灰尘，然后按下列步骤进行解体。

①旋出防尘盖固定螺钉，取下防尘盖，用专用钢丝钩取出电刷。拆下电枢轴上推力圈处的卡簧，如图 3–17 所示。

②用扳手旋出两个紧固穿心螺栓，取下前端盖，抽出电枢，如图 3-18 所示。

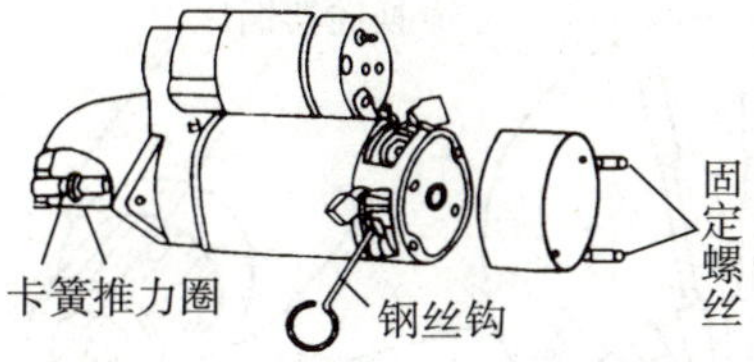

图 3-17　拆卸电刷

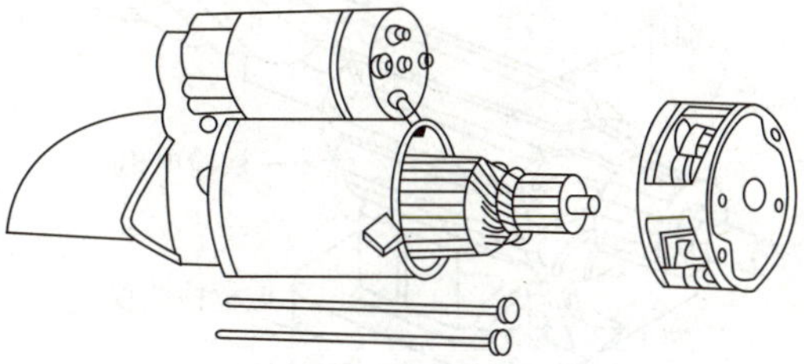

图 3-18　拆卸前端盖和电枢

③拆下电磁开关主接线柱与电动机接线柱间的导电片。旋出后端盖上的电磁开关紧固螺钉，使电磁开关后端盖与中间壳体分离，如图 3-19 所示。

有必要时，可分解电磁开关，其步骤是：

a. 拆下电磁开关前端固定螺钉，取下前端盖。

b. 取下独盘锁片、触盘、弹簧，抽出引铁。

c. 取下固定铁芯卡簧及固定铁芯，抽出铜套及吸引线圈和保持线圈。

④从后端盖上旋下中间支承板紧固螺钉，取下中间支承板，旋出拨叉轴销螺钉，抽出拨叉，取出离合器，如图 3-20 所示。

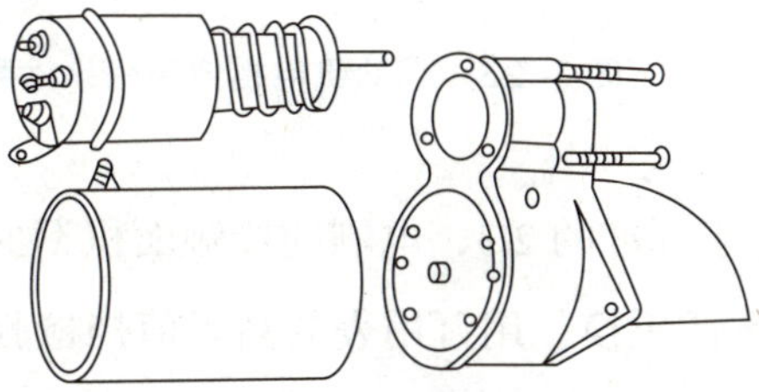

图 3-19　拆卸电磁开关

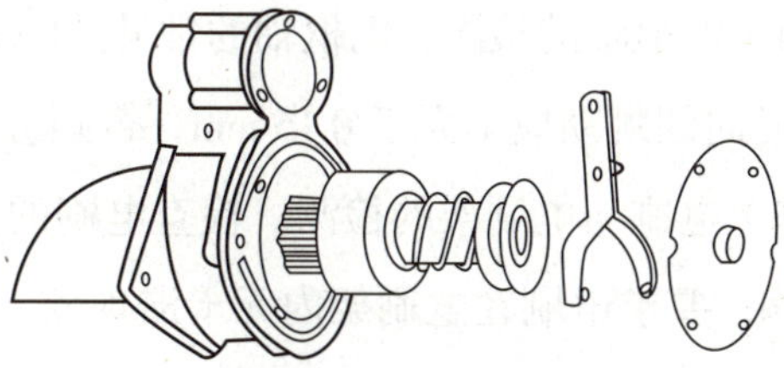

图 3-20　拆卸离合器

⑤将已解体的机械部分浸入清洗液中清洗，电气部分用棉纱蘸少量汽油擦拭干净。

（2）起动机的装复

起动机的形式不同，具体装复的步骤不可能完全相同，但基本原则是按分解时的相反步骤进行。

装复的一般步骤是：首先将离合器和移动叉装入后端盖内，然后装中间轴承支撑板，将电枢轴装入后端盖内，再装上电动机外壳和前端盖，并用长螺栓紧固，最后装电刷和防尘罩，装起动机开关可早可晚。

2. 起动机的检测

（1）励磁绕组的检测。励磁绕组的常见故障包括接头脱焊、绕组短路、断路或搭铁等。接头松脱故障，解体后可直接看到。绕组搭铁与否用万用表的高阻值挡测量绕组端子与外壳之间的电阻，应为“∞”。

（2）电枢绕组的检测。电枢绕组的常见故障包括匝间短路、断路或搭铁等。用万用表高阻值挡检测电枢绕组是否搭铁。电枢绕组短路断路的检测在专用实验台上进行，如图 3-21 和图 3-22 所示，电枢绕组搭铁检测如图 3-23 所示。

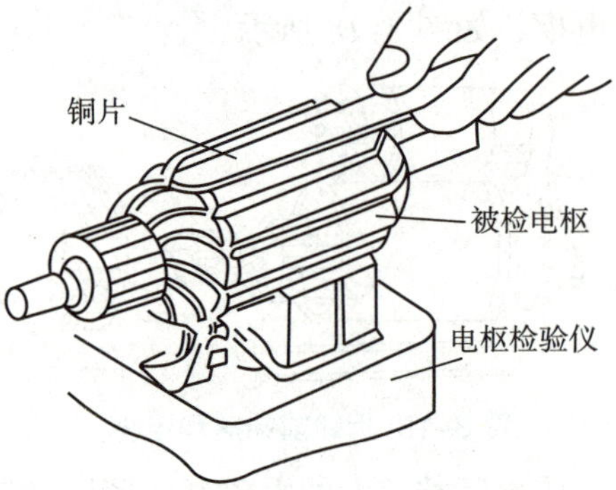

图 3-21　起动机电枢绕组短路的检测

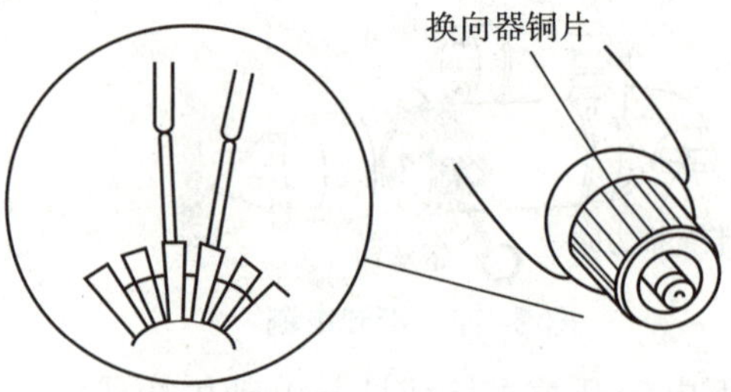

图 3-22　起动机电枢绕组断路的检测

（3）换向器的检测。换向器故障多为表面烧蚀、脏污或云母片突出等。轻微烧蚀用细砂纸打磨，当严重烧蚀或失圆（径向圆跳动 >0.05 mm）时应进行机加工，加工后换向器铜片厚度不得少于 2 mm。云母片高于钢片应车削加工，然后将云母片割低，一般进口小汽车用起动机云母片低于钢片，检修时，若换向器铜片间槽的深度小于 0.2 mm，则需用锯片将云母片割低至规定的深度。

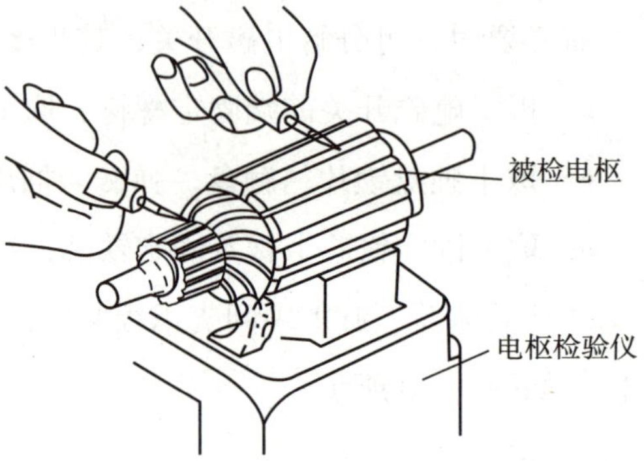

图 3-23　起动机电枢绕组搭铁检测

（4）电枢轴的检测。电枢轴的常见故障是弯曲变形。电枢轴径向圆跳动应不大于 0.15 mm，否则应该校正。

（5）电刷与电刷架的检测。检查电刷的高度，一般不低于标准的 2/3，电刷的接触面积不少于其面积的 75%；要求电刷在电刷架内无卡滞现象，否则要进行修磨或更换。用万用表的高阻值挡检测电刷架的绝缘性。最后测量电刷弹簧的弹力，若不符合要求应予以更换。电刷、电刷架及电刷弹簧的检测如图 3-24 所示。

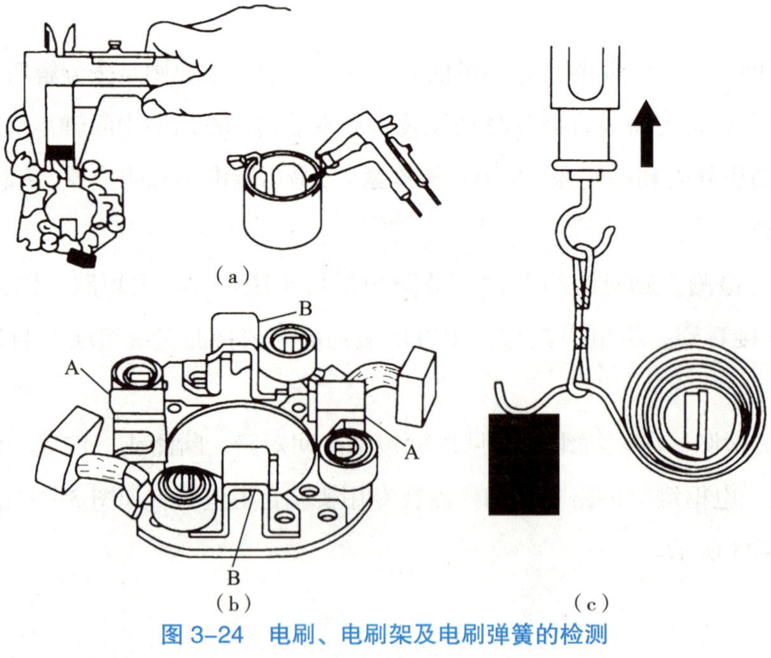

图 3-24　电刷、电刷架及电刷弹簧的检测

（6）单向离合器的检测。单向离合器常见的故障是打滑。用扭力扳手检测单向离合器的转矩，若转矩小于规定值，说明单向离合器打滑，应予以更换。对于摩擦片式单向离合器，如果转矩偏小，可通过调整来修复。

（7）电磁开关的检测。电磁开关的常见故障包括吸拉线圈和保持线圈断路、短路和搭铁，导电盘（或接触盘）及触头表面烧蚀等。线圈的断路故障可用万用表的低阻值挡检测其阻值，搭铁故障可用万用表的高阻值挡测量其电阻值，如图 3-25 所示。导电盘及触头表面烧蚀轻微的可以用锉刀或砂布修整。回位弹簧过弱应予以更换。

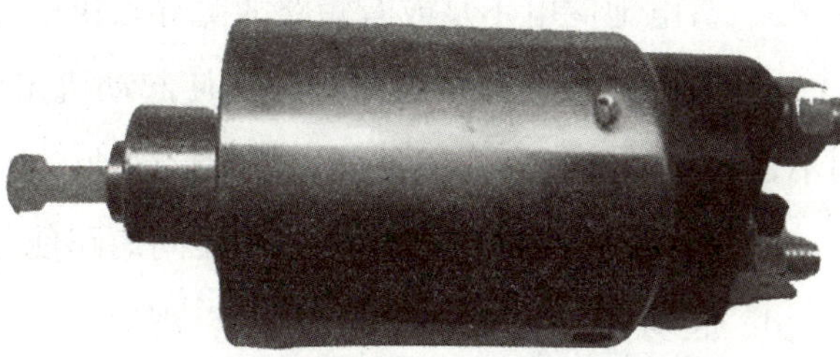

图 3-25　电磁开关的检测

四、起动系统电路的常见故障诊断与排除方法

1. 点火开关起动式起动系统电路故障诊断

起动系统电路的常见故障主要有起动机不转、起动机运转无力、起动机空转、起动机异响等。当诊断与排除起动系统电路故障时，根据控制电路的不同情况具体分析。下面以带起动继电器的控制电路为例，说明起动系统电路的故障诊断与排除方法。

（1）起动机不转

①故障现象。将点火开关旋到起动位置，起动机不运转。

②故障原因。

a. 电源及电路部分的故障：蓄电池严重亏电、蓄电池接线柱上的电缆插头松动或接触不良、控制电路断路。

b. 起动继电器的故障：继电器线圈绕组烧毁或断路、继电器触点严重烧蚀或触点不能闭合。

c. 起动机的故障：起动机电磁开关触点严重烧蚀，换向器严重烧蚀导致电刷与换向器接触不良，电刷弹簧压力过小或电刷卡死在电刷架中，电刷与励磁绕组断路或正电刷搭铁，磁场绕组或电枢绕组有断路、短路或搭铁故障，电枢轴的铜衬套磨损过多使电枢轴偏心或电枢轴弯曲导致电枢铁芯“扫膛”。

③故障诊断。

a. 当打开前照灯开关或按下喇叭按钮时，若灯光较亮或喇叭声音洪亮，说明蓄电池存电较足，故障不在蓄电池。若灯光很暗或喇叭声音很小，说明蓄电池容量严重不足。若灯不亮或喇叭不响，说明蓄电池或电源电路有故障，应该检测蓄电池相线及搭铁电缆的连接有无松动以及蓄电池储电是否充足。

b. 用导线将蓄电池正极与电磁开关“50”接线柱接通（时间不超过 3 s），接通时起动机转动，说明点火开关回路或起动继电器回路有故障。接通时起动机不转，进一步检测起动机与电磁开关。

c. 当用螺钉旋具将电磁开关的“30”接线柱与“C”接线柱接通时，若起动机空转正常，说明电磁开关有故障；若起动机不转，说明起动机有故障。可根据螺钉旋具短接“30”接线柱与“C”接线柱时产生火花的强弱来辨别。若短接时无火花，说明磁场绕组、电枢绕组或电刷引线等有断路故障；若短接时有强烈火花而起动机不转，说明起动机内部有短路或搭铁故障，需拆下起动机进一步检测。

（2）起动机运转无力

①故障现象将点火开关旋至起动挡时，起动机能运转，但功率明显不足，时转时停。

②故障原因。

a．蓄电池储电不足或有短路故障导致供电能力降低。

b．起动机主电路接触电阻增大使起动机工作电流减小，原因包括：蓄电池正、负极柱上的电缆紧固不良，起动机电磁开关触点与导电盘烧蚀，电刷与换向器接触不良或换向器烧蚀等。

c．起动机磁场绕组或电枢绕组匝间短路使起动机输出功率降低。

d．起动机装配过紧或有“扫膛”现象。

e．起动机转动阻力矩过大。

③故障诊断。

a．检查蓄电池容量（用高率放电计检查），若容量不足，可用容量充足的蓄电池辅助供电的方法加以排除。

b．检查蓄电池桩头接线柱及起动电磁开关主触头接线柱的松动情况，若松动，则加以紧固。

c．若怀疑是起动机内部故障，可用同型号无故障的起动机替换加以排除。确认是起动机内部故障时，应进一步拆检起动机。

（3）起动机空转

①故障现象。起动发动机时，起动机运转且转速很高、响声较大而发动机不运转。

②故障原因。单向离合器打滑，不能传递驱动转矩。

③排除方法。更换单向离合器或起动机，故障即可排除。

（4）起动机异响

①故障现象。起动发动机时，伴随着刺耳的异响声。

②故障原因。电磁开关工作不良、蓄电池亏电、机械故障等。

③故障诊断。起动机驱动小齿轮周期性地撞击飞轮齿环，发出“嗒嗒”声，原因可能是电磁开关的保持线圈或吸拉线圈断路、短路或接触不良，蓄电池亏电。其诊断方法如下：

a．首先检查蓄电池是否亏电（按喇叭、开前照灯，观察喇叭音响和灯光明亮程度是否正常），若蓄电池存电良好，则为电磁开关工作不良。

b．用万用表检查电磁开关的保持线圈和吸拉线圈是否短路、断路或接触不良。

c．起动时起动机有“扫膛”现象，故障为转子轴向间隙过大，一般为铜套磨损或损坏（解体起动机更换铜套）。

d．起动时有较大的响声并且转子转动无力，一般是装配过紧或转子轴弯曲等机械故障导致。此时必须解体起动机进行检查并按规定装配。

2. 点火开关起动式起动系统电路故障诊断

（1）点火开关的介绍

现代汽车大部分采用点火开关起动式起动系统电路，点火开关安装在转向管柱或转向盘的周围，当安装在转向管柱上时，可对转向盘机械锁止，其一般由 LOCK、ACC、ON、START 4 个挡位组成。4 个挡的每个挡位都是递进式的，在每个挡位做瞬间停留 1 ～ 2 s，就能听见各级电气设备通电的声响，然后再进入下一个挡位。以下是各个挡位的作用：

LOCK 挡位的作用是锁死汽车，一般汽车钥匙放到这个挡位就等于锁死转向盘。

ACC 挡位的作用是给全车通电，收音机、车灯等可以正常使用，不可以使用空调。

ON 挡位的作用是除了起动机，其余的基础设备都供电，此时转向盘解锁，正常行车时钥匙处于 ON 状态，这时全车所有电路都处于工作状态。

START 挡位的作用是起动车辆，当起动发动机时，应将点火开关处于 START 挡位，其功用是接通起动机的控制电路，使起动机驱动发动机运转起来，起动后放松点火开关会自动恢复正常状态，也就是 ON 挡。

（2）点火开关起动式起动系统电路的分类

点火开关起动式起动系统电路可分为直接起动式和间接起动式（起动继电器控制式）。

①直接起动式起动系统电路的工作过程

直接起动式起动系统电路的组成及工作过程如图 3-26 所示。电磁开关推动起动机驱动齿轮强制啮入飞轮齿圈。直接起动式起动系统电路有 3 条电流工作回路，其工作过程如下：

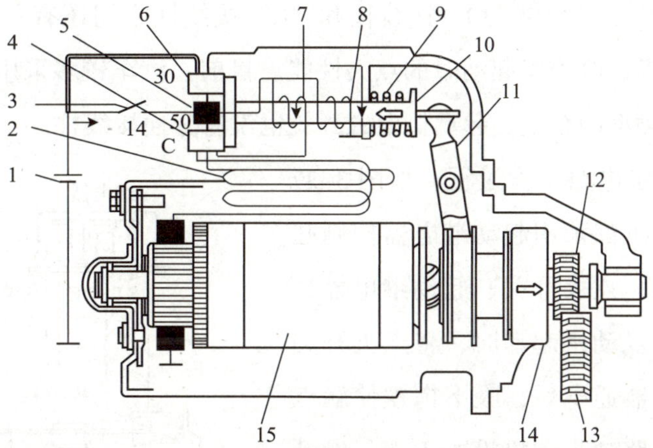

1—蓄电池；2—励磁线圈；3—点火开关；4—起动机磁场“C”接线柱；5—起动机“50”接线柱；6—起动机“30”接线柱；7—吸拉线圈；8—保持线圈；9—回位弹簧；10—活动铁芯；11—拨叉；12—驱动齿轮；13 飞轮齿圈；14—离合器；15—电枢。

图 3-26　直接起动式起动系统电路的组成及工作过程

当起动时，将点火开关旋转至起动挡，点火开关旋转至起动挡的瞬间，接通了两条电流回路，起动机实现了两个动作。

回路 1：蓄电池正极→点火开关→“50”接线柱→吸拉线圈→“C”接线柱→起动机励磁绕组→电枢→搭铁→蓄电池负极。

回路 2：蓄电池正极→点火开关→“50”接线柱→保持线圈→搭铁→蓄电池负极。

动作 1：流经励磁与电枢绕组中的小电流，起动机缓慢转动，保证了驱动齿轮与飞轮齿圈的顺利啮入。

动作 2：磁场铁芯在吸拉线圈与保持线圈所产生磁场的作用下，向左移动，同时拨叉推动起动机驱动齿轮向右移动，与飞轮齿圈啮合。

磁场铁芯向左移动，导电盘接通电磁开关上的“30”接线柱与“C”接线柱，回路 1 短路（吸拉线圈的两端被加上蓄电池的端电压而短路不工作，磁场铁芯依靠回路 2 保持线圈产生的磁场，导电盘将“30”接线柱与“C”接线柱接通）、接通了新的回路 3，产生了新的动作 3。

回路 3：蓄电池正极→“30”接线柱→导电盘→“C”接线柱→起动机励磁绕组→电枢→搭铁→蓄电池负极。

动作 3：流经励磁与电枢绕组中的大电流使起动机产生大转矩，经起动机的传动机构驱动飞轮齿圈使曲轴旋转，起动发动机。

发动机起动后，松开点火开关，“50”接线柱断电，由于机械惯性，松开点火开关的瞬间，导电盘仍将“30”接线柱与“C”接线柱接通，瞬间构成一个新的回路：蓄电池正极“30”接线柱导电盘→吸拉线圈→保持线圈→搭铁→蓄电池负极，吸拉线圈与保持线圈产生相反方向的磁场而导致有效磁场大大削弱，磁场铁芯失去磁场力，在回位弹簧的作用下迅速回位，导电盘与“C”接线柱与“30”接线柱分开，回路 3 被断开，驱动齿轮被拉回位，起动完毕。

在上述的 3 条回路中，将回路 1 和回路 2 认作一条网路，即起动系统的开关电路（在没有起动继电器的控制电路中，也可以认作控制电路）。回路 3 则被称为起动系统的主电路。

在传统点火系统中，图 3-23 中“30”接线柱和“C”接线柱之间还有一旁通接线柱，用来在起动时短路点火线圈上附加电阻，改善了起动时的点火性能。目前，汽车较多采用电子点火，点火系统已不再设置附加电阻，在这种类型的车上，起动机电磁开关也没有旁通接线柱。

②间接起动式起动系统电路工作过程。如图 3-27 所示，现代汽车上的发动机都采用起动继电器控制起动机。起动电路由蓄电池、点火开关、起动继电器、起动机和导线等组成。当发动机起动时，将点火开关旋至起动挡位，起动继电器通电后，吸下衔铁使触点闭合，接通了电磁开关网路，起动机投入工作。发动机起动后，松开点火开关，点火开关自动转回到点火工作挡位，起动继电器线圈断电而触点被断开，电磁开关回路也随即断开，起动机停止工作。

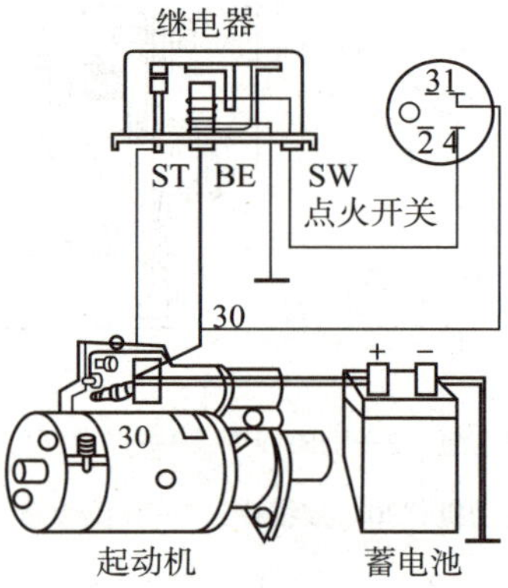

（a）接线图

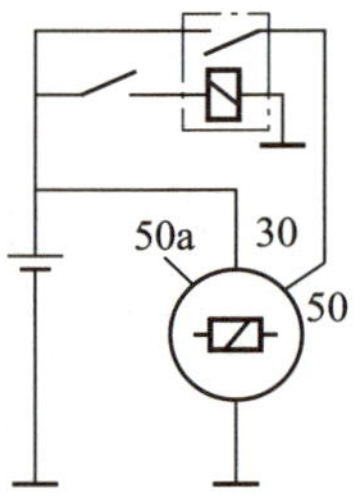

（b）电路原理图

图 3-27　间接起动式起动系统电路工作过程

间接起动式起动系统电路的主要特点如下：

a. 实现小电流控制大电流，对点火开关起保护作用，避免了点火开关的烧蚀，延长了点火开关的使用寿命。

b. 实现由点火开关控制起动继电器，继电器控制起动机电磁开关，电磁开关控制直流电动机的三级控制。

五、汽车自动起动 - 停止系统

大众和奥迪系列部分车型在无钥匙起动系统的基础上通过增加软件功能和改进起动机的性能，增加

发动机自动起动 – 停止系统，该技术是大众蓝驱技术的功能之一。如在等红灯时，踩下制动踏板至汽车停止后，发动机也随之停止工作，当需要起步时，只需松开制动踏板，系统会自动起动发动机。这样可以显著提升汽车的燃油经济性。该系统概况如图 3–28 所示。

如图 3–29 所示，以使用双离合器自动变速器（DSG）的车辆为例简要说明其工作过程。

（1）车辆以 50 km/h 的车速行驶至交通红灯前。

（2）驾驶员将车辆制动到停驻状态。

（3）驾驶员仍将脚放在制动踏板上，起动 / 关闭系统将发动机关闭。组合仪表显示屏上显示起动 / 关闭符号。

（4）驾驶员继续将脚放在制动踏板上，直至红灯变为绿灯。

（5）驾驶员松开制动踏板，起动 / 关闭系统自动再次起动发动机，组合仪表显示屏上的起动 / 关闭符号熄灭。

（6）驾驶员踩加速踏板加速，继续开车行驶。

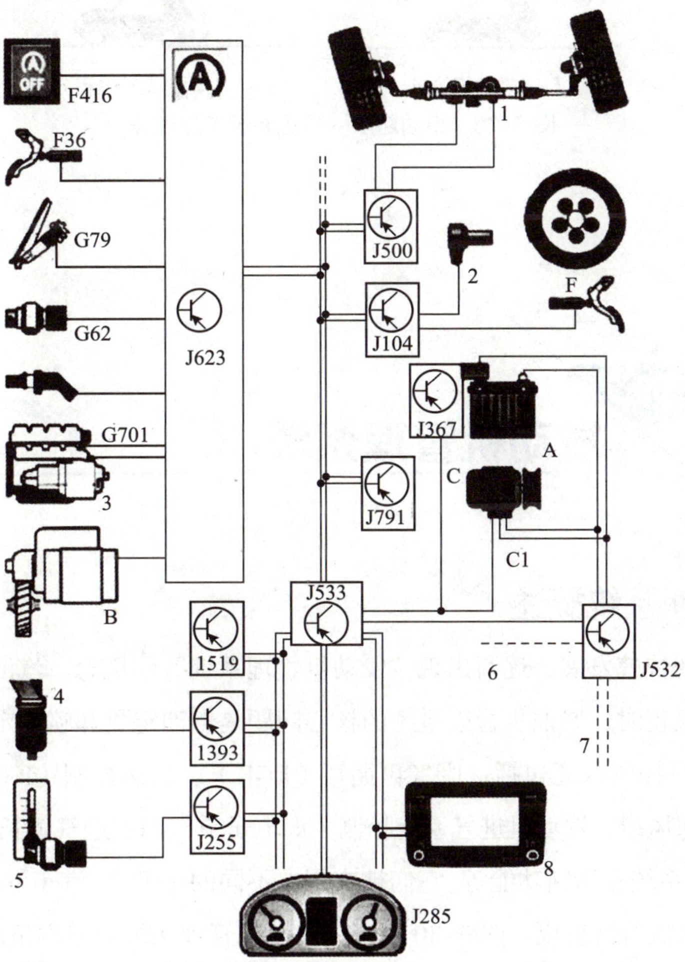

A—蓄电池；B—起动机；C—交流发电机；C1—电压调节器；F—制动灯开关；F416—起动 / 关闭按钮；F36—离合器踏板开关；G79—加速踏板位置传感器；G62—冷却液温度传感器；G701—速器挡位传感器；J623—发动机控制单元；J519—供电控制单元；J393—舒适系统中央控制单元；J255—自动空调控制单元；J533—数据总线诊断接口；J500—助力转向控制单元；J104—ABS 控制单元；J791—驻车转向辅助控制单元；J285—组合仪表内控制单元；J367—蓄电池监控控制单元；J532—稳压器；1—电动机械式动力转向系统；

2—车速信号，行程识别；3—发动机管理系统；4—安全带识别；5—暖风、鼓风机和空调调节；
6—接线柱 50 R；7—接线柱 30；8—收音机、收音机 / 导航系统。

图 3-28　大众、奥迪系列自动起动 – 停止系统

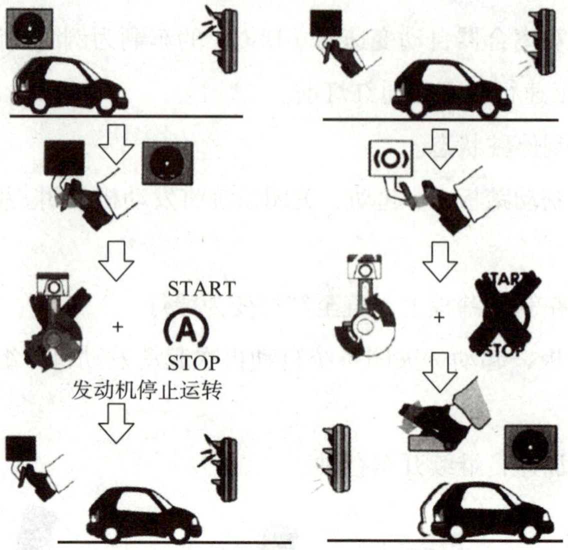

（a）发动机停机过程　（b）发动机发动过程

图 3-29　自动起动 – 停止系统工作过程

第二节 发动机管理系统

一、发动机管理系统概述

随着汽车电子技术的快速发展，逐渐出现“发动机管理系统”的概念。汽油机管理系统的核心问题是燃油定时、定量和点火正时，柴油机管理系统的核心问题是燃油定量和喷油定时。除此之外，在发动机部分利用电子技术进行控制的还包括：废气再循环（EGR）、怠速控制（ISC）、电动油泵控制、发电机输出控制、电子冷却风扇、发动机进气系统控制（如电子节气门、进气道长度可变和 VVT 控制）、燃油蒸发控制（EVAP）及系统自诊断功能等，它们被应用在不同的车型上。汽车发动机管理系统由传感器、电子控制单元（ECU）和执行器组成。图 3-30 所示为发动机管理系统的基本组成。

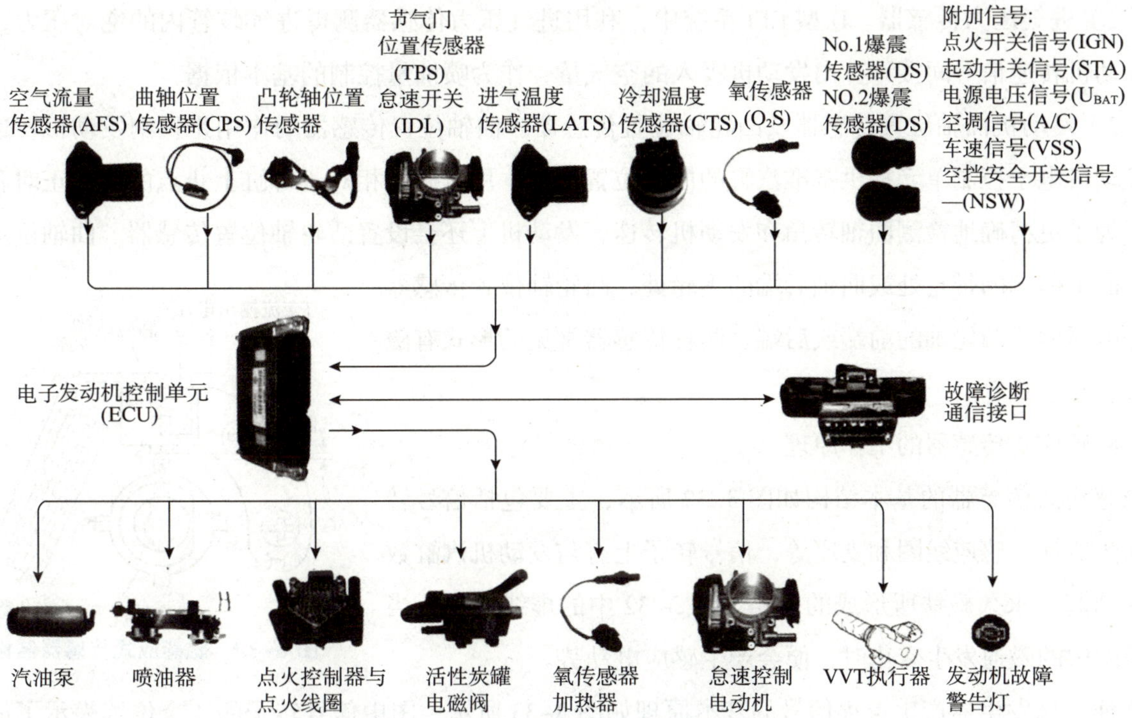

图 3-30 发动机管理系统基本组成

二、电子控制燃油喷射系统

电子控制燃油喷射系统以电子控制单元（ECU）为控制中心，利用空气流量传感器、节气门位置传感器、曲轴转角及转速传感器等测得发动机的各种工作参数，按照在电脑中设定的控制程序，通过控制喷油器，精确地控制喷油量，使发动机在各种工况下都能获得最佳浓度的混合气。

1. 电子控制燃油喷射系统的组成

电子控制燃油喷射系统的组成如图 3-31 所示。

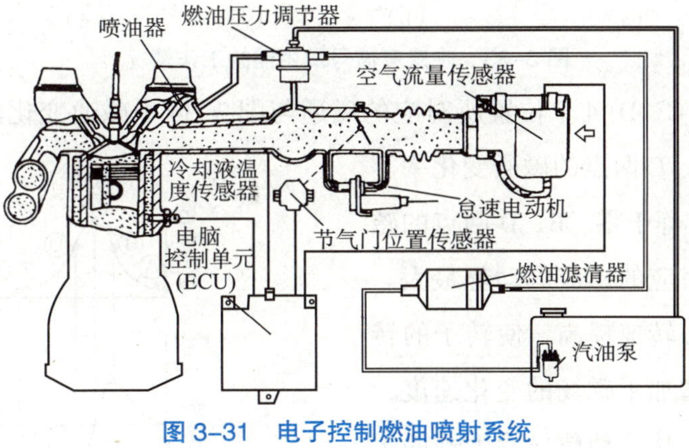

图 3-31 电子控制燃油喷射系统

2. 传感器

汽车用传感器可以把汽车运行中各种工况信息转化成电信号输送给计算机，计算机通过计算后驱动执行器的动作，以使汽车能处于最佳工作状态。

（1）空气流量传感器。空气流量传感器应用在 L 型燃油喷射系统中，其作用是检测发动机的进气量，作为喷油量控制的基本依据。其主要的形式有翼片式、热线式等。

（2）进气压力传感器。D 型 EFI 系统中，利用进气压力传感器测得进气歧管内的绝对压力，电脑结合发动机转速信号间接计算出发动机吸入的空气量，作为喷油量控制的基本依据。

（3）发动机曲轴位置传感器及凸轮轴位置传感器。曲轴位置传感器的作用是检测发动机转速，同时为发动机电子控制单元提供基准汽缸的曲轴位置信号，用以确定相对于每缸上止点的喷油正时和点火正时。为了更精确地检测曲轴转角和发动机转速，发动机上还会设置凸轮轴位置传感器。曲轴位置传感器位于曲轴前端的带轮处或曲轴后端的飞轮处，凸轮轴位置传感器位于分电器内或凸轮轴的前端或后端。两种传感器常见的形式有磁感应式、霍尔式等。

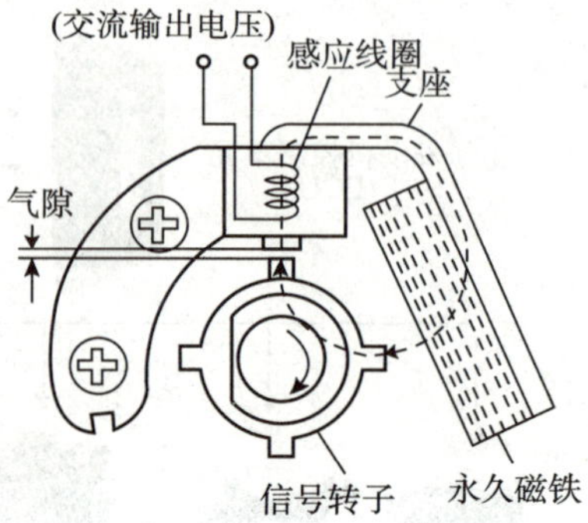

图 3-32　磁感应式传感器结构

①磁感应式传感器的工作原理。

磁感应式传感器的基本结构如图 3-32 所示，主要包括信号转子、永久磁铁、感应线圈和支座等，信号转子上有与发动机汽缸数相同的凸起。永久磁铁所形成的磁路如图 3-32 中的虚线所示，当信号线圈中的磁通发生变化时，便会产生感应电动势。

这种信号发生器产生点火信号的基本原理如图 3-33 所示，图中信号转子的 4 个位置表示了信号发生器磁通变化的情况。随着信号转子的转动，感应线圈中的磁通量增加或减小，由于磁通量的变化使其在信号感应线圈中感应出变化的电动势。信号转子在旋转时所产生的磁通变化情况及信号线圈所产生的感应电动势的情况如图 3-34 所示。

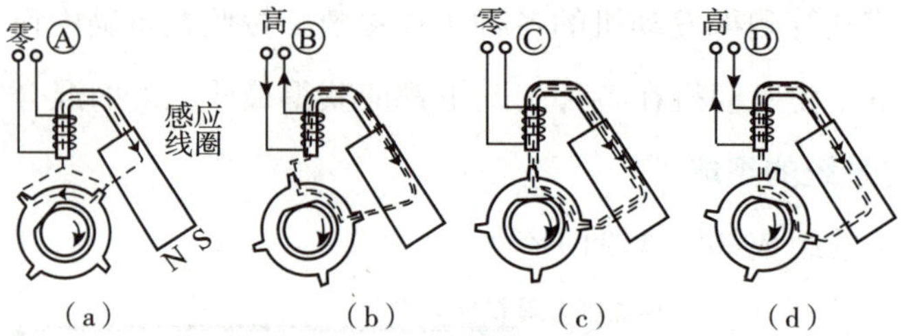

图 3-33　磁感应信号发生器的工作情况

图 3-33 中的 A、B、C、D 4 个位置所对应的磁通与图 3-34 中磁通变化曲线中的 A、B、C、D 4 个点是一一对应关系，A、C 两点的磁通变化率等于零，所以感应电动势也等于零。B、D 两点的磁通变化率最大，所以所对应的感应电动势最大。此外从图中还可以看出，转速提高，使转子的转速也提高，转速的提高增加了磁场的变化速度，感应电动势也相应增加。从这种信号发生器的工作原理可以看出，其信号电压是随着发动机转速的提高而增大的。

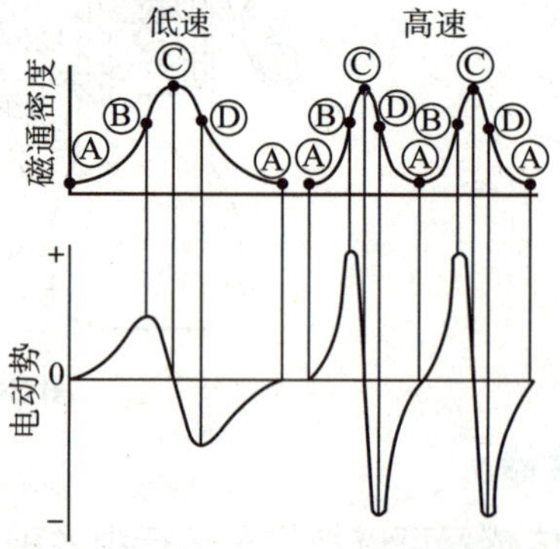

图 3-34　磁路中磁通的变化及信号线圈中感应电动势

图 3-35 所示为一种典型的电磁感应式曲轴位置传感器。该曲轴位置传感器主要由信号转子和线圈组成，信号转子位于曲轴前端带轮处，共有 34 个信号齿和两个空缺齿。转子旋转时，由于转子凸起与感应线圈的间隙不断发生变化，通过线圈的磁通也不断变化，线圈两端便产生感应电压，并以交流形式输出。

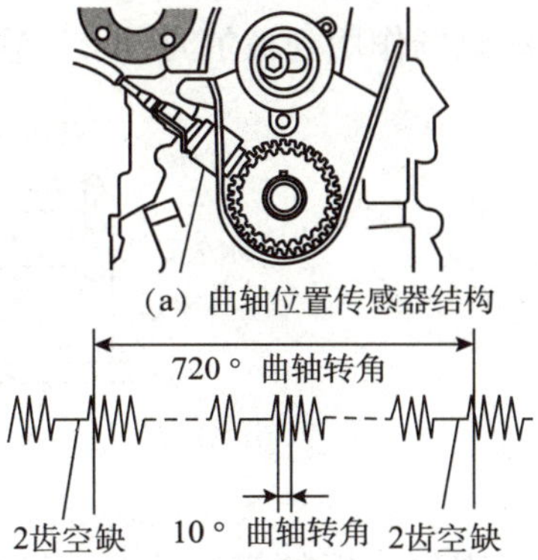

图 3-35　发动机曲轴位置传感器结构及信号

②霍尔式传感器的工作原理。

霍尔式传感器是利用霍尔效应原理工作的，其原理如图 3-36 所示。给一块放在磁场中的半导体基片通以电流时，在垂直于磁场和电流的方向上便会产生一个与电流和磁通密度成正比的电压，此电压即为霍尔电压 U_H，霍尔电压的大小可用下式表示：

$$U_H = \frac{R_H}{d} IB$$

式中：R_H——霍尔系数。

d——半导体基片厚度。

I——电流。

B——磁通密度。

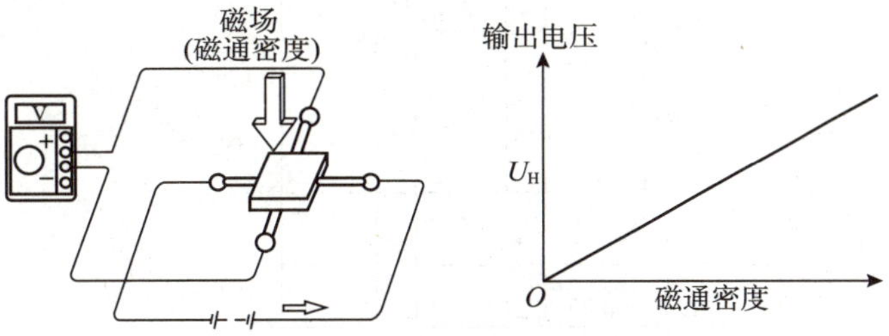

图 3-36　霍尔效应原理

从上式可知，在电流一定时，霍尔电压的大小与磁通密度成正比，且与磁通的变化率无关。这也就是说，在电流一定的情况下，只要改变磁通密度，就可以改变霍尔电压的大小，霍尔式传感器就是基于此原理制成的。

图 3-37 所示为一种实用的霍尔式传感器的结构，包括与分火头制成一体的触发叶轮、霍尔集成电路、带导磁板的永久磁铁、触发开关及专用插座等。

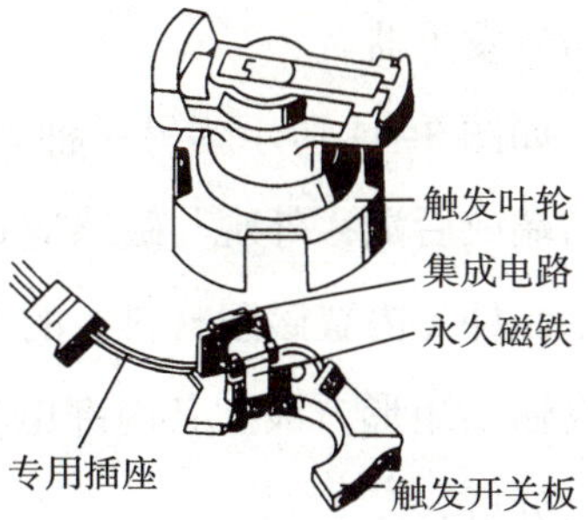

图 3-37　霍尔式传感器的结构

触发叶轮上有与发动机汽缸数相等的叶片，触发开关上制有霍尔集成电路、带导磁板的永久磁铁，霍尔集成电路的外层是霍尔元件，同一基板的其他部分制成放大电路。触发叶轮的叶片可在霍尔集成电路与永久磁铁之间的间隙内通过。其基本工作原理如图 3-38 所示，触发叶轮转动时，当触发叶轮上的叶片进入永久磁铁与霍尔元件之间的间隙时，永久磁铁所产生磁场的磁路被叶轮的叶片短路，磁场不能作用到霍尔元件上，虽然此时霍尔元件上有电流通过，但因为磁通密度等于零，所以霍尔元件上没有霍尔电压。当触发叶轮的叶片离开永久磁铁与霍尔元件之间的间隙时，永久磁铁的磁场作用到霍尔元件上，在磁场和电流的共同作用下，霍尔元件产生霍尔电压。

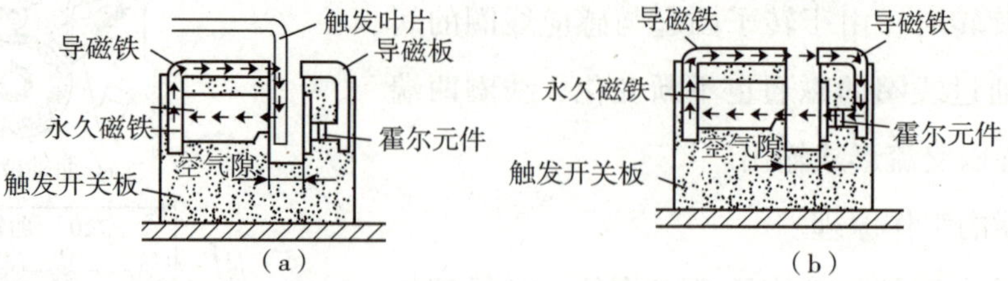

图 3–38　霍尔式传感器的工作原理

由于霍尔电压的信号较弱（仅为 mV 级），不能用来直接作为点火信号，因此，要对其进行放大并转换为矩形的方波信号，这一任务由霍尔集成电路完成，集成电路的工作原理框图如图 3–39 所示。经集成电路放大后的信号如图 3–40 所示，当叶片处于空气间隙中时，信号发生器输出高电平（接近电源电压），叶片不在空气间隙时，输出低电平（0.3 ～ 0.4 V）。

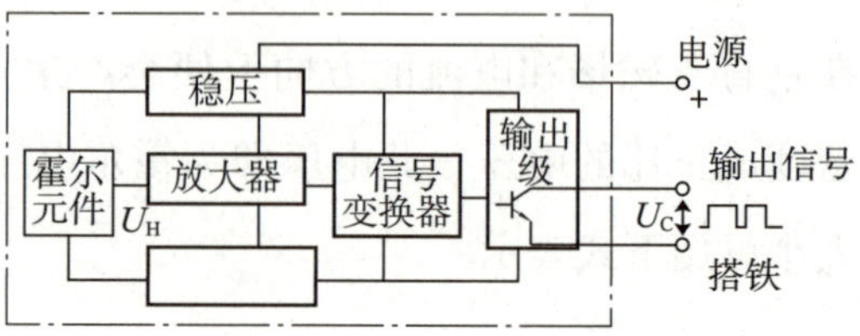

U_H– 霍尔电压；U_C– 输出信号电压。

图 3–39　霍尔集成电路工作原理框图

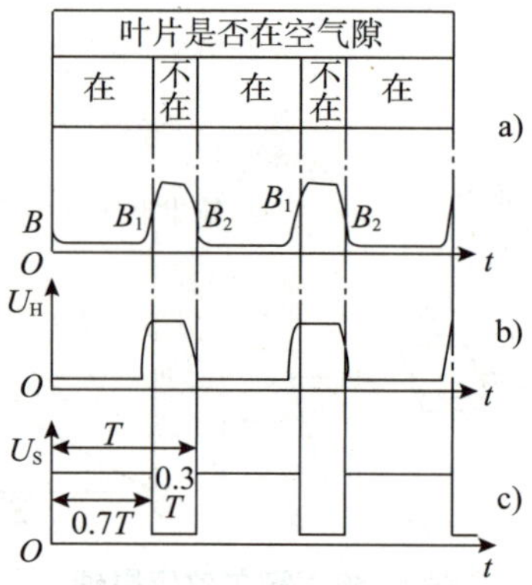

B—通过霍尔元件的磁场强度；B_1—通过霍尔元件的磁场强度 1；

B_2—通过霍尔元件的磁场强度 2；U_H—霍尔电压；U_s—经过整流放大后的霍尔电压信号。

图 3–40　经集成电路放大后的信号

由于霍尔信号发生器在工作中需要始终提供通过霍尔元件的电流，所以这种信号发生器是属于有源的信号发生器。

如图 3–41 所示为另一种利用霍尔原理及磁阻元件制成的凸轮轴位置传感器。该传感器位于凸轮轴的前端或后端，外观与磁感应式传感器相似，但插接器为三端子。凸轮轴上转子在旋转过程中会使通过霍尔元件（内置磁阻材料）的磁通发生变化，产生交流电压，此电压经过整形电路的整形和信号放大，最终输出矩形方波。其内部电路如图 3–42 所示。基于霍尔原理的传感器形式较多，需结合具体的形式加以分析。

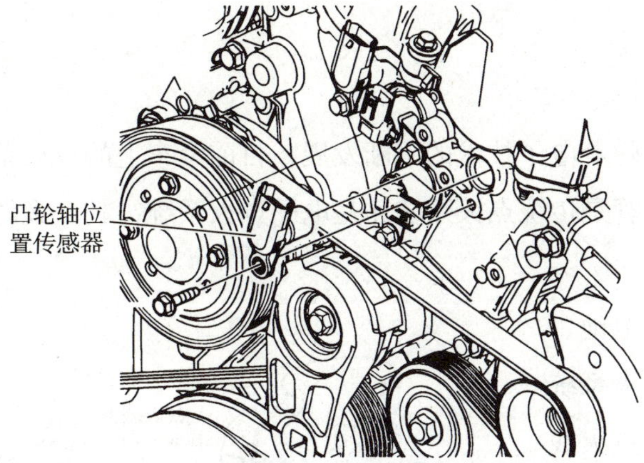

图 3-41　凸轮轴位置传感器

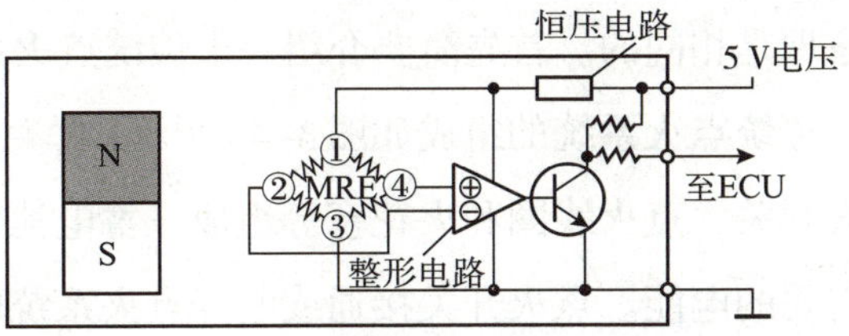

图 3-42　磁阻型凸轮轴位置传感器电路

（4）进气温度传感器和冷却液温度传感器

进气温度传感器和冷却液温度传感器都是利用热敏电阻随着温度的变化电阻也发生变化的特性来工作的。热敏电阻有正温度系数和负温度系数之分，负温度系数电阻值会随着温度的升高而降低，汽车上的温度传感器采用的是负温度系数热敏电阻。电脑根据进气温度和冷却液温度的信号对喷油和点火进行修正，图 3-43 所示为其工作电路。

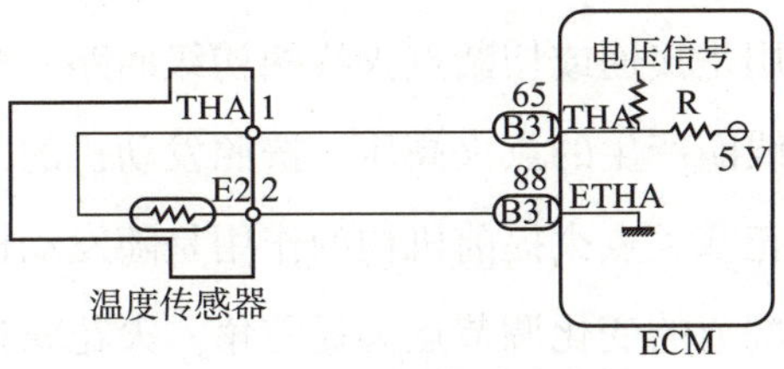

图 3-43　温度传感器工作电路

（5）节气门位置传感器

节气门位置传感器的作用是将节气门的开度转化为电信号输入给电子控制单元，由电子控制单元根据这些信号来计算节气门的开度，用来进行空燃比修正、功率提高及燃油切断控制等。若使用电子加速踏板和电子节气门，此信号还用来检测节气门的实际开度并由电子控制单元控制和修正节气门电动机的动作。节气门位置传感器有滑变电阻式及霍尔式等形式。

3. 电子控制单元及喷油器

电子控制单元是一个微型计算机。用来接受传感器或其他装置输入的信号，将输入的信号转变为微型计算机所能接受的信号，给传感器提供参考（基准）电压：2 V、5 V、9 V、12 V。能存储、计算、分析处理信息，存储该车型的特点参数，存储运算中的数据（随存随取），存储输出故障信息。能进行运算分析，根据信息参数求出执行命令数值，将输出的信息与标准值对比，查出故障。能输出执行命令。能进行自我修正。

喷油器是电子燃油喷射系统的主要执行器，如图 3-44 所示，当发动机工作时，ECU 根据有关传感器输入的信号，经运算判断后输出控制信号，控制大功率晶体管导通与截止。当大功率晶体管导通时，即接通喷油器电磁线圈电路，产生电磁吸力。当电磁力超过针阀弹簧力和油液压力的合力时，针阀打开，开始喷油。当大功率晶体管截止时，喷油器电磁线圈电路被切断，阀门关闭，停止喷油。

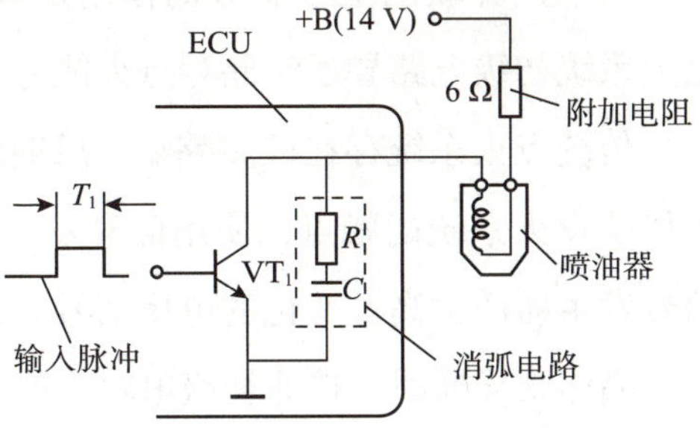

图 3-44　喷油器的基本控制电路和原理图

三、微机控制点火系统

1. 传统点火系统及电子点火系统概述

早期汽车上均使用传统蓄电池点火系统来工作，随着电子技术的不断发展，目前汽车上的点火系统已被电子点火系统及微机控制点火系统所取代，但不管是传统点火系统还是电子点火系统，其点火的基本原理是相同的。首先简要介绍一下传统点火系统。

传统点火系统的组成如图 3-45 所示，它主要由蓄电池、点火开关、点火线圈和火花塞等组成。蓄电池供给点火系统所需要的电能。点火开关接通或断开点火系统电源。点火线圈存储点火能量，并将蓄电池电压转变为点火高压。分电器由断电器、配电器和点火提前机构等部分组成。断电器的作用是接通或切断点火线圈初级回路。配电器的作用是将点火线圈产生的点火高压，按照发动机的工作顺序输送给各缸火花塞。点火提前机构的作用是随发动机转速、负荷和汽油辛烷值的变化调节点火提前角。火花塞将点火高压引入汽缸燃烧室，并在电极间产生电火花，点燃混合气。

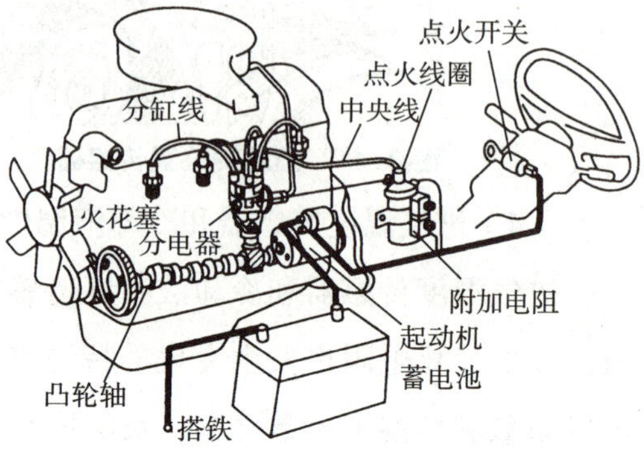

图 3-45 传统点火系统的组成

传统点火系统的基本工作原理如图 3-46 所示。当点火开关接通、发动机运转时，分电器轴和断电器凸轮在发动机凸轮轴的驱动下旋转，使断电器触点交替地闭合和打开。在触点闭合时，点火线圈的初级绕组形成回路，产生初级电流，初级电流所流过的电路称为低压电路。低压电路的路径是：蓄电池正极→点火开关→附加电阻→点火线圈“+”接线柱→点火线圈初级绕组→点火线圈“–”接线柱→断电器触点→搭铁→蓄电池负极。初级电流在初级绕组中逐渐增大至某一值并建立较强的磁场。当触点打开时，初级电路被切断，初级电流及磁场迅速消失，由电磁感应定律可知，在两个绕组中都感应出电动势。由于初级电流迅速消失，在初级绕组 W_1 中，可感应出 200 ～ 300 V 的自感电动势 U_1。由变压器原理可知：$U_2/U_1=W_2/W_1$，次级电压 $U_2=U_1W_2/W_1$。由于次级绕组 W_2 的匝数多，因而在次级绕组内就感应出 15 ～ 20 kV 的互感电动势 U_2，U_2 称为次级点火高压，通过高压线输送给火花塞。击穿火花塞的电极间隙产生火花，点燃混合气。从点火线圈到火花塞的电路称为高压电路。

与触点并联的电容器 C 的作用是减少触点烧蚀，延长触点寿命，并提高次级电压。由上述可知，点火系统初级电路导通时储存点火能力，断开时在次级电路中产生点火高压。

传统点火系统存在很多弊端，后期出现取代断电器的电子点火系统。该种点火系统使用点火模块取代传统点火系统的触点，使用信号发生器取代凸轮。其基本工作原理如图 3-47 所示。发动机工作时，信号发生器产生高低变化的电压信号。正或高电压信号可使晶体管导通，负或低电压信号可使晶体管截止。晶体管导通时，接通初级电路，产生初级电流，晶体管截止时，切断初级电路，使次级产生高压。

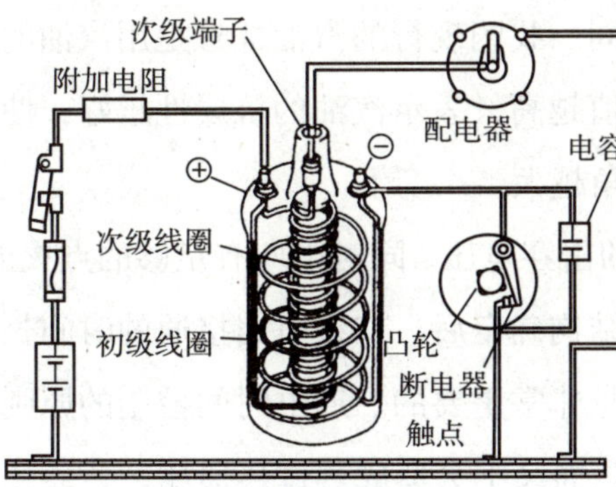

图 3-46 传统点火系统的基本工作原理

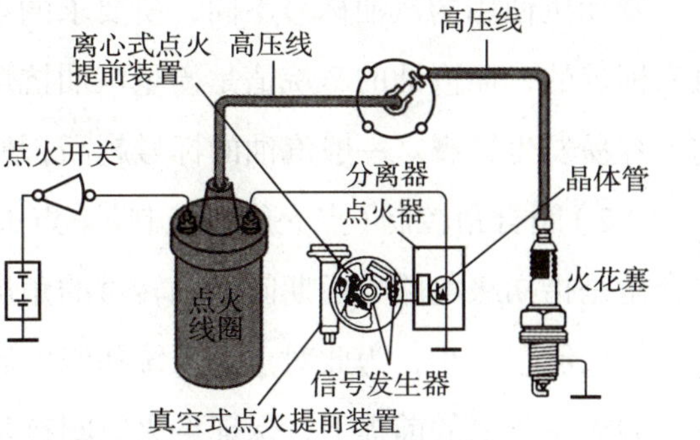

图 3-47 电子点火系统的基本工作原理

2. 点火系统的控制内容

（1）点火提前角。点火提前角是指从火花塞跳火开始到活塞行至上止点为止这段时间曲轴转过的角度。能使发动机发出最大功率、油耗最低的点火提前角称为最佳点火提前角。如图 3-48 所示为点火提前原理。

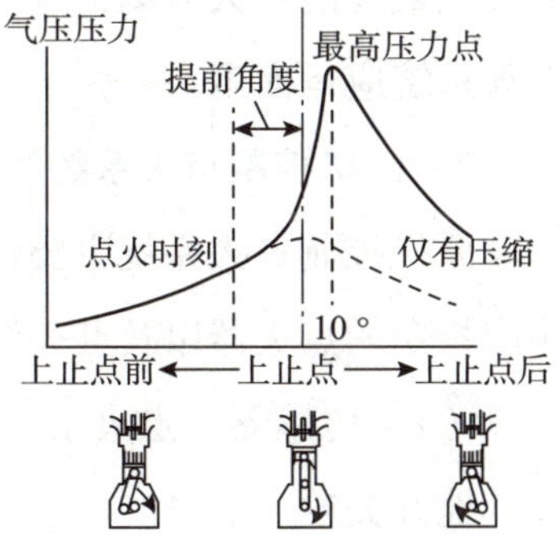

图 3-48 点火提前原理

点火提前角会随着发动机的负荷、转速、冷却液温度、进气温度、燃油标号等变化而变化。对点火提前角影响最大的因素是发动机转速、负荷和燃油标号。

当节气门开度（发动机的负荷）不变时，发动机每个工作循环进入汽缸的混合气量是基本相同的，从点火开始到燃烧产生最大压力所需的时间也基本相同，在这段相同的时间内，发动机转速高时，活塞走过的距离长，相应的曲轴转角也大，对应点火提前角就大。反之，发动机转速低时，活塞走过的距离短，相应的曲轴转角小，对应的点火提前角就小。这表明，随着发动机转速的提高，最佳的点火提前角应加大，由于高速时发动机汽缸内的混合气的压力、温度有所提高，进气扰流增强，使燃烧的速度有所加快，所以高速时随发动机的转速增加，点火提前角增加的幅度减小，如图 3-49 所示。

当发动机的转速一定时，节气门的开度（发动机负荷）增大，进入汽缸的混合气量增多，混合气的质量提高，燃烧的速度加快，点火提前角应相应减小，如图 3-50 所示。

发动机在起动或怠速时，虽然混合气的燃烧速度较慢，但发动机的转速很低，燃烧所对应的曲轴转角很小，如果点火提前角过大，有可能造成起动时发动机反转，而使起动困难，因此要求起动或怠速时的点火提前角较小或不提前。

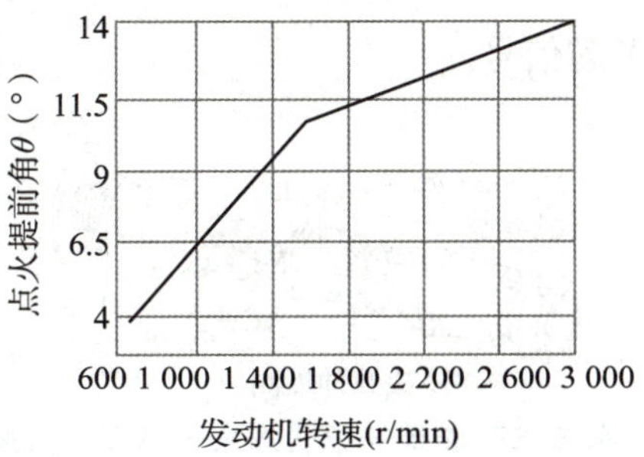

图 3-49 点火提前角随发动机转速的变化的关系

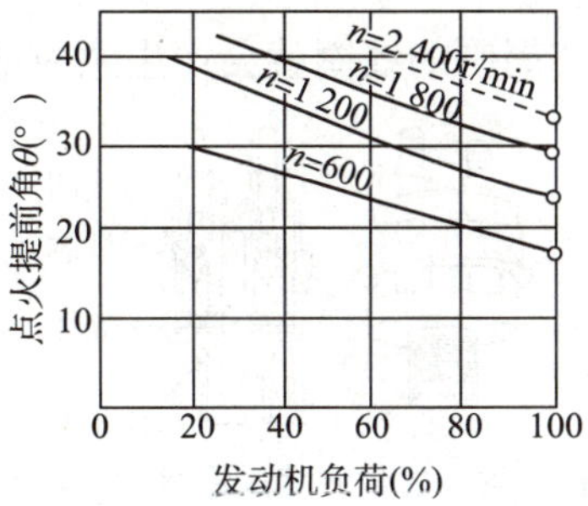

图 3-50 点火提前角随发动机负荷变化的关系

发动机使用的汽油标号不同，所要求的点火提前角也不相同。我国现行的汽油标号是用汽油的辛烷值来标定的，而汽油的辛烷值是衡量汽油抗爆性的指标，辛烷值越高，表示汽油的抗爆性越好，使用中越不容易发生爆震。一般汽油的标号越高，所允许的点火提前角越大。

（2）闭合角控制（点火能量控制）。点火系统应有足够高的击穿电压，同时也应有足够的点火能量。闭合角是指初级电路导通期间曲轴转过的角度。点火系统部件结构确定后，初级电路接通的时间长短决定了点火能量大小，为此对点火系统初级电路接通时间的控制是非常重要的。通电时间控制的原则是在不影响火花放电的前提下，保证点火线圈有足够的时间蓄积能量而又不会造成其过热损坏。

为能精确控制点火提前角，应将所有影响发动机点火的因素都考虑进去，使发动机在任何工况下都能提供最佳的点火时刻，进一步提高发动机的动力性和经济性，降低汽车的排气污染。为此，微机控制点火系统应运而生。

3. 微机控制点火系统的组成

微机控制点火系统主要包括：监测发动机运行状态的传感器、处理信号和发出指令的 ECG（微机）、响应指令的点火器以及点火线圈等，如图 3-51 所示。

（1）传感器。点火系统中大部分传感器在电子燃油控制系统中已经介绍，此处只介绍爆震传感器及其他开关输入信号。

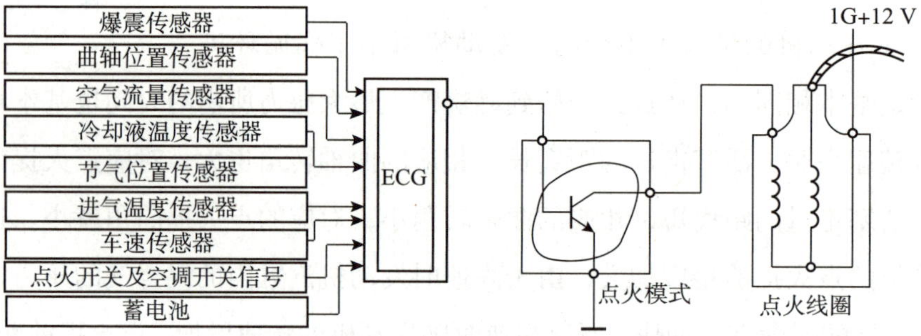

图 3-51　微机控制点火系统的组成

①爆震传感器用来检测发动机是否发生爆震，如果发动机发生爆震，微机将自动减小点火提前角，若检测到无爆震，将自动增加点火提前角，使发动机处于爆震边缘。常见的爆震传感器有磁致伸缩式和压电式两种。

磁致伸缩式爆震传感器的外形与结构如图 3-52 所示，其内部有永久磁铁、靠永久磁铁励磁的强磁性铁芯及铁芯周围的线圈，分解后的结构如图 3-53 所示。当发动机发生爆震时，汽缸体便会出现振动，在振动频率为 7 kHz 时，便会出现共振，强磁性铁芯的磁导率发生变化，引起永久磁铁穿过铁芯的磁通变化，铁芯周围的线圈就会产生感应电动势，此电动势即为爆震信号。

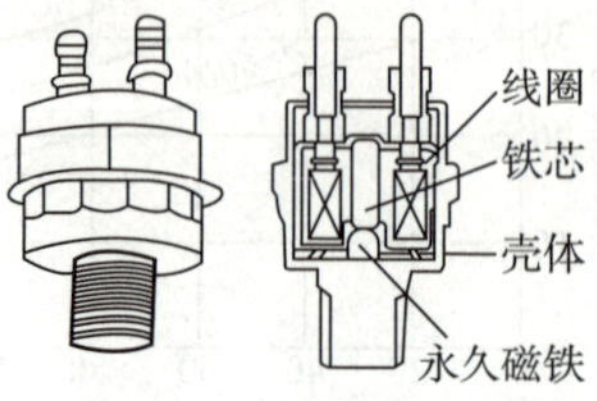

图 3-52　磁致伸缩式爆震传感器

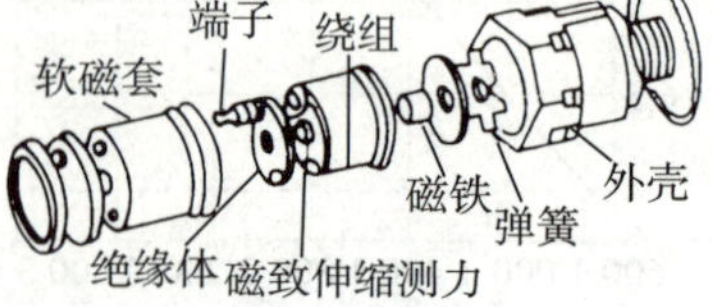

图 3-53　磁致伸缩式爆震传感器的分解图

压电式爆震传感器的结构如图 3–54 所示，传感器里用陶瓷多晶体的压电效应或掺杂硅的压电电阻效应产生爆震信号。传感器的外壳内装有压电元件、配重块及导线等。当发动机发生爆震，汽缸体产生的振动传递到传感器的外壳上时，外壳与配重块之间产生相对运动，夹在这两者之间的压电元件的挤压力发生变化，这样压电元件由于压力的变化而产生电压，控制组件仅能检测到频率为 7 kHz 左右振动压电元件所产生的电压，并根据电压的大小判断爆震的强度。这种传感器的输出特性如图 3–55 所示。

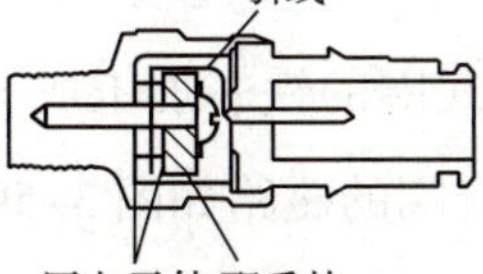

图 3–54　压电式爆震传感器的结构

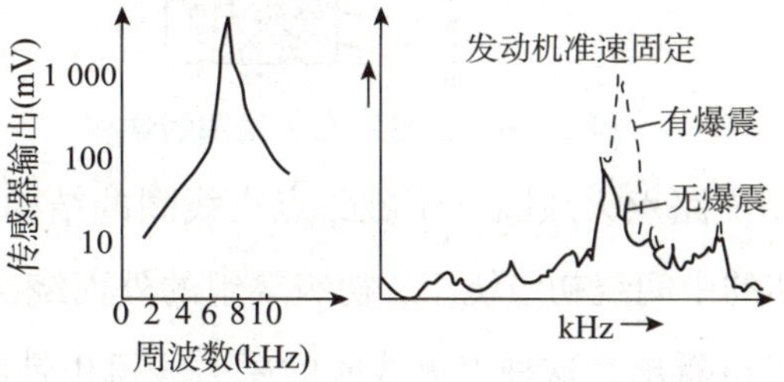

图 3–55　压电式爆震传感器的输出特性

②各种开关输入信号。

a. 起动开关信号：在起动机接通时，通知微机发动机处于起动状态，并以此控制起动时的点火提前角。

b. 空调开关信号：发动机在怠速工况下使用空调时，微机在提高发动机转速的同时，也对点火提前角进行修正。

C. 空挡开关信号：在配置自动变速器的车辆上，此信号可以使微机获得变速器位于空挡的信息，对点火提前角进行必要的修正。

（2）电子控制单元及点火器

电子控制单元与燃油系统共用，此处不再重复。点火器又称点火模块，是微机点火控制系统的功率输出级，它按电子控制器输出的指令工作，并对点火信号进行放大，驱动点火线圈工作。各种发动机点火器的内部结构也不一样，个别的点火模块只有大功率晶体管，单纯起开关作用。而更多的点火模块还有电流控制、闭合角控制、判别缸位、点火监视等功能。还有一些发动机不单设点火器，将大功率晶体管组合在发动机控制电脑中，由电脑直接控制点火线圈中初级电流的通断。

（3）点火线圈。点火线圈的作用是将蓄电池的低压电升高至点火所需的高压电。按磁路和结构的不同，可分为开磁路点火线圈和闭磁路点火线圈。

①开磁路点火线圈。开磁路点火线圈的结构如图 3–56 所示，点火线圈的中心部分是一个软铁芯，由硅钢片叠成，包在硬纸板套内。次级绕组为 11 000 ～ 26 000 匝，初级绕组数为 230 ～ 370 匝。点火线圈的上部是胶木盖，中央突出的部分是高压线插口，高压线插口两侧的接线柱是低压接线柱。

当点火线圈的初级绕组通过电流时，铁芯磁化后所产生磁场的磁路如图 3–57 所示，从图中可以看出，闭合的磁力线的上部和下部都是从空气中通过的，铁芯未形成闭合的磁路，因此，这种点火线圈称为开磁路点火线圈。由于漏磁导致其点火能量较低。

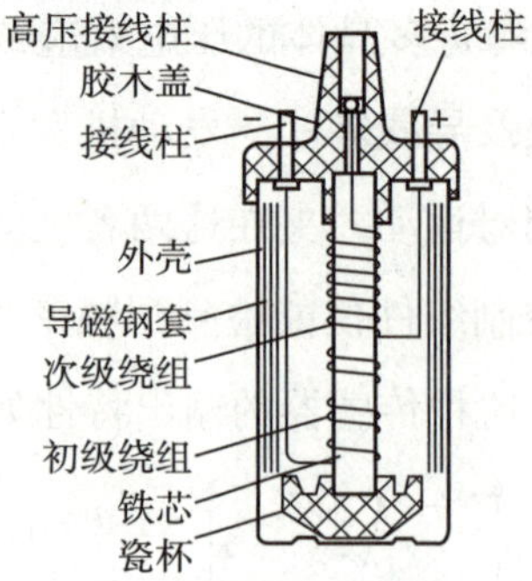

图 3–56　开磁路点火线圈的结构

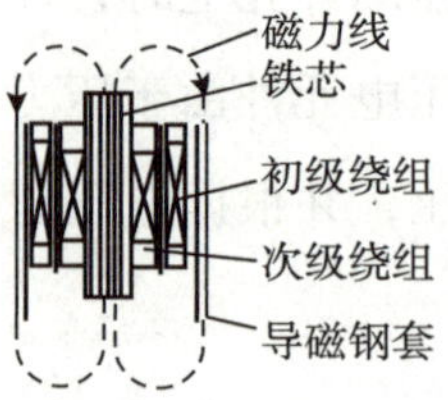

图 3–57　开磁路点火线圈的磁路

②闭磁路点火线圈。闭磁路点火线圈的结构如图 3–58 所示，这种点火线圈的铁芯加工成“日”字形，铁芯的中间绕初级绕组，初级绕组的外面绕次级绕组。采用闭磁路点火线圈的磁路如图 3–59 所示，从图中可以看出，这种点火线圈的磁力线可由铁芯构成闭合磁路，因其漏磁少，能量损失小，能量变换效率高，所以它在电控点火系统使用广泛。

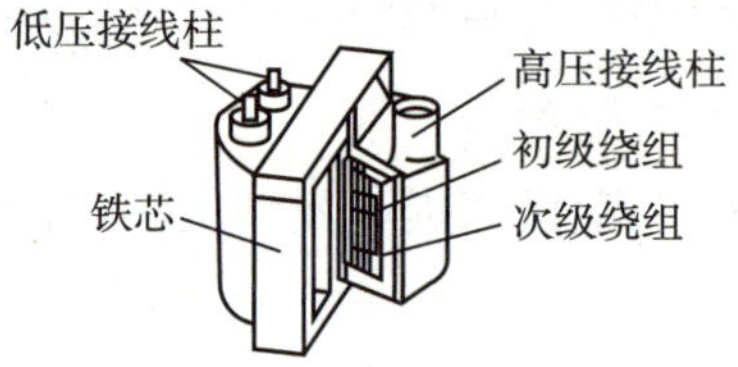

图 3–58　闭磁路点火线圈

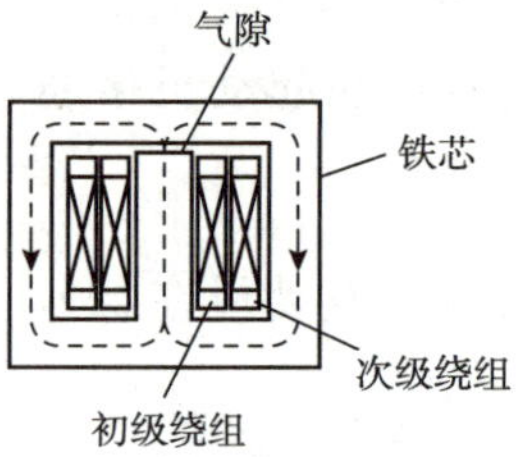

图 3–59　闭磁路点火线圈的磁路

（4）高压线和火花塞

①高压线。它用来将点火线圈的高压电送至火花塞。大多数高压线为电阻型，以抑制点火系统所产生的无线电干扰。电阻型高压线的中心部分是注入石墨的细金属丝网线芯，线芯周围是绝缘层及外皮，如图 3–60 所示。目前采用单独点火方式的点火系统已取消高压线。

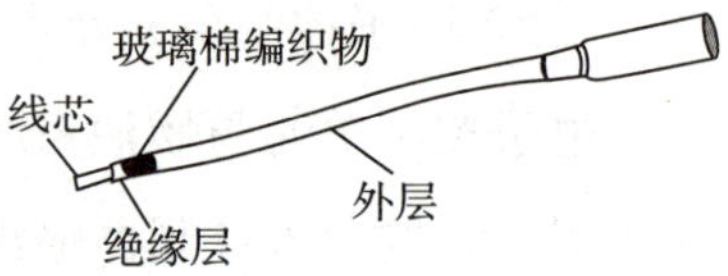

图 3–60　高压线

②火花塞。火花塞的作用是将点火线圈产生的高压电引入发动机的燃烧室内，通过本身的间隙产生火花放电，点燃混合气。

a. 火花塞的工作条件和对火花塞的要求。火花塞的工作条件极为恶劣，它受到汽缸内高温、高压气体的作用，同时还受到燃烧产物强烈的腐蚀作用，因此，这对火花塞提出了较高的要求，具体如下：

· 火花塞应能承受冲击性高压电的作用，其绝缘体应在 30 kV 高压的作用下保证良好的绝缘性能。

· 发动机汽缸内燃烧气体的温度（1 500 ～ 2 000 ℃）与进入汽缸的新鲜混合气的温度（50 ～ 60 ℃）相差很大，火花塞要能承受这种温度的剧烈变化，并保持一定的温度，不得产生局部过热或过冷。

· 火花塞要能承受住混合气燃烧所产生的巨大的冲击力（5.88 ～ 6.86 MPa），因此，火花塞要有足够的机械强度。

· 火花塞在工作中要受到燃烧产物中多种活性气体的腐蚀作用，因此要求火花塞的电极采用难熔、耐蚀的材料制成。

b. 火花塞的结构。火花塞的结构如图 3–61 所示，火花塞的放电部分是中心电极和侧电极，两者之间用高氧化铝陶瓷绝缘体隔开。绝缘体内部的中心导电部分分为三段：最下面一段为中心电极。中间是膨胀系数与陶瓷绝缘体相差不大的导电玻璃，确保火花塞在各种温度下的密封性。最上面是金属杆，金属杆的上部制有螺纹，接线螺母拧在其上，高压导线接在接线螺母上。绝缘体的外面是钢制壳体，壳体与陶瓷绝缘体之间有两个铜制的内垫圈，起密封和导热作用。壳体的上部加工有供拆装火花塞用的六方，壳体的下部制有螺纹，拧入汽缸盖上相应的火花塞座孔，壳体的下端固定有侧电极。

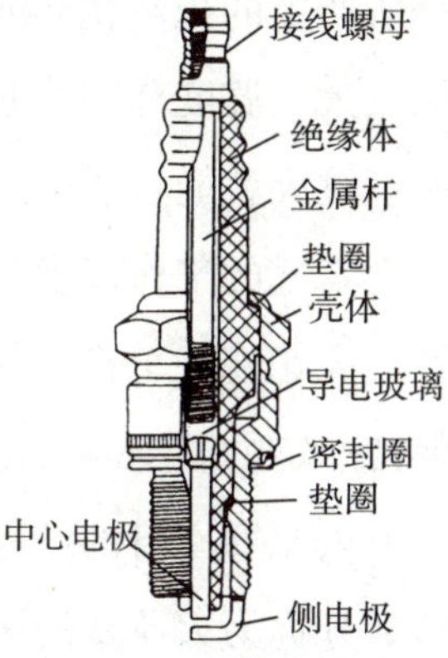

图 3-61　火花塞的结构

c．影响火花塞跳火性能的因素。

· 火花塞电极形状的影响。火花塞电极的形状对放电性能有很大影响，一般电极有比较尖锐的棱角，比较容易放电，如果电极是球面的形状，则放电最困难，图 3-62 反映了不同形状的电极与放电难易程度的关系。

为提高火花塞的放电性能，有些火花塞特意在电极上做出一些棱角，如侧电极的断面做成 U 形、中心电极上开十字口、将中心电极做细等。随着使用时间的增加，电极的棱角部分会慢慢烧蚀变圆，放电性能变差。

· 火花塞电极间隙的影响。一般火花塞的电极间隙越大，所需要的放电电压越高。电控点火系统火花塞的间隙一般为 0.9 ～ 1.1 mm。火花塞跳火间隙与所需电压的关系如图 3-63 所示。

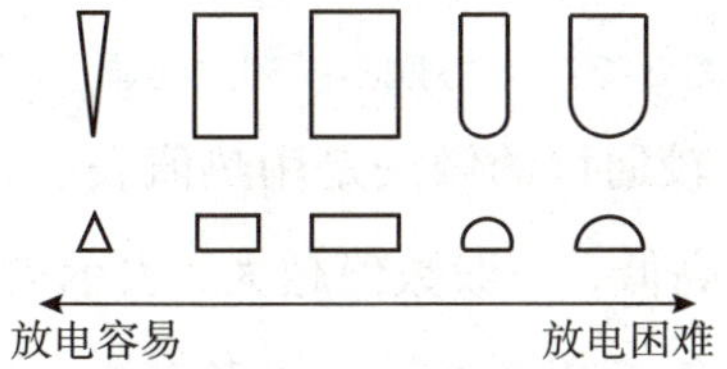

图 3-62　电极形状与放电性能的关系

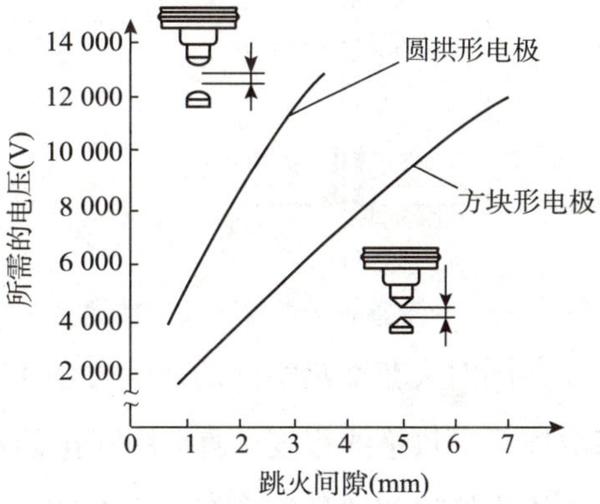

图 3-63　火花塞跳火间隙与所需电压的关系

· 汽缸压缩压力的影响。汽缸的压缩压力越大，火花塞放电就越困难，所需的电压也就越高。在发动机全负荷、车辆低速运行以及混合气温度低时，都会使点火电压上升，造成点火困难。汽缸压缩压力与所需电压的关系如图 3-64 所示。

· 电极温度的影响。火花塞的电极温度越高，所需的电压越低，如图 3-65 所示。

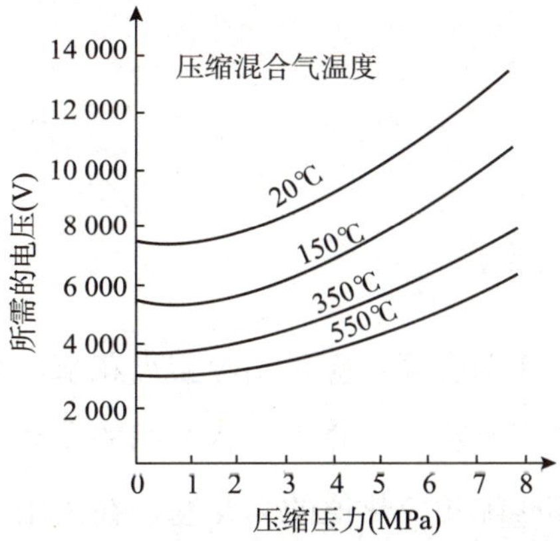

图 3-64　汽缸压缩压力与所需电压的关系

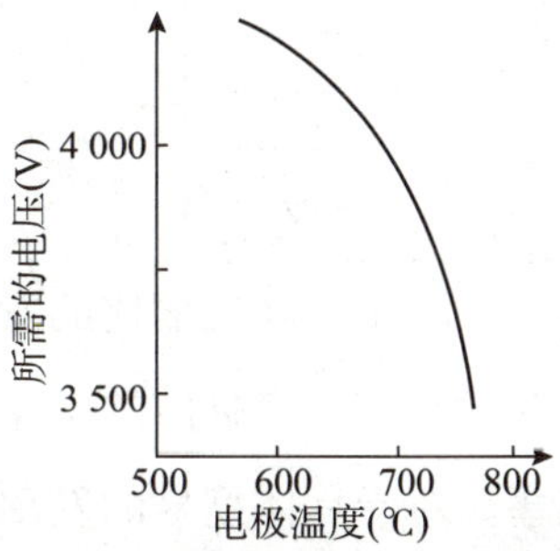

图 3-65　火花塞电极温度与所需电压的关系

d. 火花塞的热特性。要使火花塞工作良好，必须使火花塞保持在适当的温度范围以内，此适当温度范围的下限称为火花塞的自洁温度（450 ～ 550 ℃），如果火花塞在工作中低于此温度，燃油不完全燃烧所产生的积炭就会沉积在火花塞的陶瓷绝缘体表面，导致火花塞漏电，积炭严重时，将造成火花塞不能点火。温度范围的上限称为早燃温度，大约为 950 ℃，如果火花塞中心电极的温度超过此温度，火花塞不跳火就能将混合气点燃，这种情况称为早燃。因此火花塞的正常工作温度范围为 450 ～ 950 ℃。

火花塞的工作温度除了受到发动机的功率、转速、压缩比等的影响外，本身的结构也是重要的影响因素。火花塞在工作中受到燃烧气体的加热，同时也从各种途径散热，受热与散热达到平衡时，火花塞即保持一定的温度。火花塞各处的温度及散热途径如图 3-66 所示。

就火花塞本身的结构来说，主要是陶瓷绝缘体暴露在燃烧室内的部分影响火花塞的工作温度，通常将这部分称为火花塞的裙部。在相同的工作条件下，裙部长的火花塞，受热面积大，传热的路径长，散热困难，因此工作温度高，这样的火花塞称为热型火花塞。反之，裙部短的火花塞，受热面积小，传热路径短，散热容易，因而工作温度低，这样的火花塞称为冷型火花塞，如图 3-67 所示。

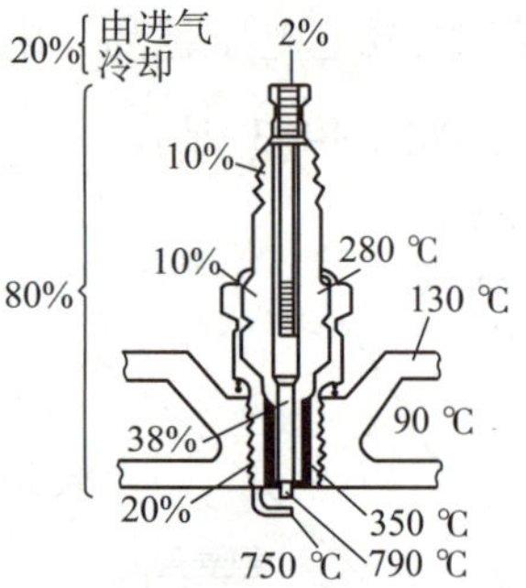

图 3-66　火花塞各处的温度及散热途径

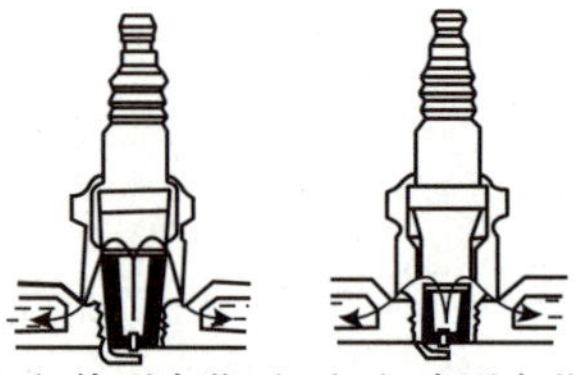
（a）热型火花型　（b）冷型火花型

图 3-67　热特性不同的火花塞

目前世界各国对火花塞热特性的表示方法不完全相同，但比较通行的做法是用热值表示。所谓热值是指火花塞散掉所吸热量的程度。通常用阿拉伯数字表示热值的高低，一般数值越大，表示火花塞越冷。我国以火花塞绝缘体裙部的长度来标定火花塞的热特性，用热值 3 ～ 9 来表示，如表 3-1。

表 3-1　火花塞裙部长度与热值

裙部长度（mm）	15.5	13.5	11.5	9.5	7.5	5.5	3.5
热值	3	4	5	6	7	8	9
特性	热 ← → 冷						

对于高速、大功率、高压缩比的发动机，汽缸内的工作温度高，应采用冷型火花塞。对低速、小功率、低压缩比的发动机，汽缸内的工作温度低，应选用热型火花塞。介于两者之间的发动机，应采用热值中等的火花塞。对于具体型号的发动机，制造厂已为其匹配相应热值的火花塞，在使用中如果要更换

火花塞，应选用厂家规定型号的火花塞，保证热值匹配。

e. 火花塞的类型。除上述普通火花塞外，现在汽车上更多地使用其他类型的火花塞，如图 3–68 所示。

· 白金尖型火花塞。白金尖型火花塞的结构基本与前述的火花塞相同，只是中心电极和侧电极都覆盖一层很薄的白金薄膜，白金薄膜非常耐蚀，大大延长了火花塞的使用寿命（从普通火花塞的 10 000 km 延长到 100 000 km）。另外为了改善火花塞的放电性能，这种火花塞中心电极的直径减小，电极间隙增大，在使用过程中也不必调整火花塞间隙。

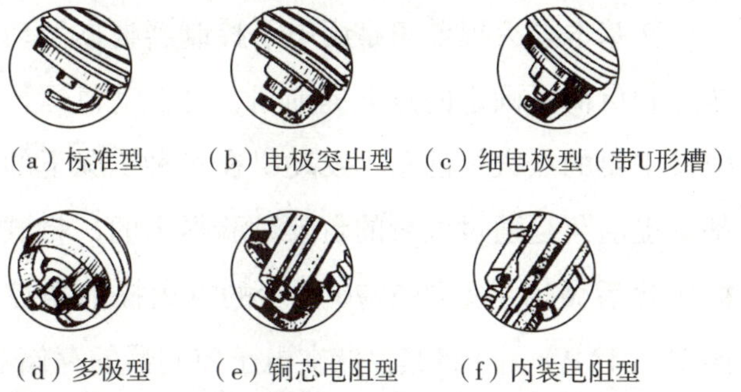

图 3–68　不同类型的火花塞

· 多级火花塞。多级火花塞的侧电极一般为两个以上，其优点是点火可靠，电极间隙不需经常调整。

· 突出型火花塞。突出型火花塞的绝缘体裙部较长，突出于壳体断面之外，具有吸收热量大，抗污能力好的优点，能直接受到进气的冷却，不易产生炽热点火，热适应范围宽，是应用范围最广的火花塞之一。

· 细电极型火花塞。细电极型火花塞电极很细，特点是火花强烈，点火能力好，在寒冷条件下也能保证发动机迅速可靠起动，热范围较宽，能满足多种用途。

· 铜芯宽热值型火花塞。铜芯宽热值型火花塞被高速发动机普遍采用，其内部的电极导热性能良好，热值较普通火花塞提高 10% ～ 40%，高速时能限制炽热点火，而火花塞裙部的加长，使热值的下限拓宽，同时也提高了电极耐油污、抗烧蚀的能力。

4. 微机控制点火系统基本工作原理

微机控制点火系统基本原理如图 3–69 所示，该系统由各种传感器检测发动机的工况信息，并送给 ECU 进行分析和计算。ECU 根据曲轴位置确定初始点火提前角，并依据发动机转速和负荷信号从存储器中调出基本点火提前角的原始数据。再根据传感器信号，对基本点火提前角进行修正。最后向点火器发出点火控制信号。点火器接收 ECU 发出的点火控制信号，在最佳时刻接通和断开点火线圈初级电路，点火线圈次级绕组产生高压电，使火花塞跳火点燃混合气。

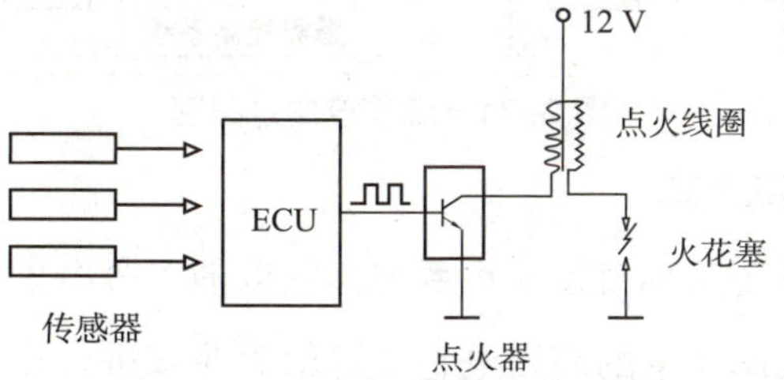

图 3–69　微机控制点火系统基本原理

5. 点火系统控制的基本内容

（1）点火提前角的控制——ECU 根据汽油机的各种工况信号对点火时刻进行控制。首先根据发动机的转速和进气信号（负荷）从存储器的数据中找到相应的基本点火提前角，然后根据其他传感器信号值加以修正，得出实际的点火提前角。最佳点火提前角由三部分组成：初始点火提前角、基本点火提前角和修正点火提前角。

①初始点火提前角由发动机的结构及曲轴位置传感器的安装位置决定，是未经电子控制器修正的点火提前角，通常为固定值，其大小因车型或发动机形式而异，此点火提前角一般用作发动机起动时的点火提前角。

②基本点火提前角是由电子控制器根据发动机的转速和负荷所确定的点火提前角，是发动机运行过程中最主要的点火提前角。发动机在各种工况下的最佳基本提前角是通过大量的台架试验得出的，将试验数据优化后做出了如图 3–70 所示的点火提前角控制脉谱图（MAP），并将其存储在电子控制器的存储器中。发动机在运行过程中，电子控制器通过发动机转速和负荷传感器获得发动机的工况信息，根据发动机所处的工况，从存储的数据中得出最佳的点火提前角。

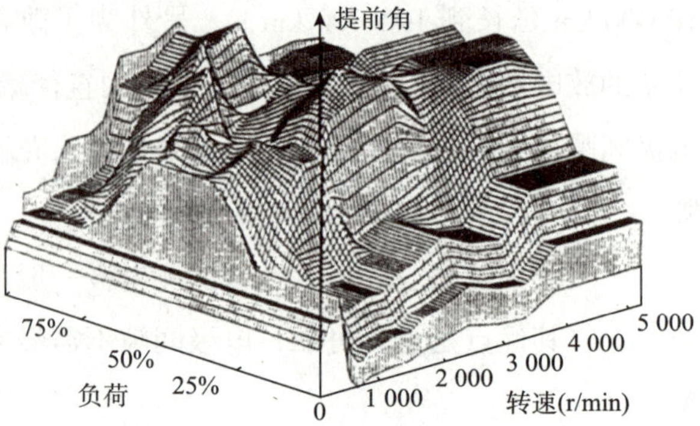

图 3–70　点火提前角控制脉谱图

③修正点火提前角主要包括以下几个方面：暖机修正、过热修正、空燃比反馈修正、怠速稳定性修正等。根据发动机的实际工作情况对点火提前角进行修正，保证发动机在最佳状态下工作。

（2）闭合角的控制——控制初级电路的通电时间，保证点火能量。

（3）爆震控制——当发生剧烈爆震时，发动机各部分温度上升，使输出功率下降，严重时还会引起活塞烧结、活塞环黏着、轴承破坏和气门烧蚀等。推迟点火可以减轻甚至避免爆震，爆震控制的目的就是根据爆震传感器的信号调整点火提前角，使汽油发动机工作在临界爆震状态。使用爆震传感器的控制方式对点火时刻进行检测、反馈并加以修正，因此，也被称为闭环控制。其控制过程如图 3–71 所示。

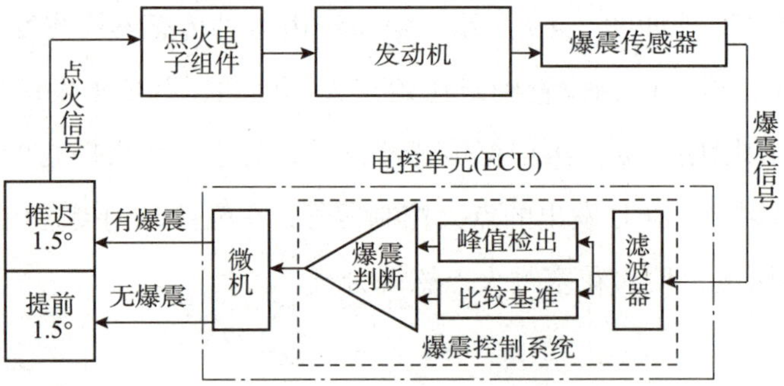

图 3–71　爆震控制过程图

6. 微机控制点火系统的配电方式

无分电器的电子点火控制系统又称直接点火系统，它取消了分电器总成，直接将点火线圈次级绕组的两端与火花塞相连，把点火线圈产生的高压电直接送给火花塞进行点火，这样可以有效降低点火系统对无线电的干扰。点火系统为全电子电路，无机械零件，无机械故障。

无分电器的电子点火控制系统可分为单独点火配电方式、双缸同时点火配电方式及二极管配电点火方式三种类型。

（1）单独点火配电方式将点火线圈直接安装在火花塞的顶上，这样不仅取消了分电器，也同时取消了高压线，故分火性能好，但结构与点火控制电路复杂。图 3-72 所示为其电路图和结构图。

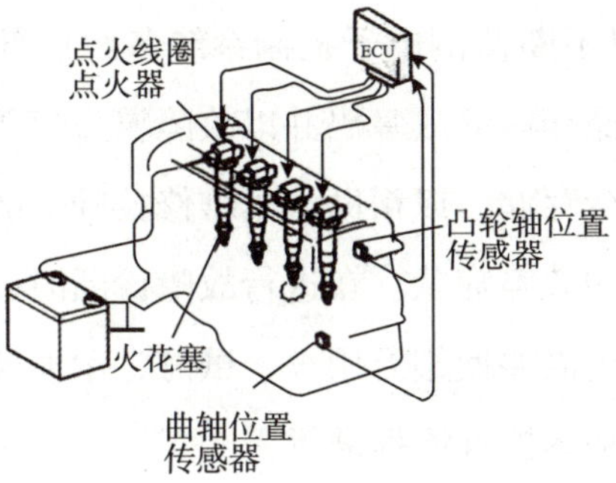

（a）结构图

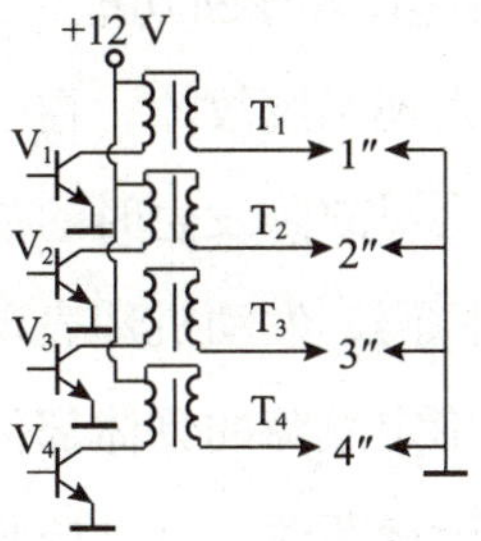

（b）电路图

图 3-72　单独点火配电系统线路及结构

（2）双缸同时点火配电方式如图 3-73 所示。因两个火花塞共用一个点火线圈且同时点火，故这种方式只能用在缸数为双数的发动机上，与单独点火配电方式相比，其结构与点火控制电路相对简单，但保留了点火线圈与火花塞之间的高压线，能量损失略大。串联在高压回路的二极管，可以用来防止点火线圈在初级绕组导通瞬间所产生的次级电压（1 000 ~ 2 000 V）加在火花塞上后发生的误点火而消耗点火能量。目前这种点火方式应用得较多。双缸同时点火要求共用一个点火线圈的两个汽缸工作相位差 360° 曲轴转角。点火时，同时点火的两个处于排气行程的汽缸由于缸内气体压力较小，且缸内混合气又处于后燃期，易产生火花，这样放电能量损失小，而大部分点火高压和点火能量被加在压缩行程的火花塞上，故处于压缩行程的火花塞跳火情况与单独点火的火花塞跳火情况基本相同。

（3）二极管配电点火方式的特点是 4 个汽缸共用一个点火线圈，该点火线圈为内装双初级绕组、双输出次级绕组的特制点火线圈，利用 4 个二极管的单向导电性交替完成对 1、4 缸和 2、3 缸的配电过程。这种点火配电方式与双缸同时点火配电方式相比有相同的特性，但对点火线圈要求较高。

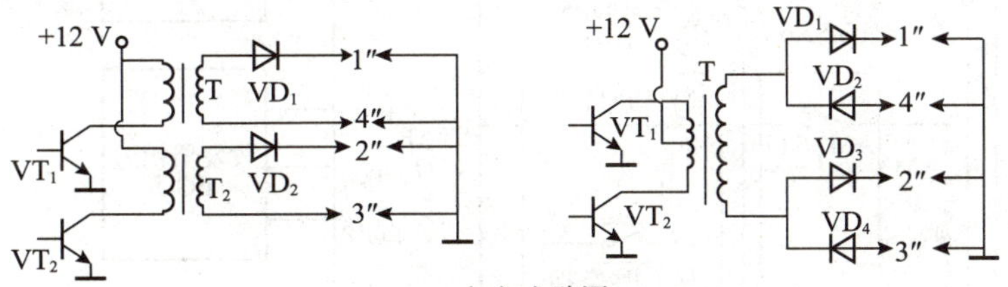

（a）电路图

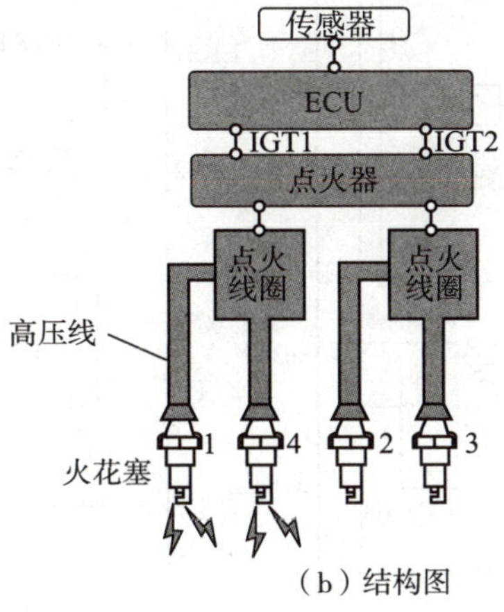

（b）结构图

图 3-73　双缸同时点火配电系统结构

四、发动机管理系统故障诊断

发动机管理系统具有自诊断功能，ECU 可以不断监测电子控制系统各组成部分的工作情况，通过测试、比较、判断，发现系统故障，在电脑中存储相应的故障码并以故障警告灯等形式表现出来。新型的发动机管理系统还会对故障发生时的数据流进行存储，以帮助汽车维修技师对故障进行诊断。但也有一部分故障不存储故障码，发动机却表现出一定的故障症状。在进行故障诊断时，读取故障码只能了解故障的范围，并不能确定故障的具体部位，因此还需要使用万用表、试灯、示波器等检测工具进行故障点的确认。在进行故障诊断时，可以按照如下的基本检查流程进行。

（1）询问客户，确认故障现象、发生条件、检修情况等信息。

（2）直观检查插接件、导线、真空管等连接情况，确认电源、燃油量等。

（3）起动发动机，观察故障灯是否点亮，确认故障现象是否与客户描述吻合。

（4）连接故障诊断仪，读取故障码及相关的故障信息。

（5）结合故障码提供的故障范围，使用其他设备和仪器进一步查找故障点。若有故障码，检测相应范围，确定具体部位。若没有故障码，利用多种设备测试，分析可能的故障原因并最终确定故障部位。

（6）排除故障，清除故障码，对车辆进行复检，确认故障是否排除。

有关故障诊断仪的使用及故障码分析的相关知识将在电控发动机教材中详细分析，本书只结合丰田卡罗拉轿车对发动机管理系统的部件及相应电路故障检查和排除进行说明。其电路如图 3-74 所示，在读取故障码以后即需要对故障码对应的电路进行进一步检查，以确认故障是出在部件、电路还是电脑。

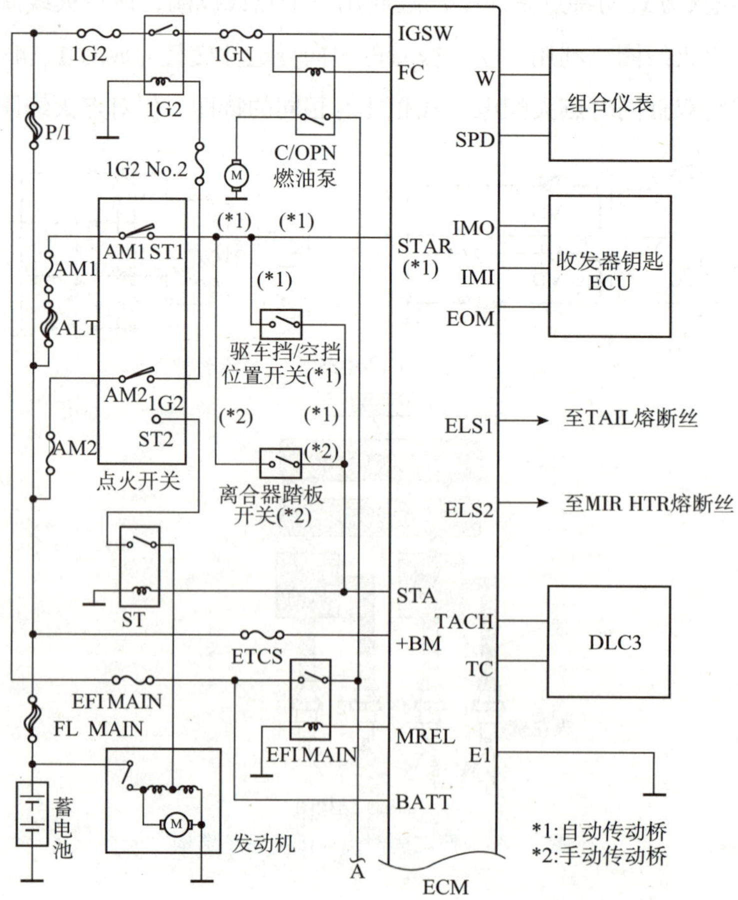

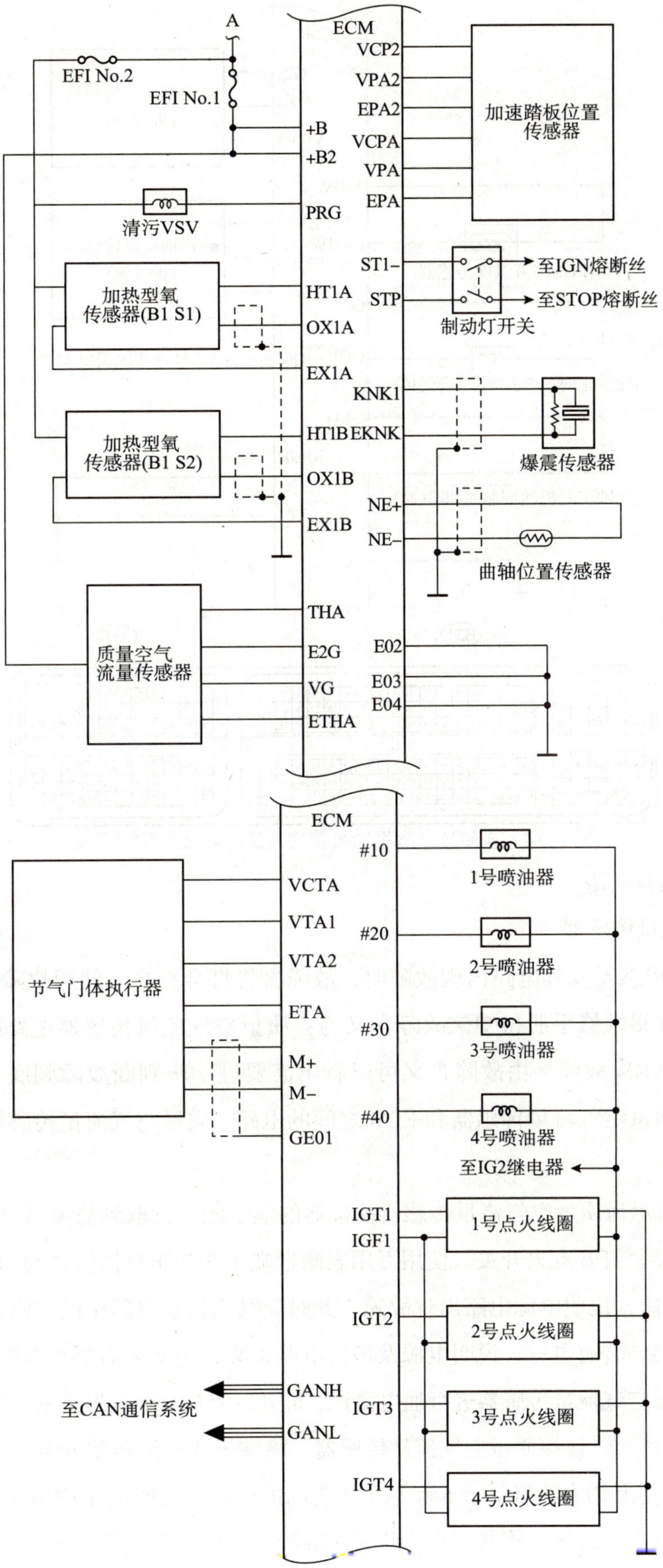
A
EFI No.2
EFI No.1
ECM
+B
+B2
PRG
清污VSV
加热型氧
传感器(B1 S1)
HT1A
OX1A
EX1A
加热型氧
传感器(B1 S2)
HT1B
OX1B
EX1B
质量空气
流量传感器
THA
E2G
VG
ETHA
VCP2
VPA2
EPA2
VCPA
VPA
EPA
加速踏板位置
传感器
ST1-
STP
至IGN熔断丝
至STOP熔断丝
制动灯开关
KNK1
EKNK
爆震传感器
NE+
NE-
曲轴位置传感器
E02
E03
E04
ECM
节气门体执行器
VCTA
VTA1
VTA2
ETA
M+
M-
GE01
至CAN通信系统
GANH
GANL
#10
1号喷油器
#20
2号喷油器
#30
3号喷油器
#40
4号喷油器
至IG2继电器
IGT1
IGF1
1号点火线圈
IGT2
2号点火线圈
IGT3
3号点火线圈
IGT4
4号点火线圈

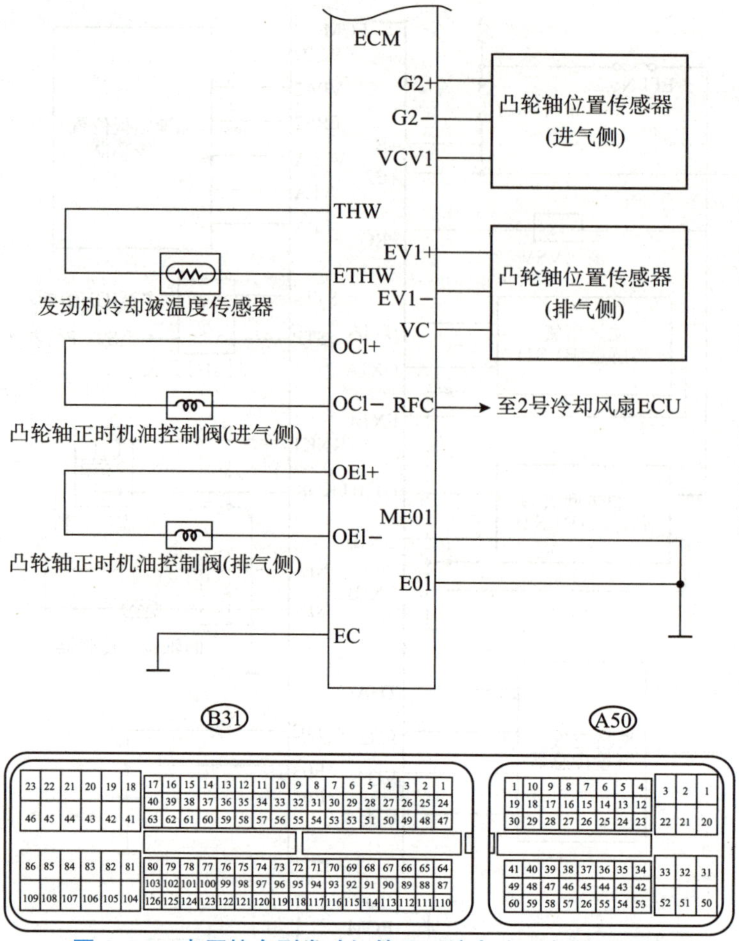

图 3-74　卡罗拉车型发动机管理系统电路及电脑端子图

1. 传感器及其控制电路

（1）质量空气流量传感器

当质量空气流量传感器及其电路出现故障时，故障警告灯会点亮，使用故障诊断仪读取故障码时会输出“P0100”。查阅维修手册得知该故障含义为：质量空气流量传感器电路断路或短路。质量空气流量传感器故障、ECM 故障。由故障含义可以看出需要进一步判断故障到底出现在质量空气流量传感器、ECM，还是质量空气流量传感器和 ECM 之间的电路。质量空气流量传感器的工作电路如图 3-75（a）所示。

如图 3-75（b）所示为质量空气流量传感器插接器的端子图，读取到故障码以后，首先断开质量空气流量传感器的插接器，打开点火开关，使用万用表测量端子 3 与车身搭铁之间的电压，正常情况下应为 12 V 左右。若无电压，说明电源电路出现故障，此时应继续检查电路中的“EFI No. 1”熔断丝及熔断丝之前的继电器电路。若有电压，说明电源及搭铁电路正常，接下来需要检查质量空气流量传感器，可以使用测试线对质量空气流量传感器进行通电测试，如图 3-75（c）所示为质量空气流量传感器端子图。使用测试线如图 3-76 所示，连接质量空气流量传感器，将端子 3 连接至蓄电池“+”极，端子 4 连接至蓄电池“−”，然后使用万用表测量端子 5 和端子 4 之间的电压，此时电压输出应为 0.2 ～ 4.9 V，若输出电压正常，说明质量空气流量传感器正常，此时应继续检查质量空气流量传感器端子 5 至电脑插接器

B31–118 和端子 4 至电脑插接器 B31–116 之间的导通情况，若导线导通也正常，说明电脑出现故障，应更换电脑。若质量空气流量传感器或导线故障应更换质量空气流量传感器或维修导线。

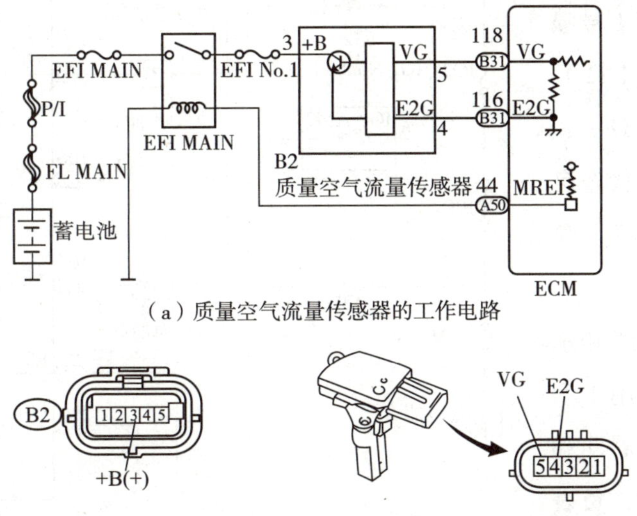

（a）质量空气流量传感器的工作电路

（b）质量空气流量传感器插接器的端子图　（c）质量空气流量传感器端子图

图 3–75　质量空气流量传感器电路及插接器端子图

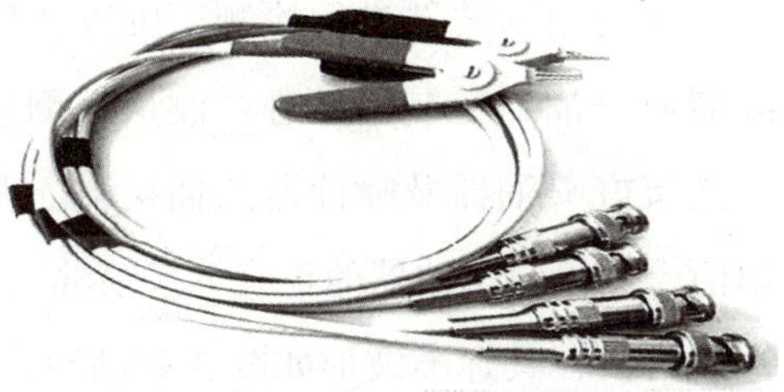

图 3–76　专用测试线（T 型线）

（2）空气温度传感器及冷却液温度传感器

若故障码显示为空气温度传感器或冷却液温度传感器故障时，一般可以按照如下程序进行诊断：首先结合电路图可知，需要对传感器及传感器至电脑之间的电路进行检测。首先断开进气温度传感器插接器（与空气流量传感器一体），使用导线短接插接器的端子 1、2，如图 3–77 所示，此时使用故障诊断仪读取进气温度时应显示 140 ℃，若显示为 –40 ℃，则说明传感器至电脑之间的电路出现断路，此时应进一步检查断路发生的位置并修复线路。断开短接线，使用故障诊断仪读取进气温度，应显示 –40 ℃，若显示 140 ℃，说明传感器至电脑之间的电路出现线间短路，此时应进一步检查短路发生的位置并修复线路。此外，也可以在温度变化的情况下对传感器进行测量，以判断传感器的好坏。冷却液温度传感器检查流程与空气温度传感器相同。

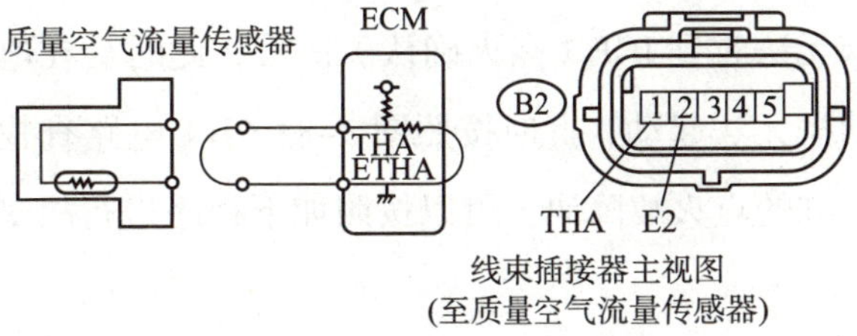

图 3–77　进气温度传感器端子

2. 执行器及其控制电路

与执行器相关的故障大多都会设置相应的故障码，但也有一些车型对部分执行器不设置与执行器直接相关的故障码。比如卡罗拉车型，若喷油器控制电路出现故障时，不会输出喷油器故障码，如果个别汽缸喷油器不工作，经过一段时间运行后会输出某缸缺火的故障码。此时需要结合维修资料进行故障检查。此处通过几个具体的实例来说明故障排查的基本方法。

（1）喷油器故障。如图 3–78 所示为卡罗拉车型喷油器工作电路。在读取到缺火的故障码后首先需要对点火和喷油系统进行检查。可以使用万用表逐段测量电路中的断路或短路，也可以首先利用示波器测量各喷油器的工作波形来判断是否正常。

①使用万用表测量电路。首先断开喷油器插接器，打开点火开关，测量喷油器电源电压是否正常。例如 1 号喷油器，应测量端子 B9–1 与车身搭铁之间的电压，标准电压应在 12 V 左右。若电压不正常，

则需要检查之前的电源电路。若电压正常，则断开喷油器插接器和电脑插接器，使用万用表检查喷油器至电脑的线路是否出现断路或短路，例如 1 号喷油器，B9-2 至 B31-108 之间应导通（电阻小于 1 Ω），B9-2 至车身搭铁之间应绝缘（电阻大于 10 kΩ），若绝缘良好，说明无短路且电脑内部晶体管状态良好。接下来可以检查喷油器电阻是否符合要求。喷油器及电脑端子如图 3-79 所示。

②使用示波器进行检测。可以利用 T 型线和示波器对喷油器控制信号进行测量，测量时使用 T 型线连接好喷油器及喷油器的插接器。调整好周期和幅值，测量时示波器的正表笔接喷油器端子 2，负表笔接搭铁，其标准波形如图 3-80 所示。若波形不符合标准，便可以进一步判断故障位置。

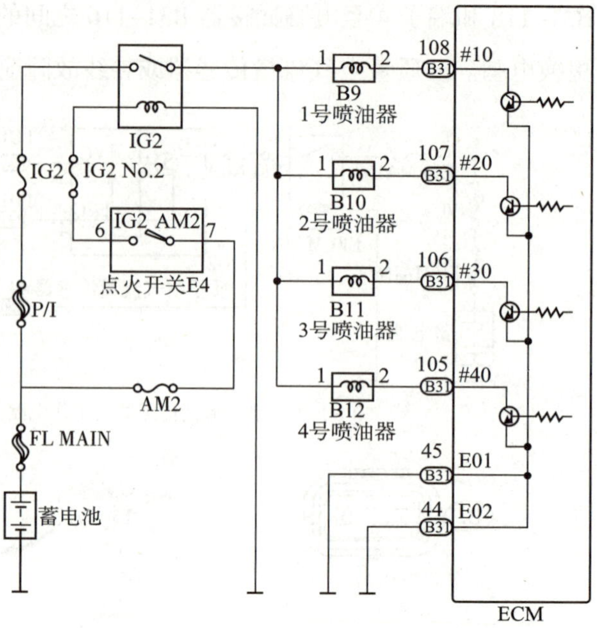

图 3-78　卡罗拉车型喷油器工作电路

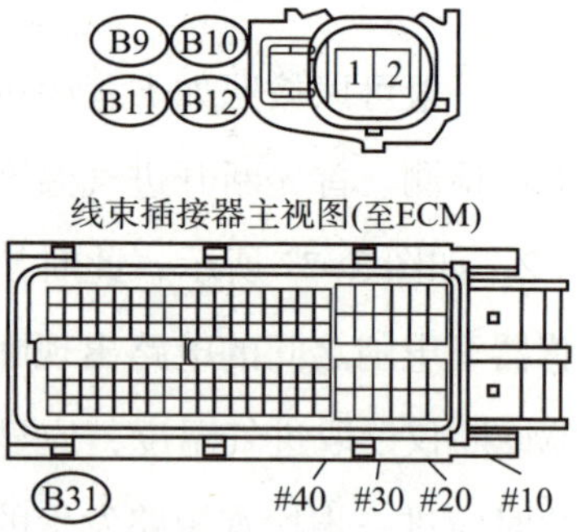

图 3-79　喷油器及电脑端子图

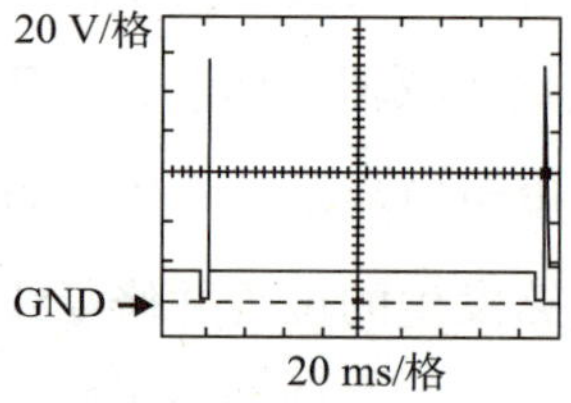

图 3-80　喷油器标准工作波形

（2）点火系统电路故障检查。如图 3-81（a）所示，若某缸点火电路出现故障，则该缸不能点火，电脑无法收到 IGF（点火确认）信号，此时会在电脑中存储相应的故障码。若 4 个缸同时出现故障码，发动机无法起动，此时按照图 3-81（b）电路查找 4 个缸共用的电源及搭铁线路。如果只是出现其中的某个缸的点火故障码，可以按照如下程序进行故障查找。

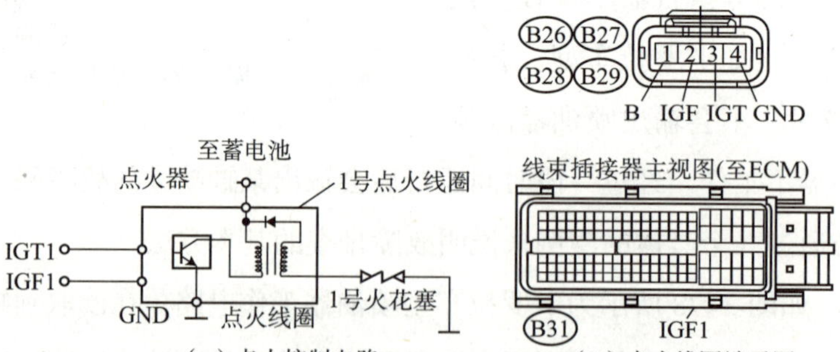

（a）点火控制电路　（b）点火线圈端子图

图 3-81　点火控制电路及点火线圈端子图

假设故障码为 P0351，即一缸点火线圈初级或次级电路出现故障。首先可以将一缸点火线圈总成与二缸点火线圈总成进行调换，然后使用故障诊断仪再次读取故障码。如果此时显示为 P0352，则说明是一缸点火线圈出现故障，需进行更换。如果此时显示故障码仍为 P0351，则说明从插接器至 ECM 之间的线路或 ECM 内部出现故障，此时需要进一步进行检查线路。断开一缸点火线圈插接器，按照图 3-81（b）所示的插接器端子图测量点火线圈至电脑之间的 4 条线路是否断路和短路，进而可以判断出故障位置。也可以借助 T 型线和示波器检测 IGT 和 IGF 信号波形来判断该电路是否出现故障。点火信号 IGT 和点火确认信号 IGF 标准波形如图 3-82 所示。

还有一种情况就是火花塞出现故障而导致无法点火，此时电脑不会设置点火系统故障码，但当发动机达到一定的运行时间后会设置缺火故障。判断某缸是否点火时可以采用试火的方法进行，按照图 3-83 所示进行操作。具体的操作步骤是首先断开 4 个缸的喷油器插接器，拆下需要试火的点火线圈并将火花塞安装在点火线圈上，将火花塞侧电极搭铁。起动发动机不要超过 2 s，观察火花塞跳火情况。

有关发动机管理系统故障排查的基本方法和思路可以按照上述实例进行，具体的操作方法还要结合具体车型和相应的维修手册进行。

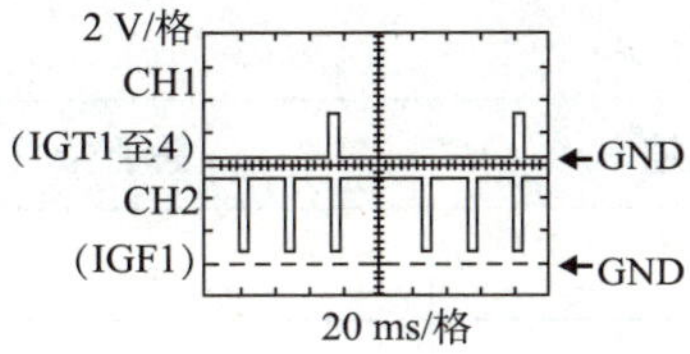

图 3-82　IGT 和 IGF 信号标准波形

图 3-83　火花塞跳火测试

本章实训

一、实训准备

（1）扳手、旋具、尖嘴钳、跨接线、试灯、万用表、高率放电计、游标卡尺。

（2）翼子板护裙、转向盘护套、变速杆护套、座椅护套和脚垫。

（3）蓄电池、起动机及部件、点火开关。

（4）威朗轿车维修手册。

二、实训过程

对起动机主要部件进行检测

1. 直流起动机的检修

（1）磁场绕组（定子）的检查

磁场绕组（定子）的检查如图 3-84 所示，进行导线连接。

①磁场绕组断路的检查：首先通过外部验视，看其是否有烧焦或断路处，若外部验视未发现问题，可用万用表电阻 R×1 Ω 挡检测，两表笔分别接触起动机外壳引线（即电流输入接线柱）、两磁场绕组绝缘电刷接头是否导通，如果测得的电阻无穷大，说明磁场绕组断路，应予以检修或更换。

②磁场绕组搭铁的检查：用万用表电阻 R×10 k 挡（或数字万用表高阻挡）检测磁场绕组电刷接头与起动机外壳是否相通，如果相通，说明磁场绕组绝缘不良而搭铁。如果阻值较小，说明有绝缘不良处，应检修或更换磁场绕组。

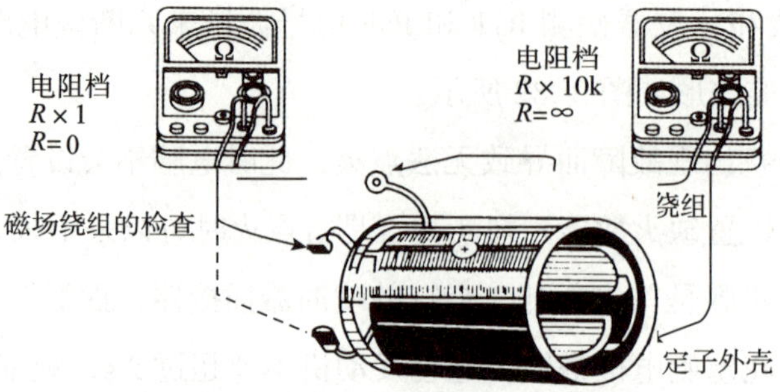

图 3-84　磁场绕组（定子）的检查

将对磁场绕组检测的参数填入表 3-2 中并判断其好坏。

表 3-2　磁场绕组断路检测

项目	结论		
	万用表的量程	实际测量值	是否损坏
磁场绕组断路的检查			
磁场绕组搭铁的检查			

③磁场绕组短路的检查：可用 2 V 直流电进行接线，如图 3-85 所示。电路接通后，将螺丝刀放在每个磁极上，检查磁极对螺丝刀的吸引力是否相同。若某一磁极吸力太小，就表明该磁场绕组有匝间短路故障存在。

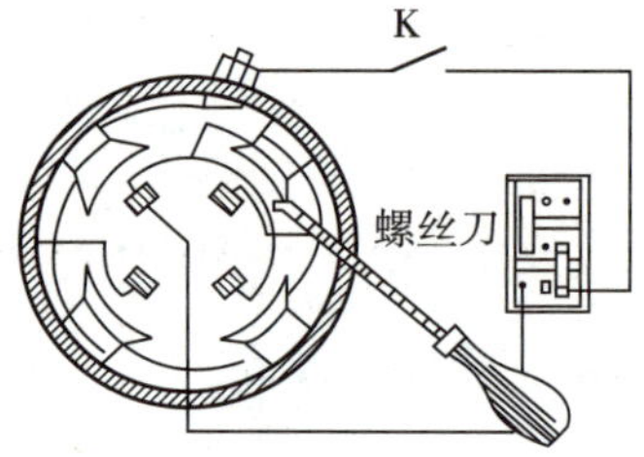

图 3-85　磁场绕组短路的检查

将其对磁场绕组短路检查情况填入表 3-3 并判断其好坏。

（2）电枢绕组（转子）的检查

电枢绕组的检查，可利用万用表进行。

表 3-3　磁场绕组短路检测

项目	结论		
	绕组通电电压	磁极上有无磁力	判断其好坏
磁场绕组短路的检查			

①电枢绕组搭铁的检查：用电阻 R×10 k 挡检测，如图 3-86 所示，用一根表笔接触电枢，另一根表笔依次接触换向器铜片，万用表指针不应摆动即电阻值为无穷大，否则说明电枢绕组与电枢轴之间绝缘不良有搭铁之处。

②电枢绕组短路的检查：用电阻 R×10 k 挡检查换向器和电枢铁芯之间是否导通，如图 3-87 所示。如有导通现象，说明电枢绕组搭铁，应更换电枢。

③电枢绕组断路的检查：用电阻 R×1 挡，将两个表笔分别接触换向器相邻的铜片，如图 3-88 所示，测量每相邻两换向片间是否相通，如万用表显示阻值“0”，说明电枢绕组无断路故障，若电阻值为无穷大，说明此处有断路故障，应更换电枢。

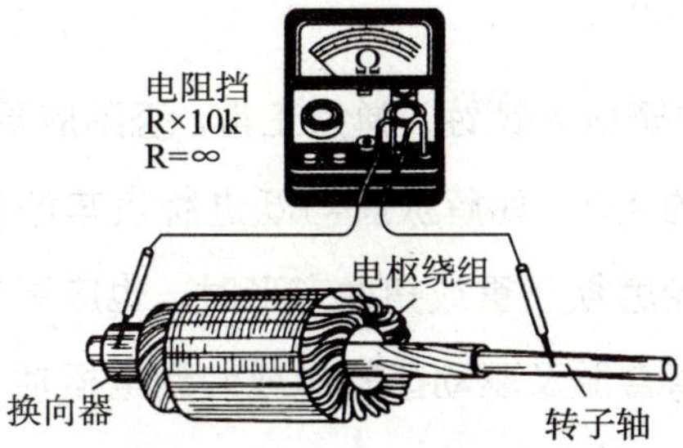

图 3–86　电枢绕组搭铁检查

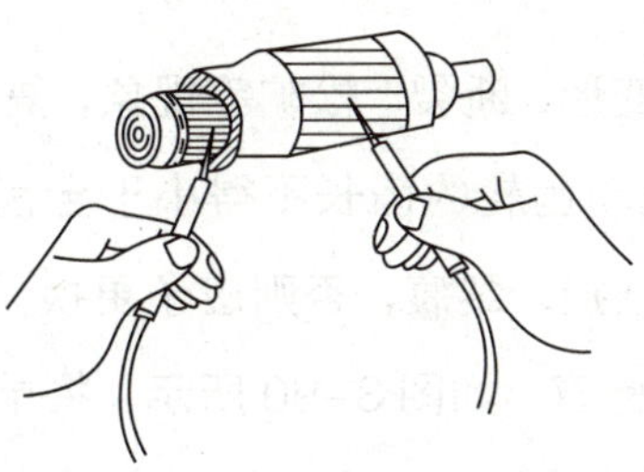

图 3–87　电枢绕组短路检查

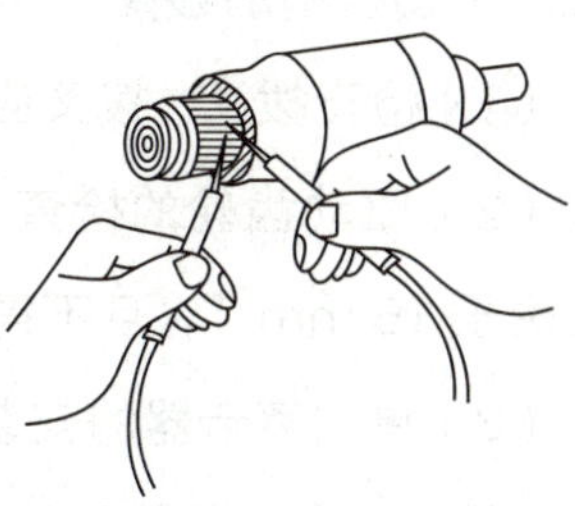

图 3–88　电枢绕组断路检查

对于磁场绕组的断路、短路、搭铁故障都应对其检修或更换，将对电枢绕组检测的各项参数填入表 3–4，并判断其合格与否。

表 3–4　电枢绕组检测

检查项目		标准情况	检测情况	结论
电枢绕组	断路检验	R=0 Ω		①合格 ②不合格
	搭铁检验	R= ∞		
	短路检验	R= ∞		

（3）电枢轴的检查

用千分表检查电枢轴是否弯曲，如图 3–89 所示。若铁芯表面摆差超过 0.15 mm 或中间轴颈摆差大于 0.05 mm 时，均应进行校正或更换。另外，还应检查电枢轴上的花键齿槽，如严重磨损或损坏，则应修复或更换。

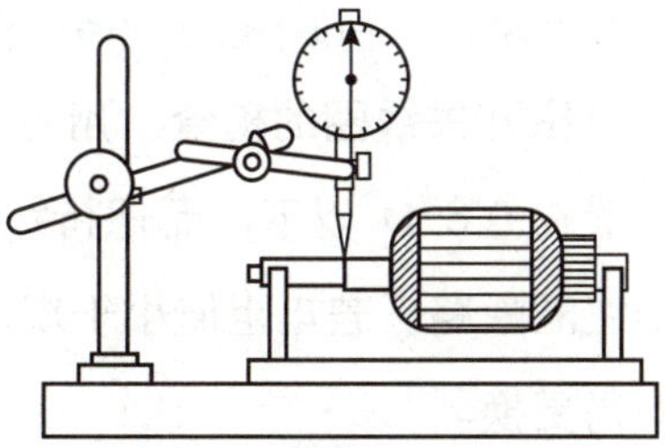

图 3–89　检查电枢轴是否弯曲

将电枢轴的检查实际测量值填入表 3–5。

表 3–5　电枢轴检测

检测项目	标准情况	检测情况	结论
电枢轴弯曲度	≤ 0.15 mm		①合格 ②不合格

（4）电刷的检查

①检查电刷的高度。电刷高度应不低于新电刷高度的 2/3（国产起动机新电刷高度一般为 14 mm），即 9 mm，否则应换新。

②检查电刷的接触面积。电刷与换向器铜片表面之间的接触面积应达到 75% 以上，否则应研磨电刷，将检测结果填入表 3–6。

表 3–6　电刷高度的检查

检测项目	标准情况	检测情况	结论
电刷高度	9 mm		①合格 ②不合格

2. 传动机构的检修

（1）检查拨叉：拨叉应无变形、断裂、松旷等现象，复位弹簧应无锈蚀、弹力正常，否则应更换。

（2）驱动齿轮的检查：驱动齿轮的齿长不得小于全齿长的 1/3（如解放牌与跃进牌汽车的齿长不应短于 16 mm），且不得有缺损、裂痕，否则应予更换。齿轮磨损严重或扭曲变形时，也应更换。

（3）单向离合器的安装与检查：如图 3-90 所示，将单向离合器及驱动齿轮总成装到电枢轴上，握住电枢 1，当向前后移动单向离合器外座圈 2 时，驱动齿轮总成应能沿电枢轴自如滑动。

如图 3-91 所示，在确保驱动齿轮无损坏的情况下，握住单向离合器外座圈，转动驱动齿轮，应能自由转动。反转时不应转动，否则就有故障，应更换单向离合器。

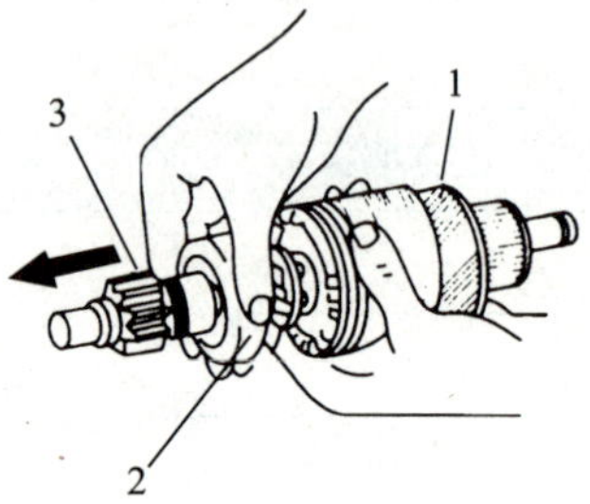

1—电枢；2—单向离合器外座圈；3—驱动齿轮。

图 3-90　单向离合器的安装与检查

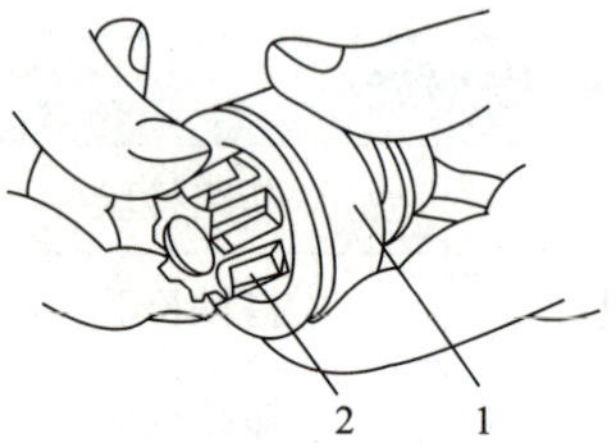

1—单向离合器外座圈；2。—驱动齿轮

图 3-91　单向离合器进一步检查

电磁开关线圈的检查：用万用表 R×1 挡分别测量吸引线圈和保持线圈的电阻，吸引线圈的电阻值一般在 0.6 Ω 以下，而保持线圈的阻值一般在 1 Ω 左右，如万用表指针不摆动即电阻值无穷大，说明线圈断路。若电阻值小于规定值，说明线圈有匝间短路。将检测结果填入表 3-7。线圈断路或短路均需更换。

表 3-7　电磁开关线圈的检测表

检测项目	标准情况	检测情况	结论
电磁开关线圈	吸引线圈电阻值（Ω）		合格
	保持线圈电阻值（Ω）		②不合格

三、评价反馈

对本章学习任务进行评价，填写表 3-8。

表 3-8　评分表

考核项目	评分标准	分数	学生自评	小组评价	教师评价	小计
活动参与	是否积极主动	5				
安全生产	有无安全隐患	10				
现场 5 S	是否做到	10				
任务方案	是否合理	15				

续表

常见故障	诊断方法
单边制动灯不亮	检查不亮的制动灯是否烧断、灯座是否接触不良，该侧灯线是否断路
制动灯常亮	松开制动踏板，制动灯常亮，这种故障一般出在踏板控制式制动灯开关上。应检查制动踏板能否回位，制动灯开关内部是否短路

（4）电喇叭常见故障。电喇叭常见故障及诊断方法如表 4–4。

表 4–4　电喇叭常见故障及诊断方法

常见故障	诊断方法
喇叭不响	按下喇叭按钮，喇叭不响，原因可能有熔断器烧断、喇叭继电器损坏、喇叭电路断路、喇叭调整不当或喇叭损坏。应先检查熔断器、喇叭继电器，并调整和检查喇叭，当三者正常时，再去查找喇叭电路中的断路点
喇叭长鸣	喇叭长鸣主要是喇叭按钮卡死不能回位、喇叭继电器触点烧结、喇叭继电器与喇叭按钮之间导线绝缘层破损搭铁引起。应先检查喇叭按钮是否能正常回位，再用一新的喇叭长鸣喇叭继电器替换原继电器检查喇叭继电器触点是否正常。若上述检查正常，再拆下喇叭继电器 S 接线柱上的导线，若喇叭长鸣现象消失，说明喇叭继电器与喇叭按钮之间有搭铁故障
喇叭变音	喇叭变音多由喇叭膜片破裂、膜片锁紧螺母松动、铁芯间隙失调、喇叭触点烧蚀和各紧固螺钉松动等引起。声音沙哑是膜片破裂、锁紧螺母松动所致。声音变低沉多是铁芯间隙变大的结果。喇叭触点烧蚀常会使喇叭先响后哑。喇叭变音应先对喇叭进行调整，若调整无效，应更换喇叭
喇叭音量小	若喇叭音调正常，蓄电池电压正常，喇叭音量小的原因多是触点表面烧蚀、氧化和触点压力过小等造成。应先对喇叭进行调整，若调整无效，应更换喇叭
喇叭有时响，有时不响	喇叭时响时不响主要是由于喇叭继电器、喇叭按钮、喇叭等处导线松脱、接触不良所引起，应将它们逐个检查排除
喇叭触点经常烧坏	喇叭触点经常烧坏主要是因为发电机调节器调整电压过高，烧坏喇叭触点，应检修发电机调节器

本章实训

检查转向信号灯

一、实训准备

（1）扳手、旋具、万用表、跨接线。

（2）翼子板护裙、转向盘护套、变速杆护套、座椅护套和脚垫。

（3）组合开关、转向信号继电器。

（4）上汽通用雪佛兰科鲁兹轿车维修手册。

二、实训过程

1. 规范地检查转向信号继电器

（1）从驾驶人侧仪表板下熔断丝 / 继电器盒上拆下转向信号 / 危险警告继电器，如图 4–27 所示。

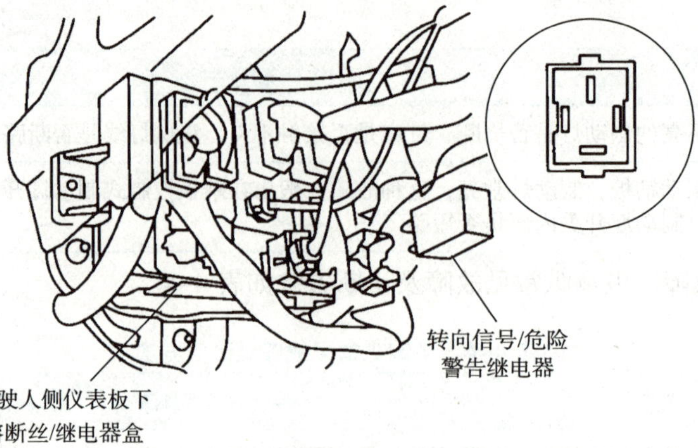

图 4-27　拆下转向信号 / 危险警告继电器

（2）将蓄电池正极接转向信号 / 危险警告继电器端子 2，负极接端子 1，用万用表电阻挡检查端子 2 与端子 3 应导通，否则，应更换转向信号 / 危险警告继电器。

（3）用万用表电阻挡检查熔断丝 / 继电器盒转向信号 / 危险警告继电器插座端 1（搭铁）与车身之间应导通，否则，应检查搭铁线是否断路。

（4）用跨接线连接熔断丝 / 继电器盒转向信号 / 危险警告继电器插座插孔 2 与插孔 3，打开点火开关，并将转向信号开关置于右转向位置，右转向信号灯应亮，否则，应检查转向开关至右转向信号灯之间线路是否断路。

（5）装上转向信号 / 危险警告继电器。

2. 规范地检查转向信号灯开关

（1）拆下驾驶人侧仪表板下盖和转向柱盖。

（2）拔下组合开关插头，拧下组合开关 2 个紧固螺钉，取下组合开关，如图 4-28 所示。

（3）检查组合开关中转向信号灯开关端子间的导通性，如表 4-5。如果不导通，则检查开关线束的导通性。如果开关线束导通，则更换组合开关。

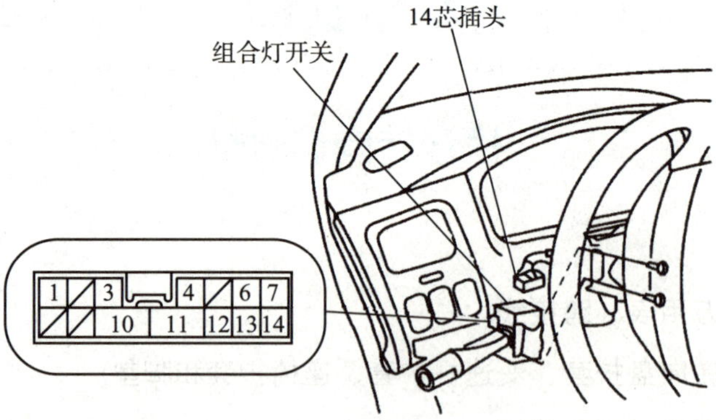

图 4-28　拆下组合开关

表 4-5　检查组合开关中转向信号灯开关端子间导通性

开关位置	端子编号		
	12	13	14
左	○—	—○	
中间	○	○	○
右		○—	—○

（4）装上组合开关，插上组合开关插头。

（5）装上驾驶人侧仪表板下盖和转向柱盖。

3. 更换前侧转向信号灯

（1）拆下前轮罩衬板。

（2）断开电气连接器。

（3）更换前侧转向信号灯总成。

（4）按照维修手册紧固件紧固扭矩进行螺栓紧固，如图 4-29 所示。

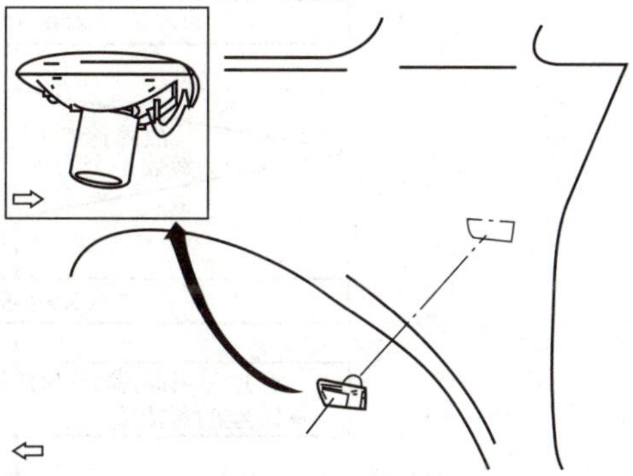

1—前侧转向信号灯。

图 4-29　前侧转向信号灯拆装示意图

4. 更换前侧转向信号灯灯泡

（1）逆时针旋转并从大灯总成上拆下灯座。

（2）断开电气连接器。

（3）拆下驻车灯 / 转向信号灯灯座。

（4）更换前侧转向信号灯灯泡。

（5）按照维修手册紧固件紧固扭矩进行螺栓紧固，如图 4-30 所示。

转向灯及其闪光器

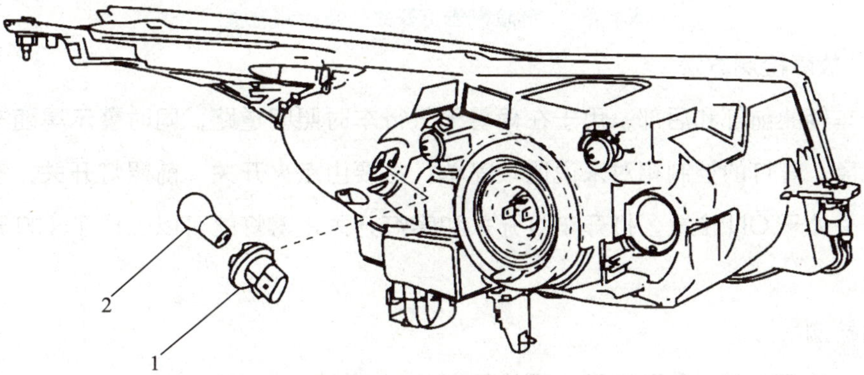

1—转向信号灯灯座；2—转向信号灯灯泡。

图 4-30　转向信号灯灯泡拆装示意图

5. 其他信号灯检修

（1）危险警告灯开关的故障检测流程

危险警告闪光灯可以在任何电源模式中激活。危险警告灯开关永久性搭铁。当危险警告灯开关置于接通位置时，通过危险警告灯开关信号电路向车身控制模块（BCM）提供搭铁。车身控制模块以 ON（打开）和 OFF（关闭）占空比形式向所有转向信号灯提供蓄电池电压。激活危险警告灯开关时，车身控制模块向组合仪表发送一个串行数据信息，请求转向信号指示灯循环点亮和熄灭。

危险警告灯开关的故障检测流程如图 4-31 所示。

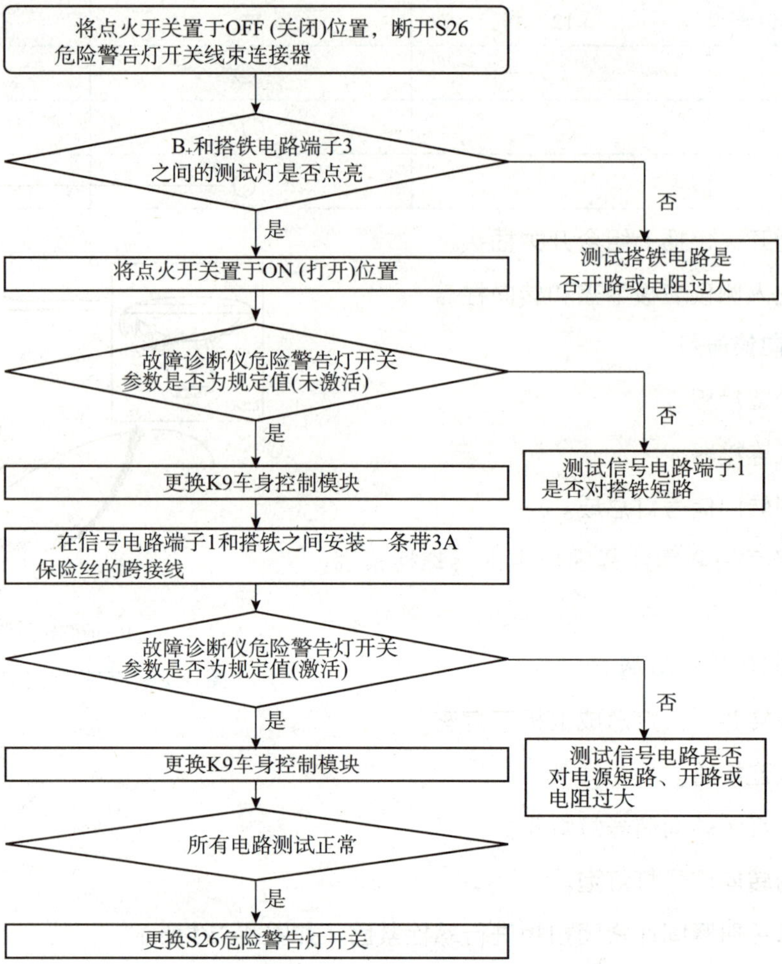

图 4-31　危险警告灯开关故障检测流程

（2）雾灯的故障检测方法

雾灯安装于车辆的前部和后部，用于在雨雾天气行车时照明道路，同时警示尾随车辆及迎面来车保持安全行驶距离。雾灯的控制相对来说比较简单，主要由点火开关、前照灯开关、雾灯开关控制。使用时，点火开关处于 ON 位置，打开车灯开关和雾灯开关，雾灯就可以工作了（打开前雾灯后，才能打开后雾灯）。

雾灯故障的检测：

①检查熔断丝是否正常，若不正常，更换熔断丝。

②若熔断丝正常，检查雾灯继电器。如果继电器有输出电压，检查开关是否有电流。若开关有电流，则检查更换后面的线路到雾灯灯泡。若开关无电流则更换开关。

③如果雾灯继电器没有输出电压，则检查继电器是否正常，不正常则更换雾灯继电器。

④如果雾灯继电器正常，则检查控制线路是否正常，若控制电路不正常，则更换前照灯开关。

⑤如果控制电路正常，则更换车身控制模块。

（3）倒车灯的故障检测方法

①如果两侧倒车灯均不亮，首先检查熔断器的熔丝是否断路。

②如果熔断器的熔丝良好，应挂入倒挡，检测灯座处导线上的电压是否正常。

③如果电压正常，应检测倒车灯灯泡是否损坏，搭铁线接触是否良好。如果电压为零，则应检测倒车灯开关处导线的电压是否正常。

④如果电压正常，使用跨接线将倒车灯开关短路，若倒车灯点亮，说明倒车灯开关损坏，应更换。若倒车灯仍不亮，说明连接线路有断路处，应修复。

（4）制动灯的故障检测方法

①将点火开关置于 OFF 位置，断开制动灯上相应的线束连接器。

②测试制动灯线束连接器相应端子、相应的搭铁电路线束连接器端子和搭铁之间的电阻是否小于 5 Ω。如果大于规定值，则测试相应的搭铁电路是否开路或电阻过大。

③在左、右侧制动灯线束连接器相应端子、相应端子相应的控制电路线束连接器端子和搭铁之间连接一个测试灯。

④使用故障诊断仪，指令制动灯测试。在指令状态之间切换时，测试灯应点亮和熄灭。如果测试灯始终点亮，则测试相应的控制电路是否对电源短路。如果测试灯始终熄灭，测试相应的控制电路是否对搭铁短路、开路或电阻过大。如果电路测试正常，则更换车身控制模块。

三、评价反馈

对本章学习任务进行评价，填写表 4-6。

表 4-6　评分表

考核项目	评分标准	分数	学生自评	小组评价	教师评价	小计
活动参与	是否积极主动	5				
安全生产	有无安全隐患	10				
现场 5 S	是否做到	10				
任务方案	是否合理	15				
操作过程	转向信号继电器检查；转向信号灯开关检查	30				
任务完成情况	是否圆满完成	5				
工具和设备使用	是否规范、标准	10				
劳动纪律	是否违反	10				
工单填写	是否完整、规范	5				
总分		100				
教师签名：			年　月　日		得分	

课程思政

孙长柏：一位爱钻“牛角尖”的汽车维修大咖

孙长柏，一名来自山东即墨一汽大众青岛分公司焊装车间维修工段的高级技师，他是新时代汽车产业工人的先锋工匠，创新智能化工厂开拓者；他是拥有4项实用型国家专利，10项省级创新项目的技术大咖；他凭借十九年的精湛维修技艺，获得了“青岛市首席技师”荣誉称号，并被评选为青岛市即墨区人大代表……众多荣誉加持的背后，是他爱钻“牛角尖”的秉性和对汽车维修技术的执着追求，展现了新时代汽车行业转型发展中的一线工匠风采。

打破技术壁垒，实现自主创新

目前，国内汽车行业生产中使用最广泛的VASS标准太过笼统，一直受制于国外的技术文献，无法针对性的解决生产现场实际问题。面对这种棘手的情况，孙长柏将理论与实践相结合，凭借十九年的实操经验，打破传统的技术壁垒，结合现场设备实际安装情况，自主研发创新，制定适合现场的VASS标准，实现行业内的首次创新应用。并且，他自主开发了《PROFINET网络技术》《Profisafe实例解析》《VASS网络与安全》《交换机网络配置》等四门课程，并全部通过了一汽大众培训中心评审，孙长柏毫无保留的把自己摸索出的经验在国内汽车生产业界进行共享，实现了行业领域内的技术共进。

解决行业难题，实现技术突破

随着安全生产法规的不断落实，在工业自动化领域，安全防护的增加和快速锁定故障产生了矛盾冲突，这一问题属于行业级难题。自动化工位内遍布各种安全防护设备，当设备发生故障后，由于安全介质的影响，无法在程序中快速锁定故障点，这种情况长期困扰着国内汽车生产车间的平顺化生产，同样也成为一汽－大众青岛焊装生产中的一道难题。

多年的刻苦研修，让孙长柏对维修有着独特的钻研精神，他下决心要攻破这一行业技术难题。他通过自己绘制原理图，在车间找到闲置的光电设备，蹲在实验室一根线一根线的接起来。经过一遍遍反复调试，安检设备最终被他研发出来。由于该设备体积较大，不方便随身携带，他又增加了移动装置，在实验室测试成功后，将安检设备移至生产线进行现地现物测试，模拟生产线故障，对待检区域进行扫描并生成数据。在众人的见证下，他快速锁定了故障真因，将这一行业级难题成功攻克，并将此申请了《一种安检设备》的国家专利。

来源：潇湘晨报

思考习题

1．填空题

（1）汽车照明装置按位置及用途可分为＿＿＿＿＿、＿＿＿＿＿和＿＿＿＿＿。

（2）前照灯的光学系统包括＿＿＿＿＿、＿＿＿＿＿和＿＿＿＿＿。

（3）汽车照明系统的作用主要是＿＿＿＿＿、＿＿＿＿＿、＿＿＿＿＿、＿＿＿＿＿等。汽车照明系统根据安装位置和用途的不同，一般可分为＿＿＿＿＿和＿＿＿＿＿。

（4）前照灯电路主要由＿＿＿＿＿、＿＿＿＿＿、＿＿＿＿＿及＿＿＿＿＿组成。

（5）前照灯在使用中需要对＿＿＿＿＿、＿＿＿＿＿进行检测调整。

（6）喇叭按发音动力有＿＿＿＿＿和＿＿＿＿＿之分。按外形有＿＿＿＿＿、＿＿＿＿＿和＿＿＿＿＿之分。按声频有高音和低音之分。按接线方式有＿＿＿＿＿和＿＿＿＿＿之分。

2．简答题

（1）简述汽车灯系的组成。

（2）前照灯为什么要具有防眩目装置?

（3）简述汽车前照灯的控制特点。

（4）简述汽车喇叭不响的诊断方法。

（5）单边制动灯不亮的诊断方法有哪些?

第五章

仪表和报警装置的检修

本章导读

不同汽车仪表板的仪表不尽相同，但是一般汽车的常规仪表有车速里程表、转速表、机油压力表、水温表、燃油表、充电表等。现代汽车上，汽车仪表还需要装置稳压器，专门用来稳定仪表电源的电压，抑制波动幅度，以保证汽车仪表的精确性。另外，大部分仪表显示的数据来自传感器，传感装置根据被监测对象的状态变化而改变其电阻值，通过仪表显示出来，为驾驶员提供所需的汽车运行参数信息。

学习目标

1. 掌握汽车仪表的功用、组成及常见仪表装置电路的工作原理。
2. 掌握汽车常见仪表电路主要部件的检测方法、电路的故障诊断方法。
3. 掌握汽车常见报警装置图形符号的含义。
4. 掌握常见报警装置的组成、工作过程，主要元件检测方法。
5. 掌握汽车常见报警装置的主要部件检测方法、电路的故障诊断方法。
6. 了解汽车常见仪表显示装置的种类和特点。

第一节 汽车仪表装置的检修

一、汽车仪表装置的组成及特点

为了使驾驶人随时掌握车辆的工作状况，并及时发现和排除潜在的故障，保证行车的安全，在驾驶人座位前方的仪表板上装有各种仪表装置。汽车仪表装置是汽车与驾驶人进行信息交流的界面，为驾驶人提供必要的汽车运行信息，同时也是维修人员发现和排除故障的重要工具。如图 5–1 所示，汽车上常用的仪表装置有冷却液温度表、燃油表、车速里程表和发动机转速表等。各种仪表分别与各自对应的传感器配合工作。

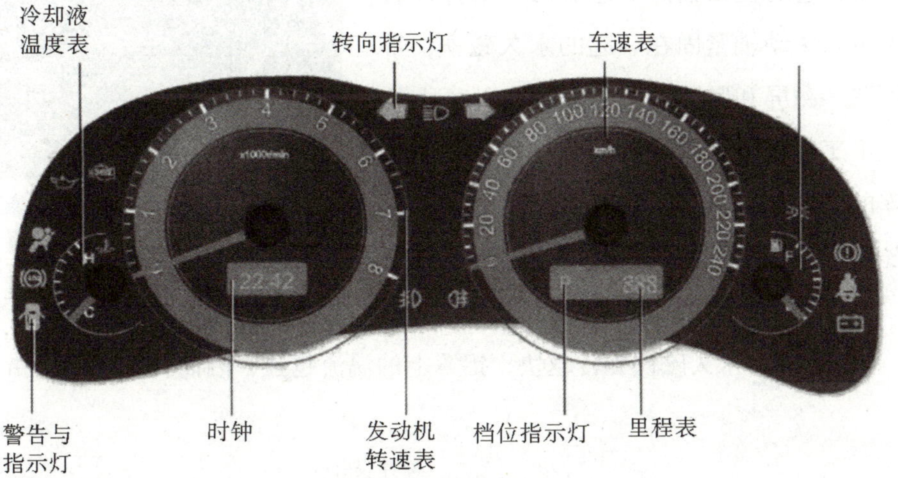

图 5–1 汽车常用仪表装置

随着汽车新技术的应用，电子显示组合仪表逐渐成为汽车仪表发展的潮流。它具有精确度高、可靠性好及显示模式自由化等特点。

二、汽车仪表的工作原理

当前汽车部分信息如外界温度传感器信息直接传输给仪表，大部分信息由相应的控制单元通过车载网络系统传递给仪表，经过仪表控制单元计算后进行显示。其基本原理如图 5–2 所示，以发动机转速表为例，发动机曲轴位置与转速传感器测得发动机转速信息后传递给发动机控制单元，发动机控制单元通过 CAN 总线将信息传递给车载电网控制单元，再由车载电网控制单元传输给组合仪表控制单元，仪表控制单元经过计算后在仪表盘（显示屏）上进行发动机转速信息显示。同样，ABS 警告灯，助力转向故障警告灯、安全气囊警告灯、蓄电池警告灯等也通过此种方式工作。

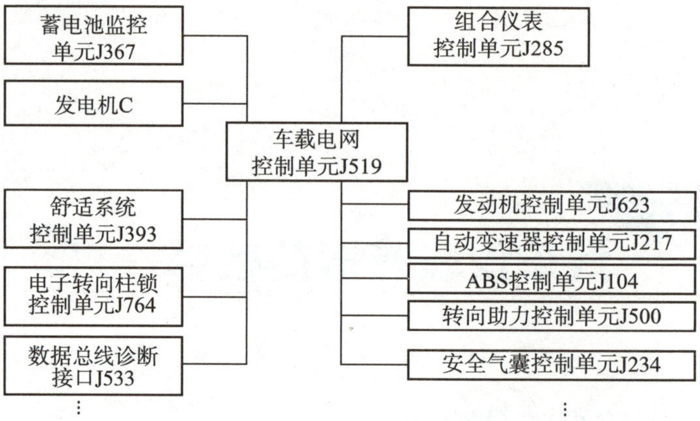

图 5–2　汽车仪表信息传输原理

1. 汽车车速表

车速里程表是用来指示汽车行车速度和累计汽车行驶里程数的仪表。它由车速表和里程表两部分组成，如图 5–3 所示。

图 5–3　科鲁兹车速里程表

（1）磁感应式车速里程表。磁感应式车速里程表的结构如图 5–4 所示，它的主动轴由变速器传动蜗杆经软轴驱动。车速表由与主动轴紧固在一起的永久磁铁，带有轴与指针的铝罩，磁屏和紧固在车速里程表外壳上的刻度盘等组成。不工作时，铝罩在游丝的作用下，使指针位于刻度盘零的位置。当汽车行驶时，主动轴带着永久磁铁旋转，磁感线在铝罩上引起涡流，涡流产生的磁场与旋转的永久磁铁磁场相互作用产生转矩，克服游丝的弹力，使铝罩朝永久磁铁转动方向转过一个角度，与游丝的弹力相平衡，指针便在刻度盘上指示相应的车速。车速越高，永久磁铁旋转越快，铝罩上的涡流越强，因而转矩越大，指针指示的车速也越高。

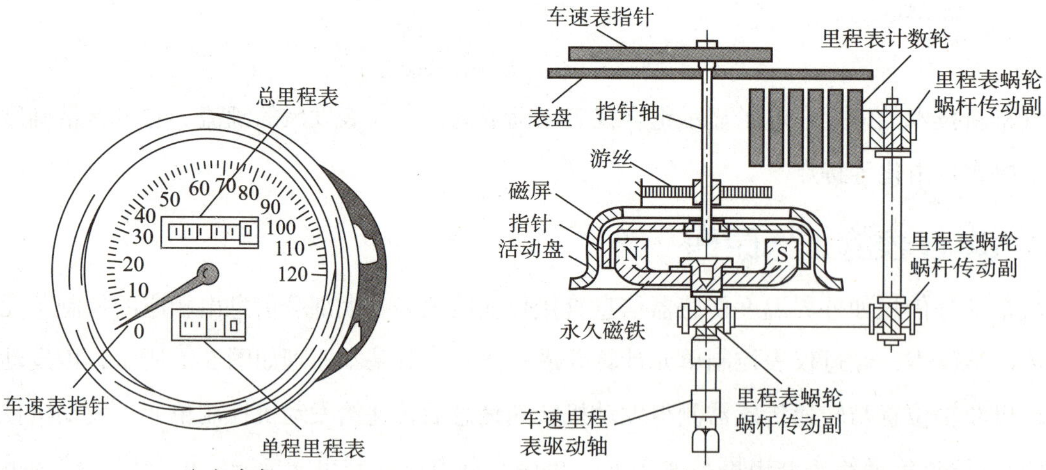

（a）表盘　　（b）磁感应驱动装置

图 5–4　磁感应式车速里程表

里程表则由蜗轮蜗杆机构减速与用数字轮显示。蜗杆蜗轮具有一定的传动比，汽车行驶时，软轴带动主动轴，并经 3 对蜗轮蜗杆驱动里程表右边第一数字轮。第一数字轮上所刻数字为 1/10 km，两个相邻的数字轮之间，又通过本身的内齿和进位数字轮传动齿轮，形成 1/10 的传动比，即当第一数字轮传动一周，数字由 9 翻转到 0 时，使相邻的左面第二数字轮转动 1/10 周，成十进位递增。这样汽车行驶时，就可累计出其行驶里程数。

（2）电传动动圈式车速里程表。电传动动圈式车速里程表原理图如图 5-5 所示，由二极管桥式整流器、降压电阻、带动圈的指针以及永久磁铁等构成。

变速器上的传感器就像一台小发电机。汽车行驶时，变速器带动磁铁转动，磁力线切割线圈产生交流电，经 M 接线柱输出，并通过连线至仪表的 M 接线柱接入仪表，经二极管整流器整流，输出直流电，该直流电流经电阻线圈和电阻，通过游丝到动圈产生磁场。这样，动圈磁场和永久磁场相互作用产生力矩，推动指针顺时针转动。速度越快，产生的力矩越大，指针偏角越大。计数器由电磁铁不断吸合、断开，推动启动叉，启动叉不断拨动 6 个计数轮组成的里程表，而电磁铁的电源接通和断开由感应器中的断电器控制。

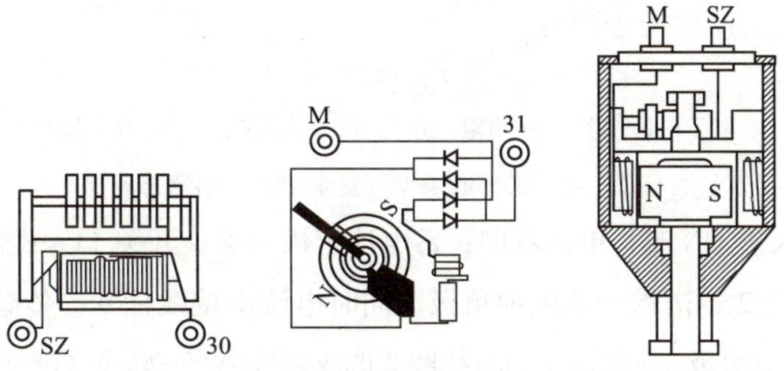

图 5-5　电传动动圈式车速里程表原理图

2. 发动机转速表

发动机转速表用于指示发动机的运转速度。常用的转速表有机械传动磁感应式与电子式两种。机械传动磁感应式转速表的结构与工作原理和磁感应式车速表基本相同。

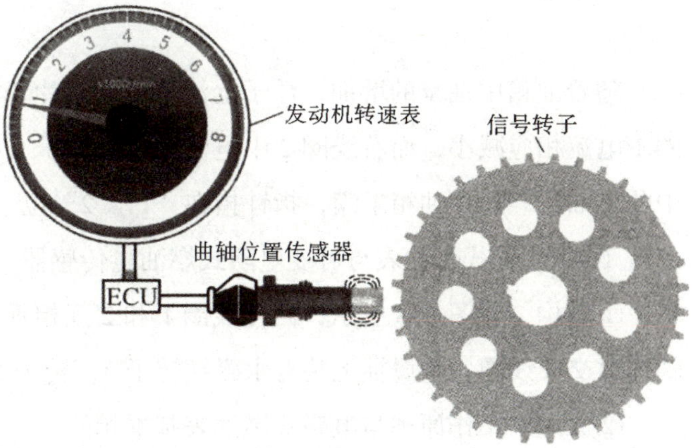

图 5-6　发动机转速表结构原理

电子式转速表获取转速信号的方式有三种，即取自点火系统、发动机的转速传感器和发电机，如图 5-6 所示。当发动机运转时，转速传感器的信号转子随曲轴一起转动，使曲轴位置传感器产生随转速变化而变化的电压信号，并将该信号传输到发动机 ECU，ECU 将该信号经过处理后，向转速表输出一个与转速成正比的频率信号，转速表内部的电子电路便驱动转速表指针偏转，从而指示相应的转速。

3. 燃油表

燃油表

燃油表的作用是显示燃油箱的剩余油量。浮子式燃油液位传感器安装于邮箱内部，由燃油浮子带动滑变电阻器的滑片滑动。

（1）电磁式燃油表与可变电阻式传感器

①结构。电磁式燃油表结构如图 5–7 所示，在燃油指示器中，左、右两个线圈 1 和 2 中间有转子 3 和指针 4（与转子相连）。其燃油指示表刻度盘从左至右标明 0、1/2、1，分别表示油箱内无油、半箱油、满箱油。可变电阻式传感器由电阻、滑片、浮子等组成。浮子漂浮在油面上，随油面的高低而起落，从而带动滑片使电阻的阻值随之改变。

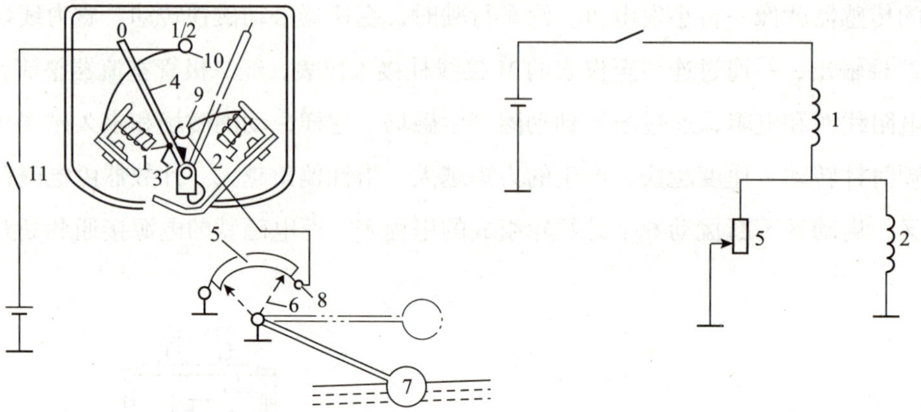

1，2—电磁线圈；3—转子；4—指针；5—电阻；6—滑片；7—浮子；8，9，10—接线柱；11—点火开关。

图 5–7　电磁式燃油表与可变电阻式燃油量传感器

②原理。当点火开关置 ON 时，电流流向：蓄电池正极→点火开关 11 →燃油表接线柱→ 10 →左线圈 1 →接线柱 9 →右线圈 2 →搭铁→蓄电池负极。同时电流由接线柱 9 →传感器接线柱 8 →可变电阻 5 →滑片 6 →搭铁→蓄电池负极。左线圈 1 和右线圈 2 形成合成磁场，转子 3 就在合成磁场的作用下转动，使指针指在某一刻度上。

当油箱无油时，浮子下沉，可变电阻 5 上的滑片 6 移至最右端，可变电阻 5 被短路，右线圈 2 也被短路，左线圈 1 的电流达最大值，产生的电磁吸力最强，吸引转子 3，使指针停在最左面的“0”位上。

随着油箱中油量的增加，浮子上浮，带动滑片 6 沿可变电阻滑动。可变电阻 5 部分接入电路，左线圈 1 电流相应减小，而右线圈 2 中电流增大。转子 3 在合成磁场的作用下向右偏转，带动指针指示油箱中的燃油量。如果油箱半满，指针指在“1 / 2”位。当油箱全满时，指针指在“1”位。

（2）动磁式燃油表与可变电阻式燃油量传感器

①结构。如图 5–8 所示，磁化线圈 1 和 2 互相垂直地绕在一个矩形塑料架上，塑料套筒轴承和金属轴穿过交叉线圈，金属轴上装有永磁铁转子 3，转子上连有指针 4。

②原理。工作原理与电磁式燃油表基本相同。

③电热式燃油表与可变电阻式燃油量传感器

①结构。电热式燃油表的基本结构和工作原理与电热式燃油表相同，仅表盘刻度不同。电热式燃油表配用可变电阻式传感器，需串联一个稳压器。其基本结构如图 5–19 所示。

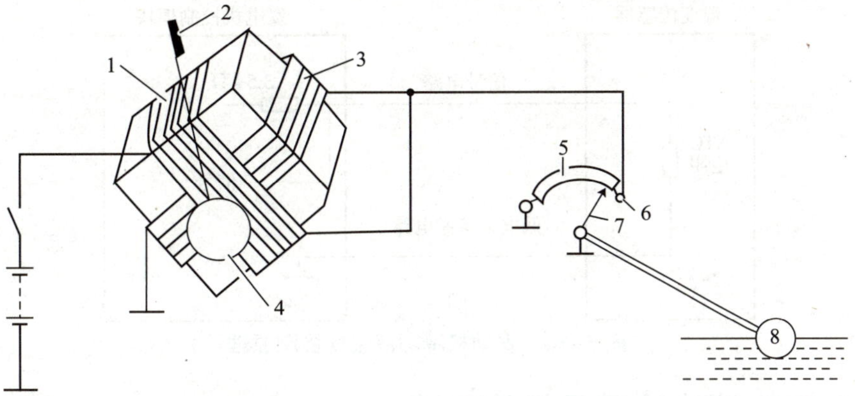

1—左线圈；2—指针；3—右线圈；4—永久磁铁转子；5—可变电阻；6—接线柱；7—滑片；8—浮子。

图 5-8　动磁式燃油表与可变电阻式燃油量传感器

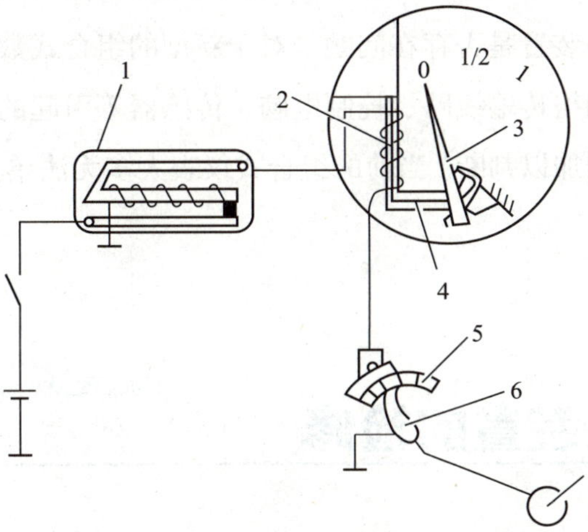

1—稳压器；2—加热线圈；3—指针；4—双金属片；5—可变电阻；6—滑片；7—浮子。

图 5-9　电热式燃油表与可变电阻式燃油量传感器

②原理。当油箱无油时，浮子下沉，滑片 6 处于可变电阻 5 的最右端，传感器的电阻全部串入电路中，此时电路中电流最小，燃油表加热线圈 2 发热量小，双金属片 3 变形小，带动指针 4 指在“0”位。

当油箱内油量增加时，浮子上升，滑片向左移动，串入电路中的电阻减小，电路中的电流增大。燃油表加热线圈 2 发热量大，双金属片 3 变形增大，带动指针 4 向右偏转。

当油箱充满时，滑片移至最左端，将可变电阻短路，此时电路中电流最大，指针偏到最右边，指在“1”处。

（4）发动机水温表。发动机水温表用来显示发动机冷却液温度。冷却液温度传感器一般为负温度系数的热敏电阻，安装于发动机缸体水道中，其工作原理如图 5-10 所示。冷却液温度信号也会通过发动机控制单元传输给仪表控制单元。

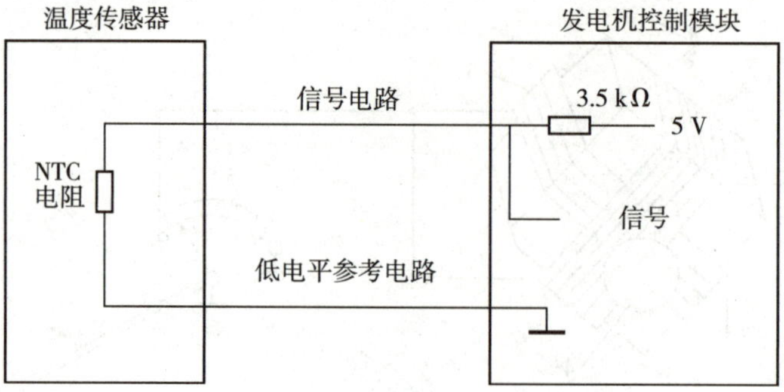

图 5-10　发动机冷却液温度检测原理

三、汽车仪表故障的诊断及维修方法

对于传统的仪表，当部分仪表不工作或工作不良时，应按照电路图对其显示灯泡、线路、传感器进行检查，同时也要检查机械传动装置是否存在问题。对于新型的组合式数字仪表，应判断故障是由仪表本身引起的，还是由于相关的网络传输线路、控制电脑、传感器等引起的，需要借助诊断仪进行数据流分析或对仪表进行主动测试检测加以判断。当前的组合式仪表大多无法单独修复，损坏后需要更换总成。

第二节 汽车报警装置的检修

一、报警装置的作用

报警装置为了便于驾驶员随时了解汽车各个主要系统的工作情况，及时发现问题、采取措施，防止发生人身和机械事故，保证汽车可靠而安全地行驶，从而汽车上安装了一些报警信号装置，如图 5-11、图 5-12 所示，用来监测和反映汽车及发动机的一些重要系统的工作情况。

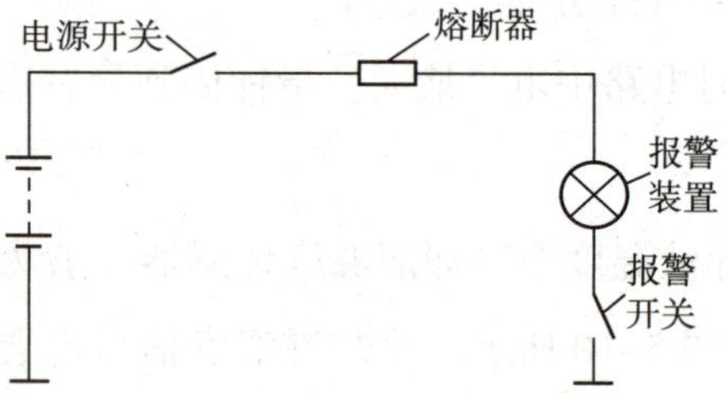

图 5-11　报警装置电路

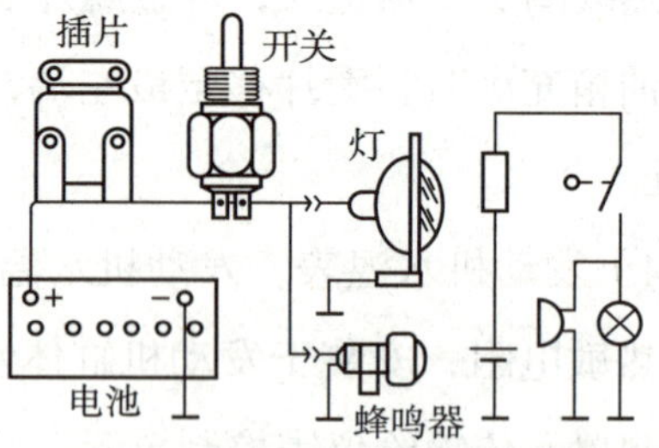

图 5-12　倒车信号电路

二、报警装置的组成

报警信号装置包括报警装置和信号装置。报警装置是在被监测的系统或总成工作状态不正常时工作，以提醒驾驶员注意，如水温报警灯、燃油液面报警灯等。信号装置是在被监测的系统或总成工作时工作，以提醒驾驶员注意，如远光指示灯、转向指示灯等。报警信号装置有灯光报警信号装置和音响报警信号装置两种。报警灯、指示灯的符号含义如表 5–1 所示。

表 5–1 报警灯、指示灯的符号含义

符号	名称	符号	名称	符号	名称	符号	名称	符号	名称	符号	名称
	燃油		（水）温度		油压		充电指示		转向指示灯		远光
	近光		雾灯		手制动		制动失效		安全带		油温
	示廓（宽）灯		真空度		驱动指示		发动机室		行李室		停车灯
	危机报警		风窗除霜		风机		刮水 / 喷水器		刮水器		喷水器
	车灯开关		阻风门		喇叭		点烟器		后刮水器	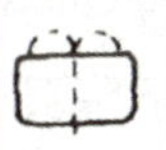	后喷水器

1. 机油压力过低报警灯

（1）弹簧式机油压力过低报警灯。图 5–13 所示为弹簧管式机油压力过低报警开关，有一对常闭触点。点火开关接通，在发动机未起动时，油压开关是接通的，报警灯亮。在发动机起动后，主油道压力升高，开关的触点断开，报警灯熄灭，表示润滑系统工作正常。运行中若主油道堵塞、泄漏等原因使机油压力过低时，开关接通，报警灯亮。

（2）膜片式机油压力过低报警灯。膜片式机油压力过低报警灯电路如图 5–14 所示。当机油压力低于一定值时，油压报警传感器中的动触点下降与静触点相接触，接通油压报警灯电路，报警灯发亮。

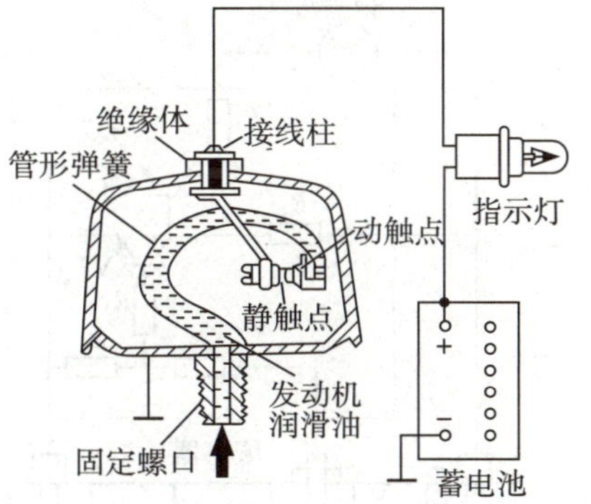

图 5–13 弹簧管式机油压力报警灯电路

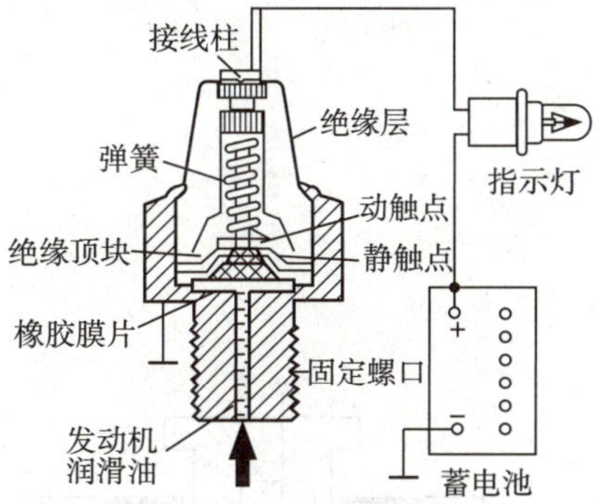

图 5–14 膜片式机油压力报警灯电路

2. 燃油量不足报警

燃油量不足报警灯电路如图 5–15 所示。其报警开关为热敏电阻式，装在油箱内。当油箱内燃油量多时，负温度系数的热敏电阻元件浸没在燃油中散热快，温度较低，电阻值较大。因此电路中几乎没有电流，报警灯不亮。而当燃油量减少到规定值以下时，热敏电阻元件露出油面，散热较慢，温度升高，电阻值减小，电路中电流增大，于是报警灯发亮，提醒驾驶员应及时加注燃油。

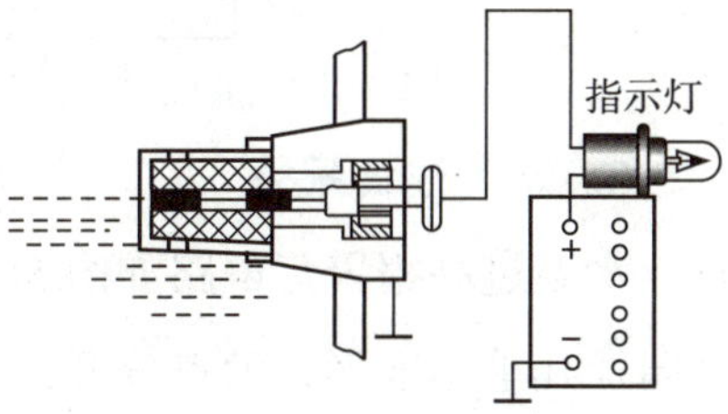

图 5–15 燃油不足报警灯电路

3. 制动灯断线报警

制动灯断线报警灯电路如图 5-16 所示。在正常情况下制动时，踩下制动踏板，制动灯开关接通，电流分别流经左右两电磁线圈，使左右制动信号灯亮。此时，两线圈所产生的磁场相互抵消，舌簧开关触点断开，报警灯不亮。若左（或右）制动信号灯线断路或灯丝烧断时进行制动，则左（或右）电磁线圈无电流通过，而通电的线圈所产生的电磁吸力吸动舌簧开关触点闭合，报警灯发亮，表示制动灯电路有断路故障。

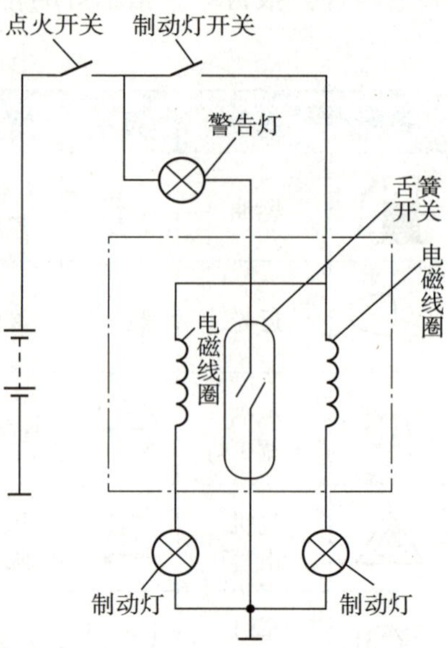

图 5-16　制动灯断线报警灯电路

4. 冷却水、制动液、挡风玻璃清洗液液面过低报警

液面过低报警装置适用于发动机冷却水、制动液、挡风玻璃清洗液等液面过低的报警，其电路如图 5-17 所示。其工作原理：当浮子随液面下降到规定值以下时，永久磁铁吸动舌簧开关使之闭合，接通电路，使报警灯发亮，以示告警。当液面在规定值以上时，浮子上升，磁铁吸力不足，舌簧开关在自身弹力作用下，使电路断开，报警灯熄灭。

5. 蓄电池液面过低报警

如图 5-18 所示为蓄电池电解液液面过低报警装置电路。其报警开关是一个电子开关，由传感器和放大器组成，传感器为一铅棒，通常安装在由正极柱算起第三个单格内。当蓄电池电解液液面高度正常时，传感器铅棒上的电位为 8 V，从而使 VT_1 导通，VT_2 截止，报警灯不亮。当电解液液面在最低限位以下时，铅棒无法与电解液接触，也就无正电位，从而使 VT_1 截止，VT_2 导通，报警灯发亮。

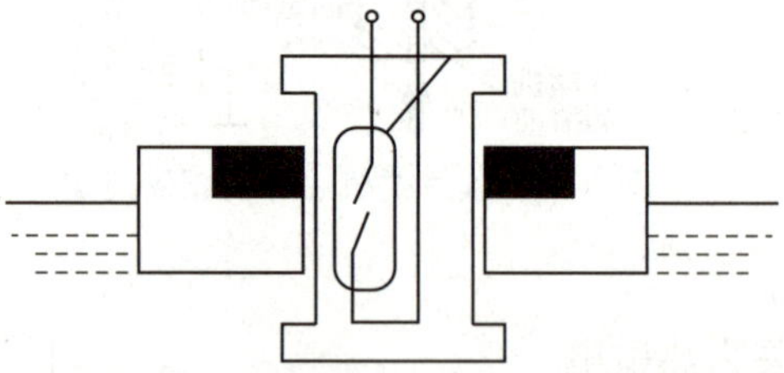

图 5-17　液面过低报警灯电路

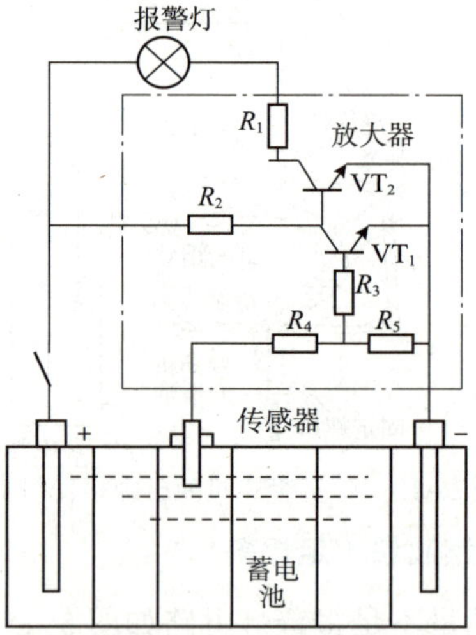

图 5-18 蓄电池液面过低报警灯电路

6. 水温过高报警

水温过高报警灯电路如图 5-19 所示，其报警开关为双金属片式温度开关。当冷却水温正常时，双金属片几乎不变形，触点分开，报警灯不亮。如果冷却水温升高到 95 ～ 105 ℃时，双金属片由于温度升高而弯曲变形，使触点闭合，红色报警灯便通电发亮，提醒驾驶员采取适当降温措施。

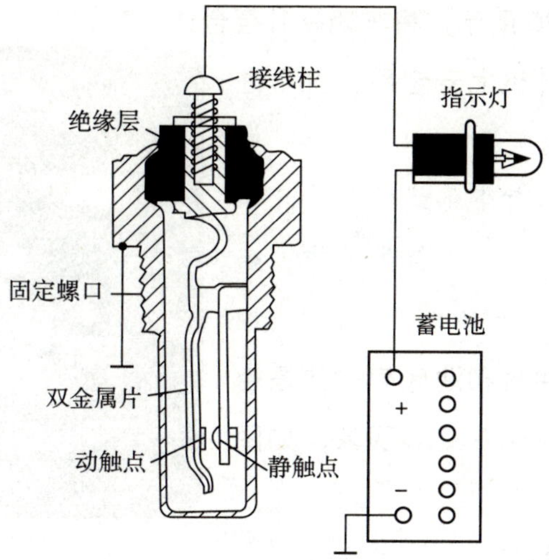

图 5-19　水温过高报警灯电路

本章实训

检测更换机油泵

一、实训准备

（1）翼子板护裙、转向盘护套、变速杆护套、座椅护套、脚垫及干净抹布。

（2）雪佛兰科鲁兹轿车及车辆维修手册。

（3）套筒（10 mm、14 mm、17 mm、）及棘轮扳手、机油回收车。

（4）举升机、机油压力表及转换接头。

（5）SN 级 5W-30 机油 4 L、快干胶及室温硫化密封胶。

二、实训过程

1. 检测更换机油泵的准备工作

（1）汽车进入工位前，将工位清理干净，准备好相关器材。

（2）将汽车停放在工位上。

（3）拉紧驻车制动器操纵杆。

（4）套上转向盘护套、变速杆护套、座椅护套、铺好脚垫。

（5）在车内拉动发动机舱盖开启手柄，在车外打开并支撑发动机舱盖。

（6）粘贴翼子板护裙。

（7）连接故障诊断仪。

2. 检查机油是否渗漏

机油渗漏常用目视法检查

（1）检查机油液面高度，必要时进行添加，确保液面在正常位置。

（2）操作举升机如图 5-20 所示，将车辆举升至合适高度。

（3）确保车辆固定在举升机上安全后，方可进行操作。

注意：车辆在举升前：务必卸下承载物。举升车辆时：车内禁止有乘客，并关好门。车辆举升中：车辆下方严禁站人或穿梭，不得晃动车辆。

图 5-20　操作举升机（一）

（4）检查曲轴前、后端油封和油底壳衬垫是否有机油泄漏现象，油底壳是否存在变形现象，如图 5-21 所示：

（5）平稳降下车辆至地面。

（6）起动发动机并怠速运转至冷却液温度达到 60 ～ 70° 后熄火，在油底壳下面铺上一张纸或其他清洁的物品，观察 15 min。如有泄漏，根据油滴在纸上的位置方可找到泄漏部位，并进行处理。

图 5-21　检查曲轴前、后端油封和油底壳衬垫是否漏油

3. 规范的检测机油压力

在机油液面高度正常情况下，拆下密封螺栓（如图 5-22 所示）并清洁螺纹。利用转换接头安装机油压力表（如图 5-23 所示）。起动发动机并检查机油压力。怠速时，机油压力必须为至少 130 kPa（18.85 lbf/in^2），且机油温度必须为 80 ℃（170° F）或以上。将发动机熄火，拆下机油压力表和转换接头并安装新的密封螺栓紧固至 15 N · m。

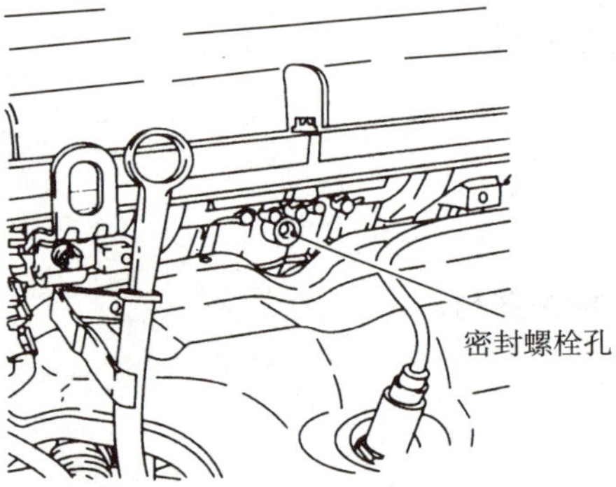

图 5-22　螺栓密封位置

1—金属转换接头；2—橡胶软管；3—机油压力表。

图 5-23　安装机油压力表

4. 规范的更换机油泵

如图 5-24 所示为雪佛兰科鲁兹 LDE 发动机润滑系统零部件分解图，该车型机油泵与发动机前盖为一体式。

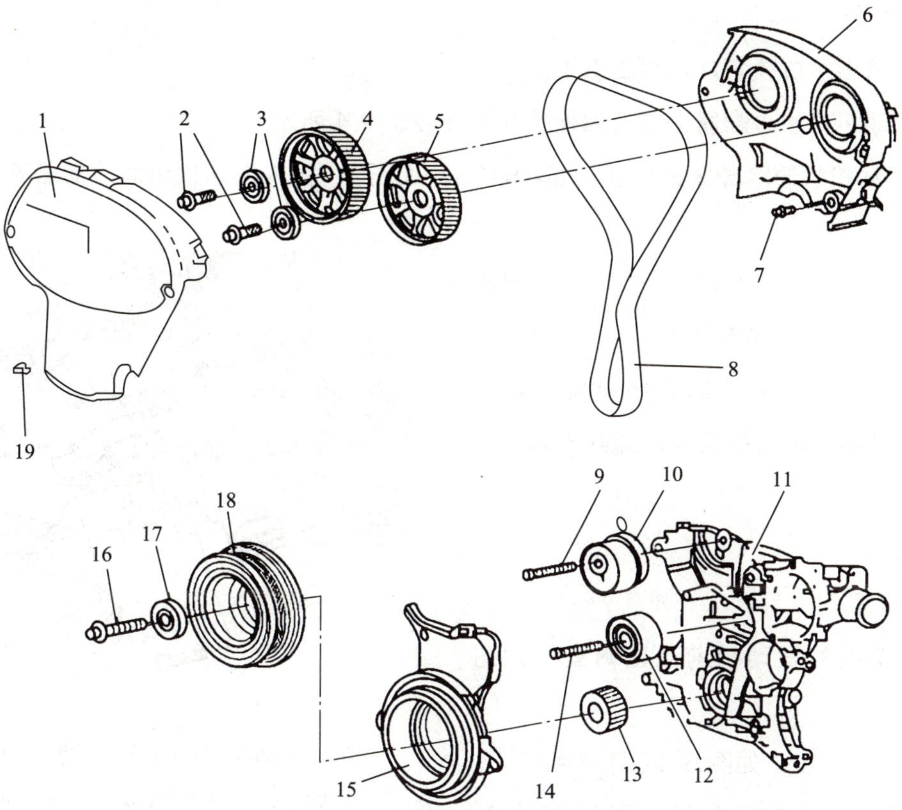

1—正时传动带上前盖；2—凸轮轴链轮螺栓；3—凸轮轴链轮垫圈；4—进气凸轮轴链轮；
5—排气凸轮轴链轮；6—正时传动带后盖；7—正时传动带后盖螺栓；
8—正时传动带；9—正时传动带张紧器螺栓；10—正时传动带张紧器；
11—发动机前盖（机油泵总成）；12—正时传动带惰轮；13—曲轴链轮；
14—正时传动带惰轮螺栓；15—正时传动带下前盖；16—曲轴扭转减振器螺栓：
17—曲轴扭转减振器垫圈；18—曲轴扭转减振器；19—正时传动带上前盖螺栓。

图 5-24 科鲁兹 LDE 发动机零部件分解图

（1）拆卸

①断开蓄电池负极电缆。

②拆下排气歧管。

③排空发动机冷却系统。

④拆卸空调压缩机。

⑤拆下发电机。

⑥拆下正时传动带后盖。

⑦拆下油底壳。

⑧将散热器出口软管从水泵上拆下。

⑨排空冷却系统。

⑩拆卸空调压缩机。

⑪ 拆下发电机。

⑫ 拆下正时传动带后盖。

⑬ 拆下油底壳。

⑭ 将散热器出水口软管从水泵上拆下。

⑮ 拆下发动机机油冷却器进口管螺栓（如图 5-25 中 4 所示）。

（16）将发动机机油冷却器进口管（如图 5-25 中 1 所示）推入发动机机油冷却器壳体（如图 5-25 中 2 所示）。

（17）从水泵上拆下 2 个发动机机油冷却器出口管螺栓（如图 5-25 中 5 所示）。

（18）将发动机机油冷却器出口管（如图 5-25 中 3 所示）接入发动机机油冷却器壳体（如图 5-25 中 2 所示）。

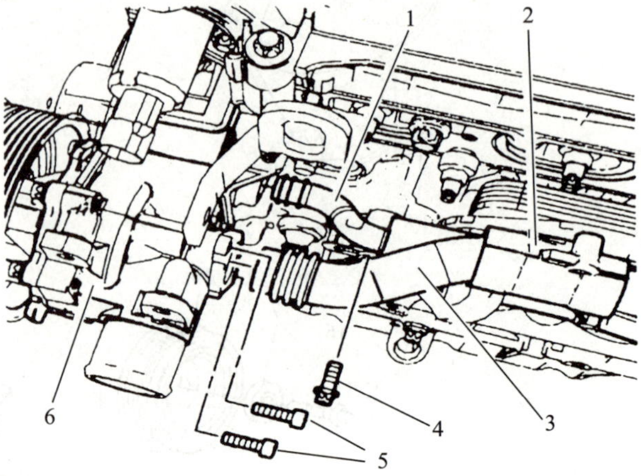

1- 发动机机油冷却管进口管；2- 发动机机油冷却器壳体；
3- 发动机机油冷却器出口管；4- 发动机机油冷却器进口管螺栓；
5- 发动机机油冷却器出口管螺栓；6- 水泵

图 5-25　机油泵与发动机前盖拆卸简图

（2）安装

①清洁密封面。

②安装一个新的发动机前盖密封垫（如图 5-26 中 1 所示）。

③安装发动机前盖（如图 5-26 中 4 所示）。

④安装 8 个发动机前盖螺栓（如图 5-26 中 2、3 所示）并紧固至 20 N · m。

⑤将发动机机油冷却器出口管（如图 5-25 中 3 所示）接入水泵（如图 5-25 中 6 所示）。

⑥安装发动机机油冷却器出口管螺栓（如图 5-25 中 5 所示），并紧固至 8 N · m。

⑦将发动机机油冷却器进口管（如图 5-25 中 1 所示）接入水泵（如图 5-25 中 6 所示）。

⑧安装发动机机油冷却器进口管螺栓（如图 5-25 中 4 所示），并紧固至 8 N · m。

⑨将散热器出口软管安装到水泵上。

⑩安装正时传动带后盖。

⑪ 安装发电机。

⑫ 安装空调压缩机。

⑬ 安装排气歧管。

⑭ 连接蓄电池负极电缆。

⑮ 加注冷却系统冷却液。

⑯ 关闭发动机舱盖。

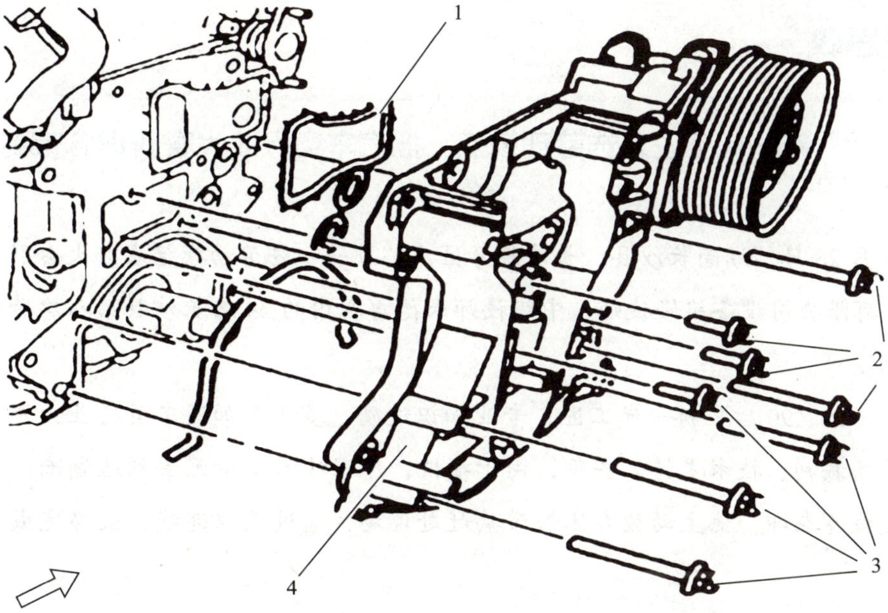

1—发动机前盖密封件；2，3—发动机前盖螺栓；4—发动机前盖。

图 5-26　机油泵与发动机前盖安装简图

三、评价反馈

对本章学习任务进行评价，填写表 5-2 所示。

表 5-2　评分表

考核项目	评分标准	分数	学生自评	小组评价	教师评价	小计
活动参与	是否积极主动	5				
安全生产	有无安全隐患	10				
现场 5 S	是否做到	10				
任务方案	是否合理	15				
操作过程	举升机操作。 机油渗漏检查。 机油压力检查。 机油泵的更换	30				
任务完成情况	是否圆满完成	5				
工具和设备使用	是否规范、标准	10				
劳动纪律	是否违反	10				
工单填写	是否完整、规范	5				
总分		100				
教师签字：				年　月　日	得分	

课程思政

“90后”新一代工匠入选劳动模范：把汽车类行业大赛新理念带到湖南

2022年4月28日，湖南长沙县、长沙经开区庆“五一”暨劳动模范表彰大会召开，包括长沙车云科教设备有限公司设备维修技师、中级技师朱德勇在内的34名长沙县第八次劳动模范和先进工作者获表彰。

朱德勇是一位“90后”新一代工匠，专业知识过硬，多次参加汽车类行业大赛，曾受邀担任多场赛事的现场裁判、技术支持。去年，由于疫情，厂家技术支持无法到达湖南，而全国智能网联大赛湖南选拔赛在即，他主动放弃休假带病赶赴现场，通过远程连线，最终完成大赛设备的升级和检修。

一直以来，他一直坚持在大赛中学习，把新的大赛理念、指导方法带回湖南，并协助长沙汽车工业学校、湖南机电职院等本地院校在全国职业技能大赛中取得各类奖项，生动诠释了新时代的年轻工匠精神。

“作为一个大专毕业不久的普通维修技师，未曾想过能获得此般荣誉。新时代，社会给了我许多展示自我的机会，今后我会更加努力将技艺和责任发挥到极致，努力争当大国工匠。”朱德勇说。

来源：中新网

思考习题

1. 填空题

（1）用来显示发动机内机油的压力状况的是__________。

（2）发动机冷却液温度指示灯常亮，说明____________________。

（3）仪表稳压器的作用是________________________________。

（4）报警系统由__________、__________、__________、__________等部件组成。

（5）燃油油量警告灯包括__________、__________、__________3种类型。

（6）当报警指示灯电路所监测的系统不能正常工作时，报警传感器处于__________状态或其电阻值处于__________状态，报警指示灯将由__________状态变为__________状态。

2. 简答题

（1）简述汽车仪表的工作原理。

（2）怎样测试仪表系统的性能？

（3）动磁式燃油表与可变电阻式燃油量传感器的部件都有哪些？

（4）查阅资料，说明别克威朗轿车、科鲁兹轿车仪表控制系统的控制电路。

（3）简述报警装置的作用及组成。

第六章

辅助电气系统

本章导读

汽车辅助电气系统主要向舒适、娱乐、保障安全等方面发展。汽车上的辅助电气除了汽车用音响设备、通信器材和汽车电视等服务性装置外，都是一些与汽车本身使用性能有关的电气设备，如电动刮水器、电动喷洗器、风窗除霜装置、电动车窗、电动后视镜、电动座椅、汽车防盗系统等。

学习目标

1. 掌握电动车窗及其系统的功用、组成、工作过程，主要部件的检修方法，电路故障诊断与排除方法。

2. 掌握中控门锁系统的功用、组成、工作过程，主要部件的检修方法，电路故障诊断与排除方法。

3. 掌握电动后视镜的组成、功用、工作过程，主要部件的检修方法，电路故障诊断与排除方法。

4. 了解电动座椅的组成、结构和基本工作原理，掌握电动座椅常见故障诊断与检测方法。

5. 了解音响装置的作用、分类与组成，掌握检查维修音响装置的方法。

6. 掌握汽车空调的功用、组成与分类。能够正确地使用空调系统并能对汽车空调进行简单的维修。

7. 掌握风窗刮水洗涤装置的功用、组成及特点，主要部件的检修方法，电路的故障诊断与排除方法。

第一节　电动车窗和电动天窗的检修

一、电动车窗的检修

电动车窗由电力驱动车窗玻璃的升降，为驾驶人或乘客提供所需的车窗开度。通常电动车窗能保证驾驶人在驾驶座位上，操作控制开关，使全部车窗玻璃自动升降，并能实现后座车窗的锁止。其操纵简便，有利于行车安全。部分汽车电动车窗还能实现锁车、自动关闭车窗等智能控制。

1. 电动车窗的组成

电动车窗主要由车窗玻璃、玻璃升降器、直流电动机、继电器、主控开关、分控开关部件等组成。电动车窗部件在车上的布置如图 6–1 所示。

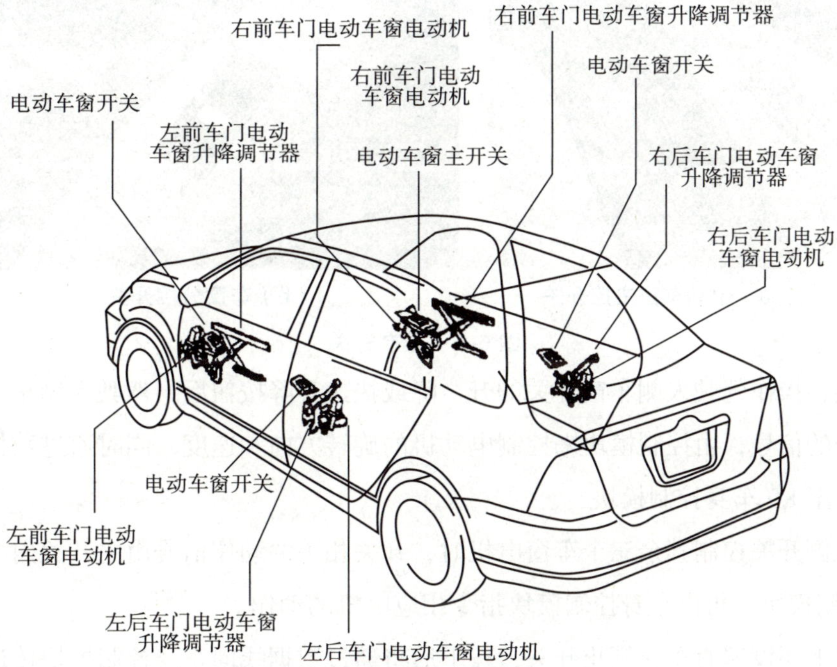

图 6–1　电动车窗部件在车上的布置

（1）玻璃升降器。玻璃升降器是把电动机的旋转运动变为车窗的上下移动。常见的玻璃升降器有钢丝滚筒式、交叉传动臂式。钢丝滚筒式多采用齿扇式传动，交叉传动臂式多采用齿条式传动。

齿条式玻璃升降器如图 6–2 所示。升降器采用柔性齿条和小齿轮结构。当电动机转动时，通过蜗轮蜗杆减速机构将动力传给小齿轮，小齿轮使齿条移动，齿条通过拉绳带动门窗玻璃进行升降。

（2）电动机。电动车窗使用双向直流电动机，有永磁式和双绕组串励线绕式。现代汽车的每个车窗都装有一台电动机，通过开关控制电流的流动方向，使电动机正、反转，从而使车窗玻璃上升或下降。

永磁式电动机的结构控制原理简图如图 6–3 所示，电动机的安装位置及外观如图 6–4 所示。

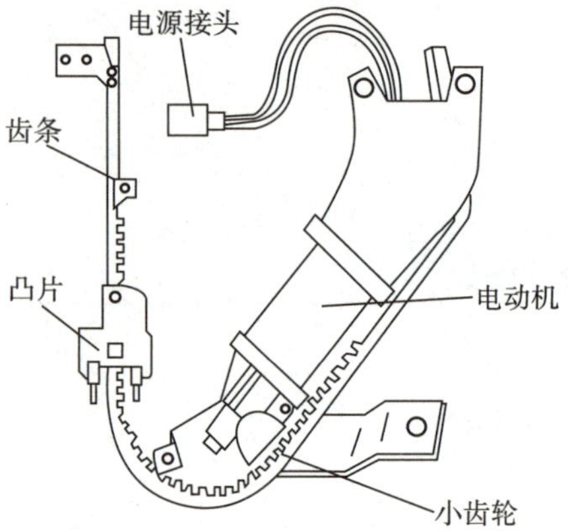

图 6–2　齿条式玻璃升降器

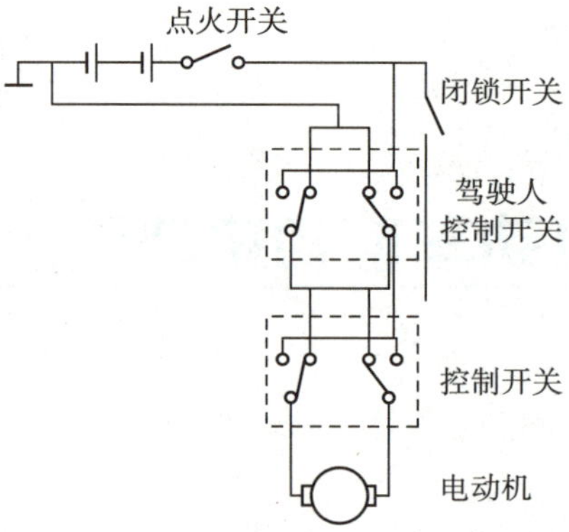

图 6–3　永磁式电动机的结构控制原理简图

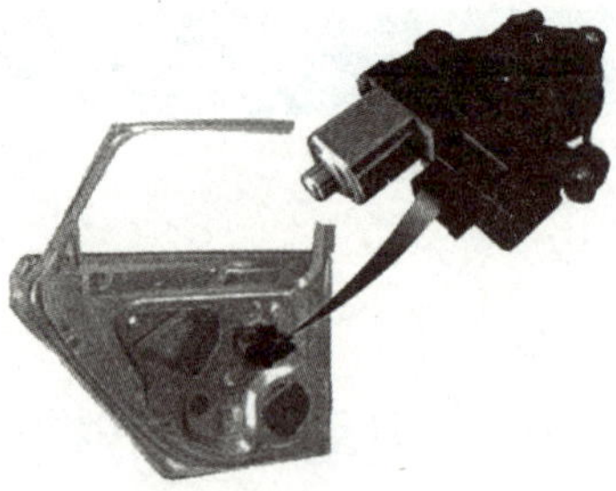

图 6–4　电动机的安装位置及外观

（3）控制开关。电动车窗的主控制开关一般安装在驾驶人侧车门扶手上，由驾驶人操作，可控制每个车窗的升降。分开关分别安装在每个乘客车门上，可单独控制某个车窗升降。大多数汽车在总开关中装有闭锁开关，当它断开时，其他乘客不能控制车窗升降。如图 6–5（a）所示为车窗主控开关，如图 6–5（b）所示为分开关。

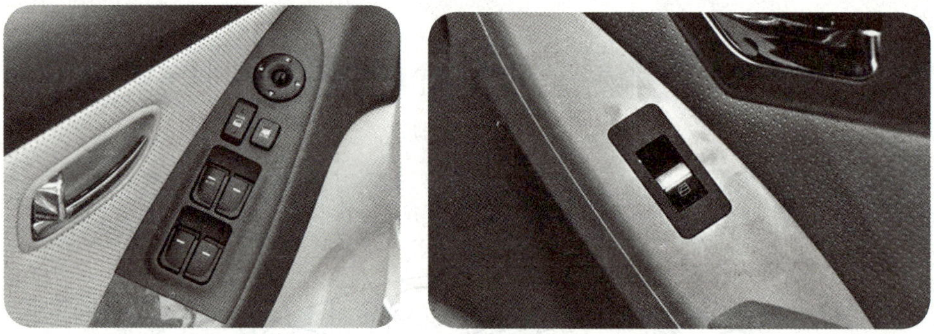

（a）电动车窗主控开关　　（b）车窗分控开关

图 6–5　控制开关

以主开关为例，操作驾驶人侧车窗开关的升、降或快速升降按钮后，驾驶人侧车窗电动机控制模块会接收到相应端子的信号，由控制模块来控制电动机的旋转方向和速度，同时通过数据线将开关信号及电机工作信号传递至 K9 车身控制模块。

若使用驾驶人侧开关控制其余三个车窗电机时，开关相关的动作信号由主开关内的模块通过数据线传递至 K9 车身控制模块，再由车身控制模块指令相应电机的动作。

驾驶人主开关上还设置有车窗锁止开关，按下后将通过数据线向车身控制模块传递锁止信号，则其余三个车窗的分开关将不能控制车窗的升降。

2. 电动车窗的控制电路

（1）卡罗拉电动车窗控制。卡罗拉电动车窗控制电路如图 6–6 所示，采用永磁式直流电动机。

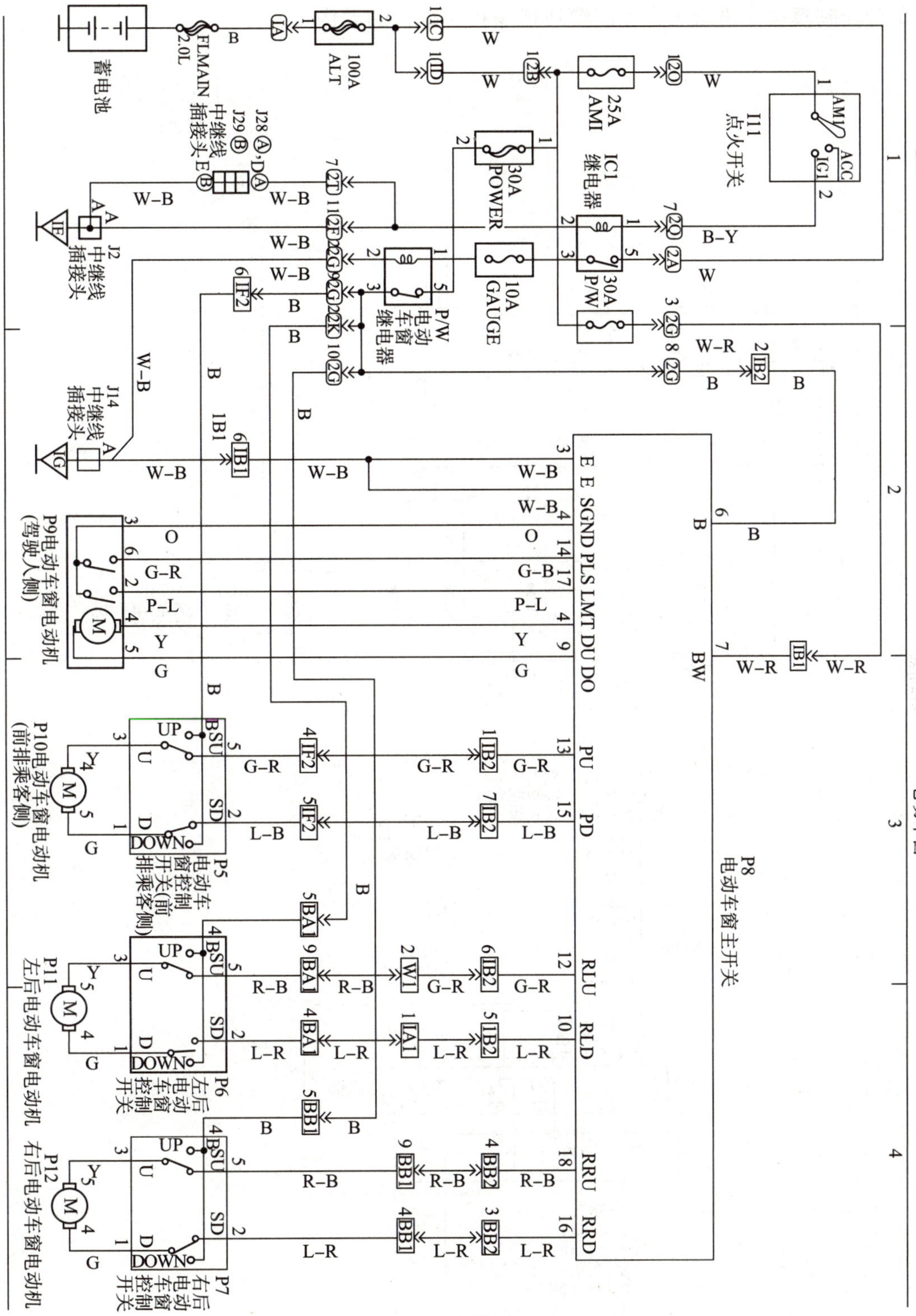

图 6–6　卡罗拉电动车窗控制电路

（2）科鲁兹轿车电动车窗。科鲁兹汽车电动车窗控制电路采用网络数据传输的方式进行控制如图 6–7 所示，以主开关为例，操作驾驶人侧车窗开关的升、降或快速升降按钮后，驾驶人侧车窗电动机控制模块会接收到相应端子的信号，由控制模块来控制电动机的旋转方向和速度，同时通过数据线将开关信号及电机工作信号传递至 K9 车身控制模块。

若使用驾驶人侧开关控制其他三个车窗电机时，开关相关的动作信号由主开关内的模块通过数据线传递至 K9 车身控制模块，再由车身控制模块指令相应电机的动作。

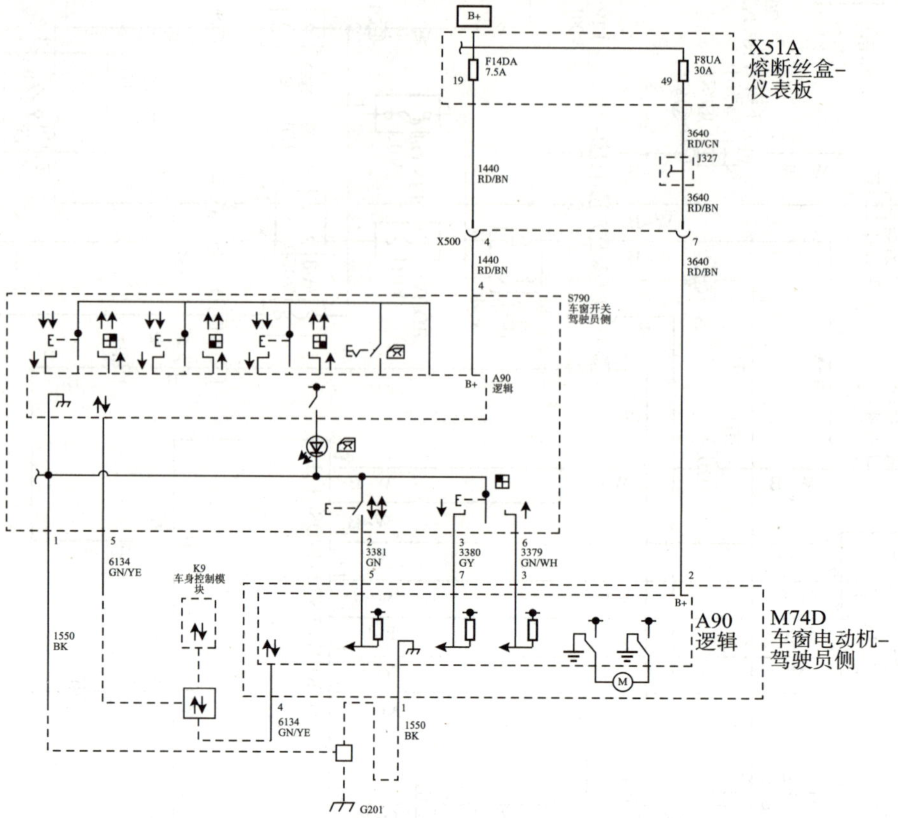

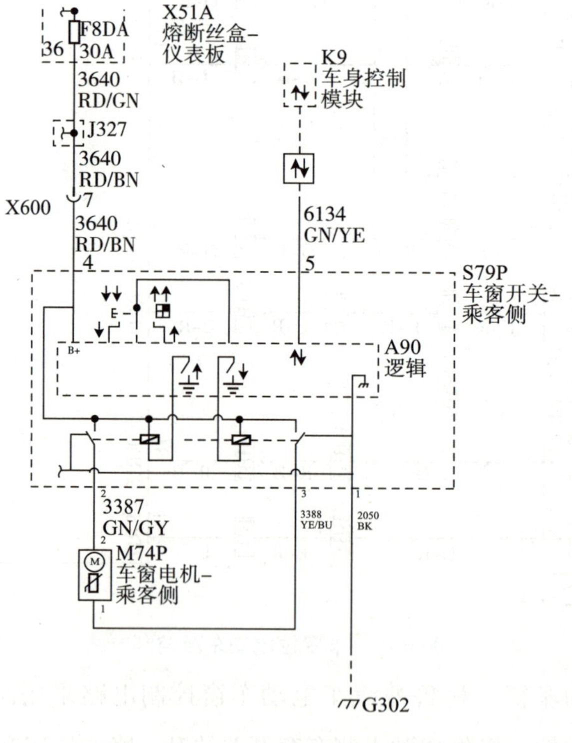

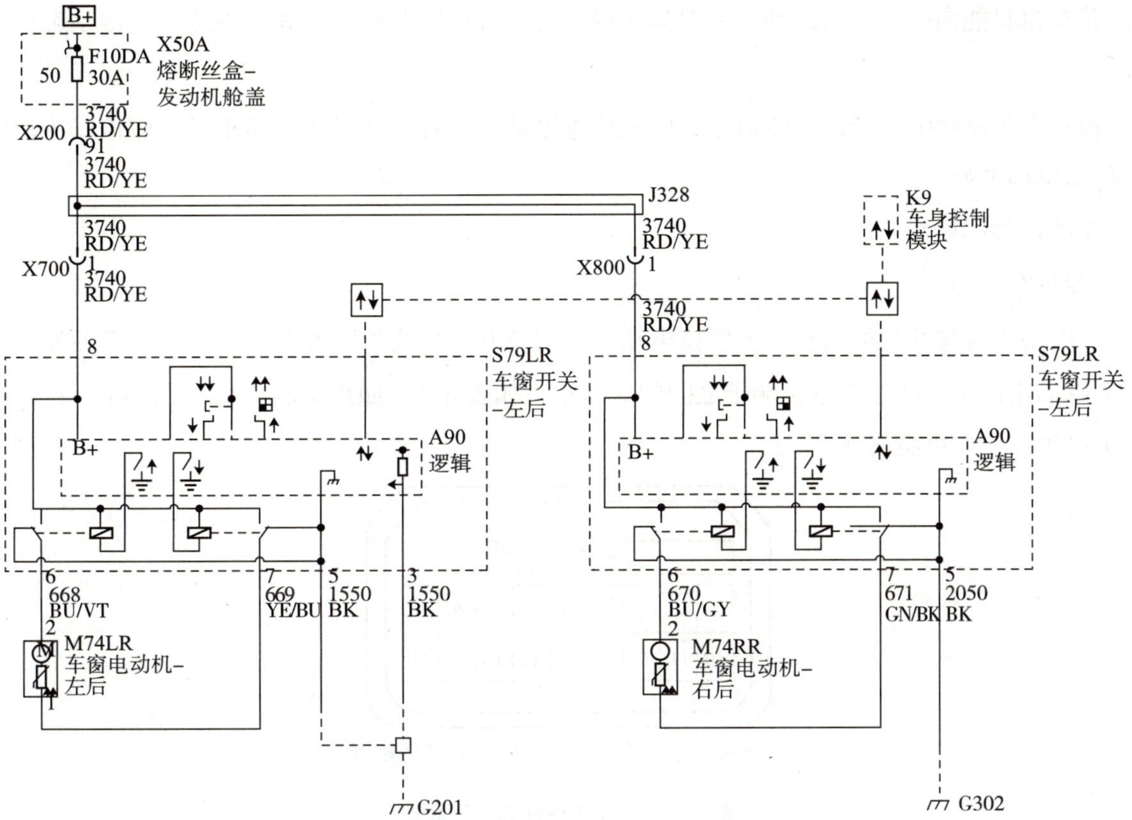

图 6–7　科鲁兹轿车车窗控制电路

驾驶员主开关上还设置车窗锁止开关，按下后将通过数据线向车身控制模块传递锁止信号，其他三个车窗的分开关将不能控制车窗的升降。

3. 电动车窗的常见故障及诊断思路

电动车窗常见的故障有：所有车窗均不能升降、部分车窗不能升降或只能向一个方向运动、某个车窗两个方向都不能运动、电动车窗有异响等。

（1）所有车窗均不能升降

①故障原因：熔断器断路、总线路断路、主控开关损坏、搭铁不实。

②诊断思路

a. 检查熔断器是否断路。

b. 若熔断器良好，将点火开关接通，检查总开关与分开关上的相线电压是否正常。如电压为零，应检查电源线路。若电压正常，检查搭铁线是否良好。

c. 若搭铁不良，应清洁、紧固搭铁线。若搭铁良好，应对主控开关进行检查。

（2）部分车窗不能升降或只能向一个方向运动

①故障原因：该车窗的按键开关损坏、该车窗的电动机损坏、连接导线断路、主控开关损坏。

②诊断思路

a. 检查主控开关的按键开关与该车窗的按键开关工作是否正常。

b. 检查该车窗的电动机正反转是否正常。

c. 检查连接导线。

d. 若车窗只能向一个方向运动，一般是按键开关或分线路断路，可先检查线路连接是否正常，再检修开关。

e. 若一个车窗两个方向都不能运动，应先检查电动机。若电动机正反转正常，应检修传动机构，多数是传动机构卡死。

4. 主要部件的检修

以卡罗拉车型为例。

（1）电动车窗总开关的检修。卡罗拉电动车窗的总开关接线如图 6–8 所示。当总开关处于上升、关闭、下降的不同工作状态时，各端子之间的导通状态如表 6–1，如果检测结果与表 6–1 不符，说明车窗总开关已损坏，应更换新开关。

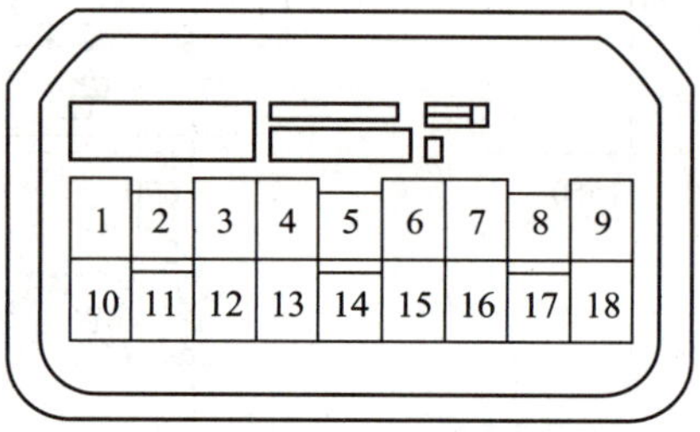

图 6–8　卡罗拉电动车窗的总开关插接器

表 6–1　车窗工作状态导通状态

检查条件	前								后							
	左				右				左				右			
开关位置	端子号															
	3	6	4	9	3	6	13	15	3	6	10	12	3	6	16	18
上升	 ○	○ 	○ 	 ○	 ○	○ 	○ 	 ○	 ○	○ 	 ○	○ 	 ○	○ 	 ○	○
关闭	○ ○		○ 	 ○	○ ○		○ 	 ○	○ ○		○ 	 ○	○ ○		○ 	 ○
下降	○ 	 ○	○ 	 ○	 ○	○ 	 ○	○ 	 ○	○ 	○ 	 ○	 ○	○ 	○ 	 ○

（2）电动车窗分开关的检修。卡罗拉电动车窗的分开关插接器如图 6–9 所示。当分开关处于上升、关闭、下降的不同工作状态时，各端子之间的导通状态如表 6–2，如果测得的结果与表不符，说明车窗总开关已损坏，应更换新开关。

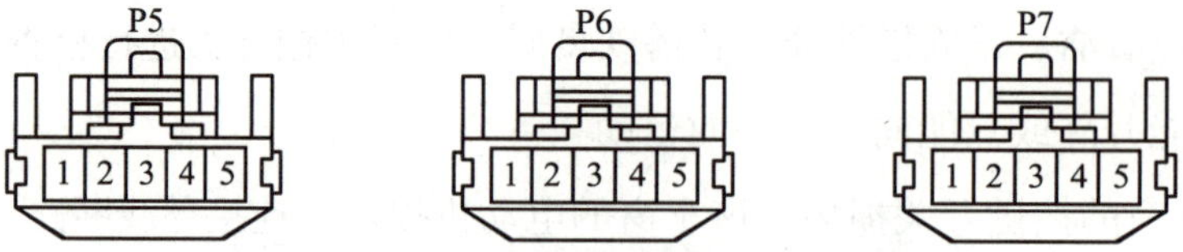

图 6–9　卡罗拉电动车窗的分开关插接器图

表 6-2 车窗分开关工作状态导通状态

开关位置	端子号				
	1	2	3	4	5
上升	○—	—○	○—	—○	
关闭	○—	—○	○—	—	—○
下降	○—	—	— ○—	—○ —	—○

（3）电动车窗电动机的检修。电动车窗电动机的插接器如图 6–10 所示。将蓄电池的正极分别接 4、5 端子，电动机应能正、反转，且运转十分平稳。否则，说明电动机有故障，应更换。

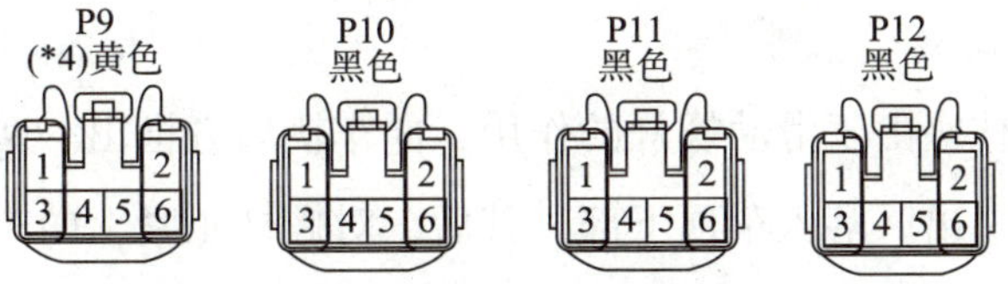

图 6–10 卡罗拉电动车窗的电动机插接器图

（4）车窗继电器的检修。车窗继电器的连接情况如图 6–8 所示。

①静态检测：将万用表置于 R × 1 挡，测量 1、2 两个端子，应为通路，如不通，说明线圈烧坏，应更换。再测 3、5 两个端子，应断路，如为通路，说明触点烧结，应更换。

②动态检测：将 12 V 蓄电池电压正极接 1 端子，负极接 2 端子，用万用表检测 3、5 端子，应为通路，否则说明继电器损坏，应更换。

二、电动天窗的检修

现在越来越多的中高档汽车多装有电动天窗，电动天窗依靠汽车行驶过程中气流在汽车顶部的快速流动，有效地使车内空气流通，增加新鲜空气流入车内，给驾驶人和乘客带来健康、舒适的感受。

1. 电动天窗的组成

电动天窗主要由天窗玻璃、天窗电动机、传动机构、控制开关和继电器模块等组成。其在车上的布置如图 6–11 所示。

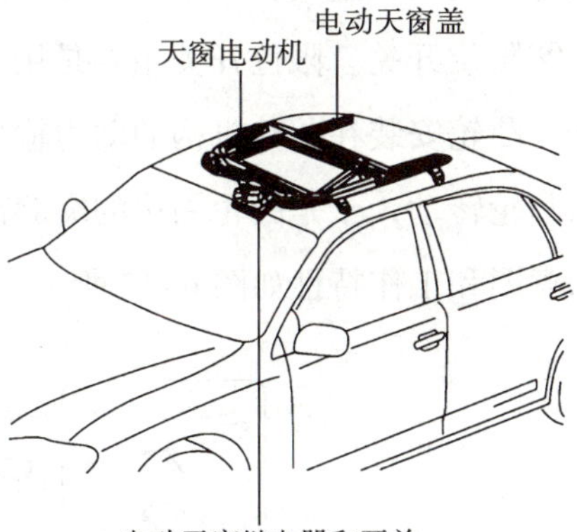

图 6–11 电动天窗部件在车上的布置

（1）天窗电动机。天窗电动机为双向直流电动机，它通过传动机构为天窗开闭提供动力，即通过改变流过电动机的电流方向来改变旋转方向，实现天窗的开闭。

（2）天窗的传动机构。电动天窗的传动机构包括滑动机构、连接机构和驱动机构。

①滑动机构。电动天窗滑动机构结构简图如图 6–12 所示。它由驱动电动机、驱动齿轮、滑动螺杆和后枕座组成。

天窗开关动作时，驱动电动机所产生的转矩由驱动齿轮传递给滑动螺杆，滑动螺杆带动后枕座滑动。

电动机正、反转使后枕座前、后移动，决定天窗玻璃打开还是关闭。在电动机齿轮外壳内部有两个利用凸轮进行工作的限位开关。

②连接机构。电动天窗连接机构结构简图如图 6-13 所示。

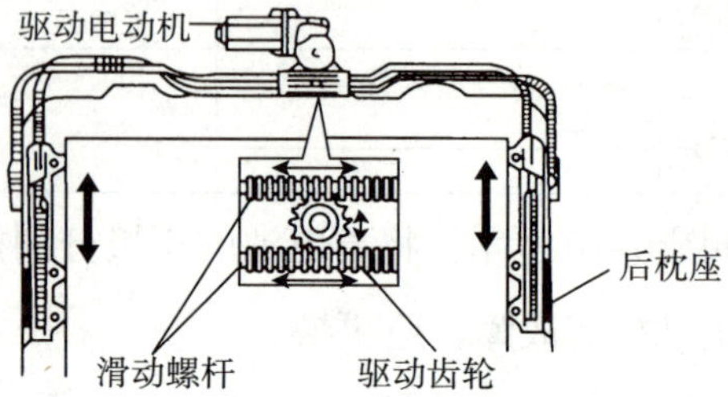

图 6-12　电动天窗的滑动机构

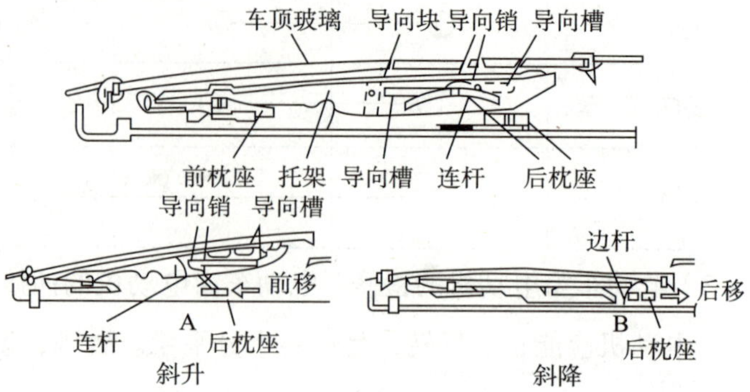

图 6-13　电动天窗的连接机构结构简图

当天窗玻璃打开时，后枕座由于滑动螺杆的作用，向车辆后方推出。两个导向销分别沿着导向槽移动，首先把天窗后端向下方引出，落入车顶下部。其后，对螺杆压紧，向车辆后方滑动，当天窗玻璃关闭时，后枕座向车辆前方伸出滑动，导向销达到图示位置即为全闭。

从这种状态开始，后枕座进一步向车辆前方移动，导向销也沿着导向槽向前移动，连杆即按箭头 A 方向移动，使天窗玻璃斜升。当天窗玻璃斜降开始时，后枕座按箭头 B 的方向收回合拢，使天窗玻璃斜降。斜降完成后，天窗玻璃才可进行滑动打开与关闭。

③驱动机构。电动车窗的驱动机构由电动机、驱动齿轮、凸轮、限位开关等组成。

电动机通过蜗轮、中间齿轮进行减速，将动力传递给驱动齿轮，驱动齿轮一方面带动滑动螺杆移动，另一方面经减速后再传递给凸轮。

（3）控制装置。电动天窗的控制装置由天窗控制开关、限位开关、天窗控制继电器组成。

①天窗控制开关。控制开关主要包括滑动开关和斜升开关。滑动开关有滑动打开、滑动关闭和断开（中间位置）3 个挡位。斜升开关也有斜升、斜降和断开（中间位置）3 个挡位。通过操纵开关，天窗驱动电动机实现正反转，使天窗在不同的状态下工作，卡罗拉天窗控制开关如图 6-14 所示。

②限位开关。限位开关主要是用来检测天窗所处的位置。限位开关靠凸轮转动来实现电路的接通和断开。凸轮安装在驱动机构的动力输出端。当电动机将动力输出时，通过驱动齿轮和滑动螺杆减速以后带动凸轮转动，于是凸轮周边的突起部位触动开关使其开闭，以实现对天窗的自动控制。限位开关的安装示意图和工作特性如图 6-15 所示。

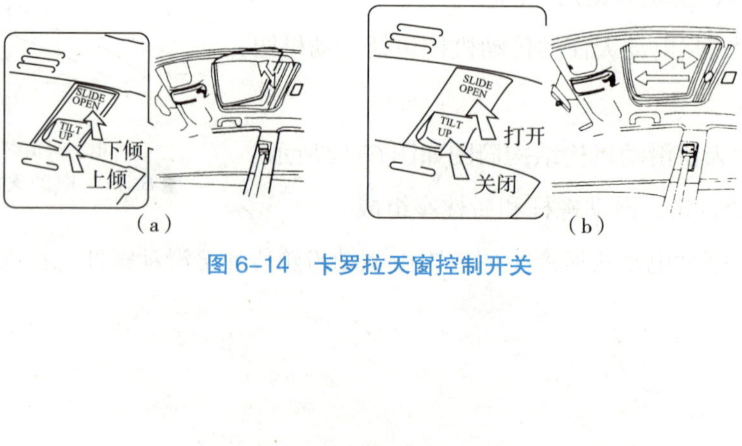

图 6-14　卡罗拉天窗控制开关

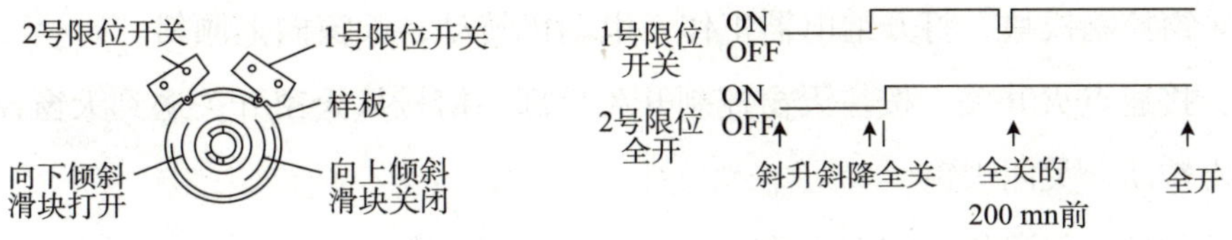

（a）安装示意图　　（b）工作特性

图 6–15　限位开关安装示意图和工作特性

③天窗控制继电器模块。天窗控制继电器模块是一个数字控制电路，并设有定时器、蜂鸣器和继电器等。其作用是接受开关输入的信息，通过数字电路进行逻辑运算，确定继电器的动作，给电动机发出指令，控制电动机正、反转，完成天窗的打开、关闭、斜升和斜降。

2. 电动天窗的工作原理及控制电路

（1）凯越电动天窗控制。凯越电动天窗控制电路如图 6–16 所示。它采用永磁式电动机，当控制开关改变流过驱动电动机的电流方向时，驱动天窗玻璃动作。

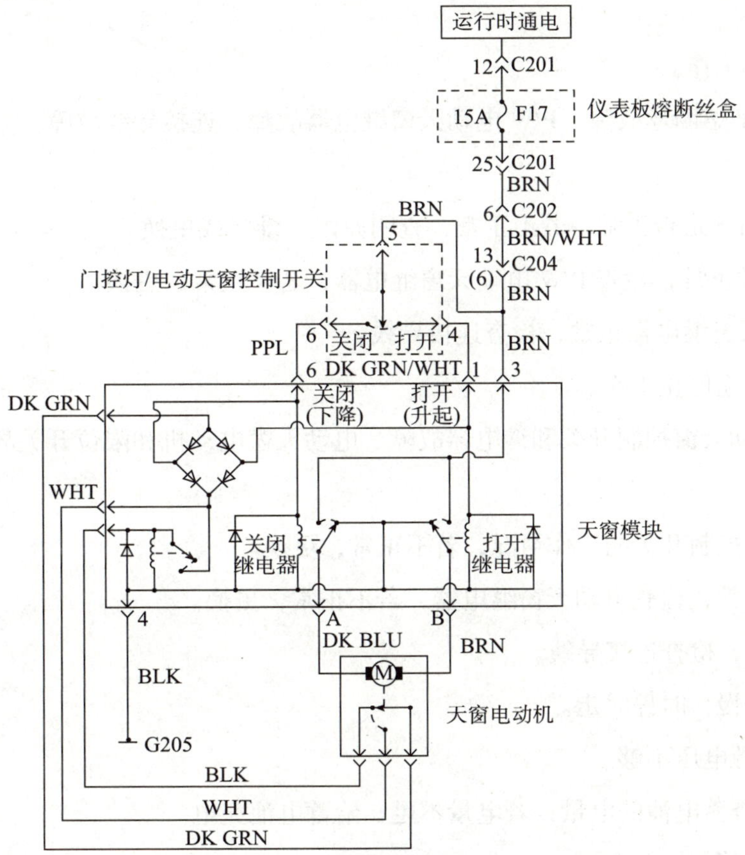

图 6–16　凯越电动天窗控制电路

天窗控制开关是一个拨动按钮，位于门控灯总成右侧。必须接通点火开关，天窗才能操作。

①天窗打开：接通点火开关，按下天窗控制开关后部，信号从天窗开关送到天窗控制模块，打开继电器工作，电动机转动，打开天窗。

②天窗关闭：接通点火开关，按下天窗控制开关前部，信号从天窗开关送到天窗控制模块，关闭继电器工作，电动机反向转动，关闭天窗。

③向上倾斜：接通点火开关，天窗关闭后，要想倾斜打开天窗后端，按住天窗控制开关前部，信号

从天窗开关送到天窗控制模块，打开继电器工作，电动机转动，天窗向上倾斜。

④向下倾斜：接通点火开关，按住天窗控制开关后部，信号从天窗开关送到天窗控制模块，关闭继电器工作，电动机转动，关闭天窗。

按下天窗开关的任一侧可使天窗在中途停止。

有些天窗控制系统还具有倾斜提醒功能。当天窗处于向上倾斜时，将点火开关从 ON 挡转至 ACC 或 OFF 挡时，则天窗控制模块接通蜂鸣器，蜂鸣器响起以提醒驾驶人，天窗处于倾斜状态。

（2）丰田卡罗拉电动天窗控制。丰田卡罗拉电动天窗控制电路如图 6-17 所示。它主要由天窗控制继电器和开关、天窗电动机和限位开关组成。它的主要功能：天窗打开、关闭、斜升和斜降。其控制原理与凯越相似不再赘述。

3. 电动天窗常见故障及诊断思路

电动天窗常见故障有天窗漏水、天窗系统不工作、天窗系统中途停止工作、天窗运行缓慢和时停时走等现象。

（1）天窗系统不工作。

①故障原因：P/W 熔断丝故障、P/W 电动天窗继电器故障、连接导线故障。

②诊断思路

a．检查 P/W 熔断丝是否正常，若不正常，查明原因，维修或更换。

b．若 P/W 熔断丝正常，检查 P/W 电动天窗继电器，若不正常，更换。

c．若 P/W 电动天窗继电器正常，检查连接导线。

（2）天窗系统中途停止工作。

①故障原因：电动天窗控制开关和继电器故障、电动天窗电动机和限位开关故障、连接导线故障。

②诊断思路

a．检查电动天窗控制开关的工作情况，若不正常，更换。

b．若控制开关正常，检查电动天窗继电器，若不正常，更换。

c．若继电器正常，检查连接导线。

（3）天窗运行缓慢，时停时走。

①故障原因：电源电压不够。

②诊断思路：检查蓄电池的电量，若电量不足，给蓄电池充电。

4. 主要部件的检修

这里以丰田卡罗拉电动天窗为例。

（1）天窗功能的检查。

①检查滑动开启操作情况。将点火开关转至 ON 位置，电动天窗开关位于 OPEN 侧时，检查电动天窗是否滑动并完全打开。

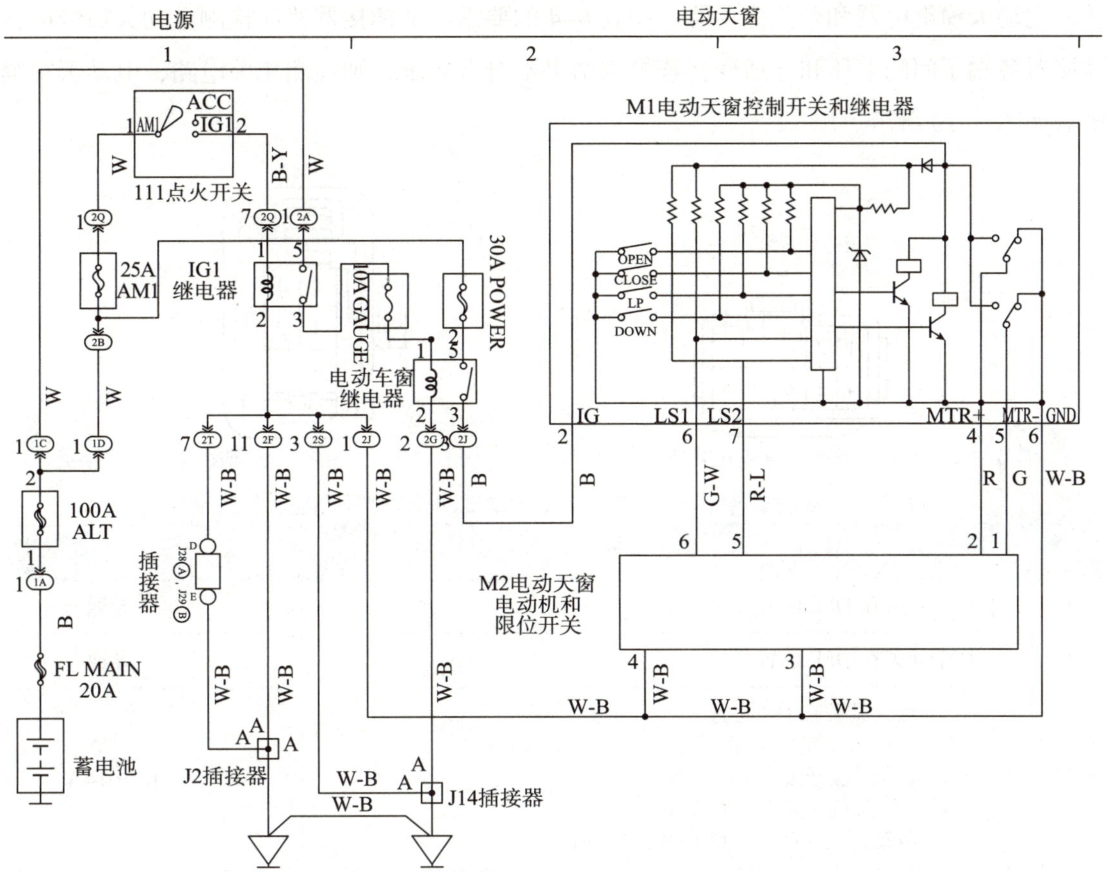

图 6–17 丰田卡罗拉电动车窗控制电路

②检查滑动关闭操作情况。将点火开关转至 ON 位置，电动天窗开关位于 CLOSE 侧时，检查电动天窗是否滑动并完全关闭。

③检查斜升操作情况。将点火开关转至ON位置,电动天窗开关位于UP侧时,检查电动天窗是否斜升。

④检查斜降操作情况。将点火开关转至 ON 位置，电动天窗开关位于 DOWN 侧时，检查电动天窗是否斜降。

（2）天窗继电器和开关的检查。

①断开电动天窗继电器和开关插接器，按表 6–3 中的要求，检查电动天窗继电器和开关配线侧插接器各端子间的电压和导通情况，若检测结果不符合要求，则检测相关电路。电动天窗继电器和开关插接器如图 6–18 所示。

表 6–3 电动天窗继电器和开关端子电压和导通情况

测试端子	测试条件	标准值
2—车身	点火开关在 ON 位置	0 ～ 14 V
4—车身	无	不导通
5—车身	无	不导通
6—车身	1 号限位开关在 ON 位置	导通
7—车身	2 号限位开关在 ON 位置	导通
8—车身	无	导通

②插回电动天窗继电器和开关插接器，按表 6-4 的要求，从插接器背面检测电动天窗继电器和开关配线侧插接器各端子间的电压和导通性，若检测结果不符合要求，则检测相关电路，电动天窗继电器和开关插接器如图 6-19 所示。

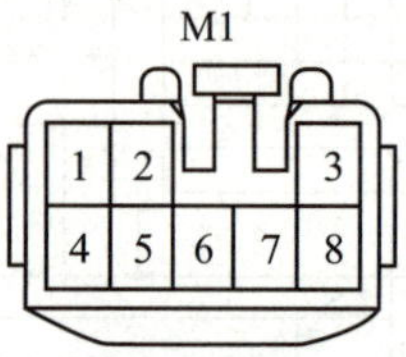

图 6-18　电动天窗继电器和开关插接器

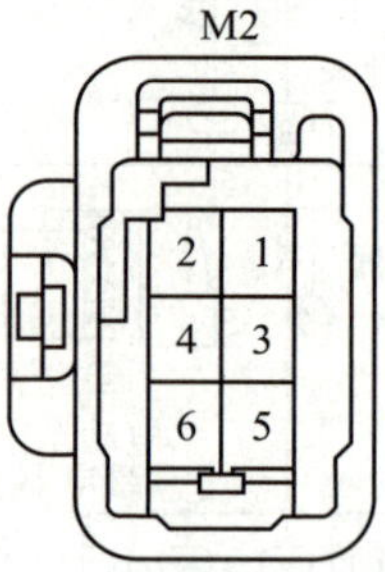

图 6-19　天窗电动机与限位开关插接器

表 6-4　从插接器背面检测电动天窗继电器和开关端子电压和导通性

测试端子	测试条件	标准值
4—车身	每个开关在 OFF 位置	导通
5—车身	每个开关在 OFF 位置	导通
4—车身	（1）点火开关在 ON 位置 （2）电动天窗完全关闭 （3）1 号限位开关在 ON 位置 （4）2 号限位开关在 ON 位置 （5）滑动开关（OPEN 侧）OFF → ON	0 ～ 14 V
5—车身	（1）点火开关在 ON 位置 （2）电动天窗完全打开 （3）1 号限位开关在 ON 位置 （4）2 号限位开关在 ON 位置 （5）滑动开关（CLOSE 侧）OFF → ON	0 ～ 14 V
4—车身	（1）点火开关在 ON 位置 （2）倾斜 （3）1 号限位开关在 OFF 位置 （4）2 号限位开关在 OFF 位置 （5）倾斜开关（DOWN 侧）OFF → ON	0 ～ 14 V
5—车身	（1）点火开关在 ON 位置 （2）停止倾斜 （3）1 号限位开关在 OFF 位置 （4）2 号限位开关在 OFF 位置 （5）倾斜开关（UP 侧）OFF → ON	0 ～ 14 V

③天窗电动机与限位开关总成的检查。

a．天窗电机工作情况检查。将蓄电池正极与电动天窗电动机 2 端子连接，负极与 1 端子连接，电动机顺时针转动。反之，电动机应能逆时针转动，且没有异常声音，说明电动机正常。若不符合要求，应更换天窗电动机。天窗电机与限位开关插接器如图 6-19 所示。

b．限位开关导通情况的检查。1 号限位开关在 OFF 位置时，电动天窗限位开关 3、6 端子不导通。1 号限位开关在 ON 位置时，电动天窗限位开关 3、6 端子应导通。2 号限位开关在 OFF 位置时，电动天窗限位开关 5、6 端子不导通。1 号限位开关在 ON 位置时，电动天窗限位开关 5、6 端子应导通。若导通情况不符合要求，则应更换天窗限位开关。

第二节 中控门锁和防盗系统的检修

一、中控门锁的检修

为了方便驾驶人和乘客开关车门，现在大部分汽车中都安装了中央控制门锁系统。安装了中控门锁后，驾驶人可以在锁住或打开自己车门的同时锁住或打开其他的车门，而除了中控门锁控制外，乘客还可以利用各车门的机械式弹簧锁来开关车门。

1. 中控门锁的组成

中控门锁系统一般包括门锁控制开关、钥匙操纵开关、门锁总成、行李舱开启器及门锁控制器等。

如图 6-20 所示为中央门锁控制系统及其组件的安装位置。

（1）门锁控制开关。门锁控制开关一般安装在驾驶人侧前门内的扶手上，通过门锁控制开关可以同时锁上和打开所有的车门。如图 6-21 所示为丰田汽车门锁控制开关的位置图。

（2）门锁总成。门锁总成主要由门锁传动机构、门锁位置开关、外壳等组成，结构示意图如图 6-22 所示。

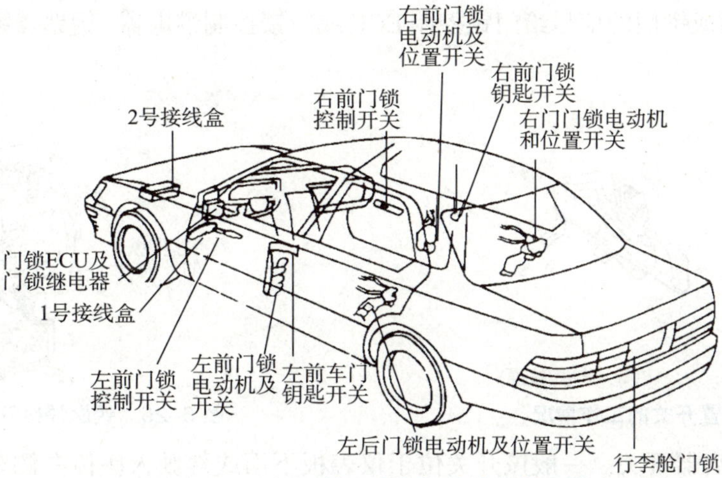

图 6-20 中控门锁系统各部件的安装位置

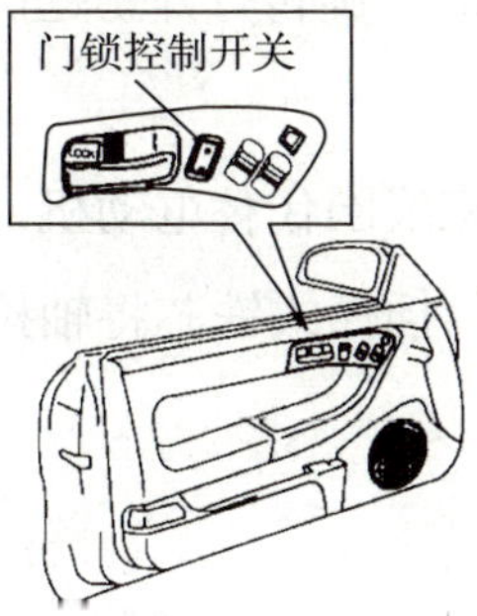

图 6-21 门锁控制开关的位置

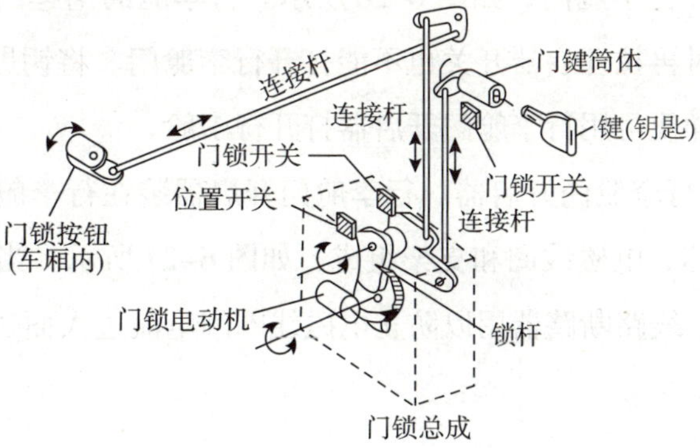

图 6-22 门锁机构示意图

门锁传动机构主要由门锁电动机、蜗轮齿轮组等组成，如图 6–23 所示为门锁电动机是门锁的执行器，当门锁电动机转动时，蜗杆带动蜗轮转动，蜗轮推动锁杆，车门被锁上或打开，然后蜗轮在复位弹簧的作用下返回原位置，防止操纵门锁钮时电动机工作。

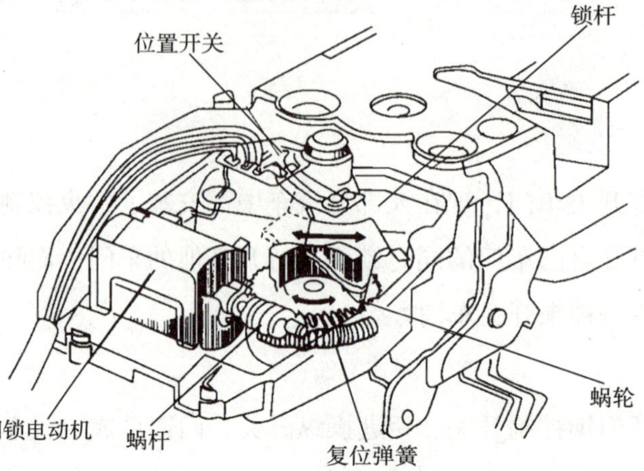

图 6–23　门锁的传动机构

门锁位置开关位于门锁总成内，用来检测车门的锁紧状态，它由一个触点片和一个开关底座组成。当锁杆推向锁门位置时，位置开关断开，推向开门位置时接通。即当车门关闭时，此开关断开，当车门打开时，此开关接通。如图 6–24 所示为门锁位置开关在车门锁紧和打开时的状态。

（3）钥匙操纵开关。钥匙操纵开关装在每个前门的钥匙门上，当从外面用钥匙开门或关门时，钥匙控制开关便发出开门或锁门的信号给门锁控制 ECU 或门锁控制继电器。钥匙操纵开关的位置如图 6–25 所示。

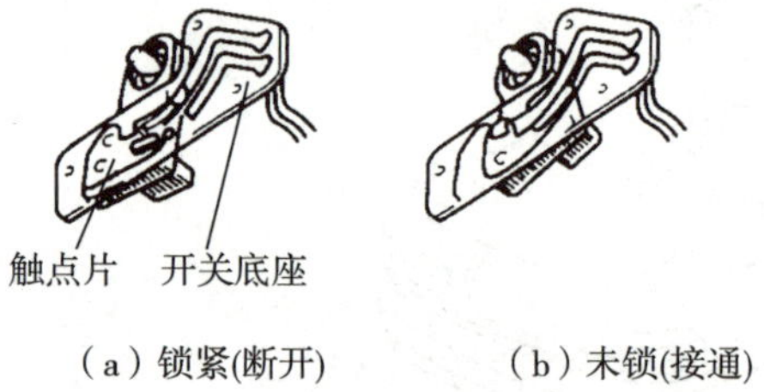

图 6–24　门锁位置开关的工作情况

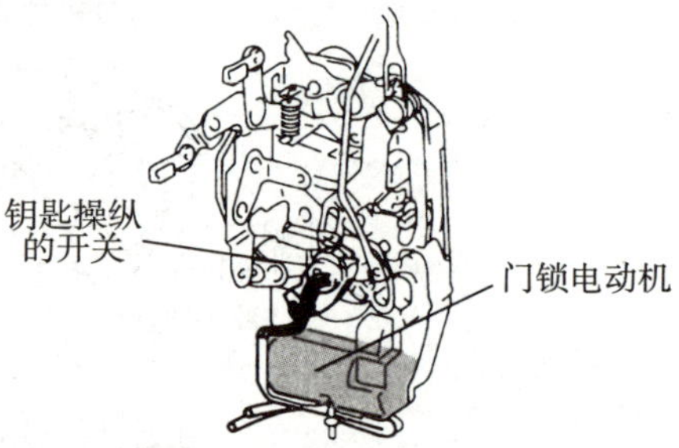

图 6–25　钥匙操纵开关的位置

（4）行李舱门开启器开关。一般该开关位于仪表板下面或驾驶人座椅左侧车厢底板上，拉动此开关便能打开行李舱门，如图 6–26 所示。行李舱的钥匙门靠近其开启器，推压钥匙门，断开行李舱内主开关，此时再拉开启器开关也不能打开行李舱门。将钥匙插进钥匙门内顺时针旋转打开钥匙门，主开关接通，这样便可用行李舱门开启器打开行李舱。

（5）行李舱门开启器。行李舱门开启器装在行李舱门上，一般用电磁线圈代替电动机，由轭铁、插棒式铁芯、电磁线圈和支架组成，如图 6–27 所示。当电磁线圈通电时，插棒式铁芯将轴拉入并打开行李舱门。线路断路器用以防止电磁线圈因电流过大而过热。

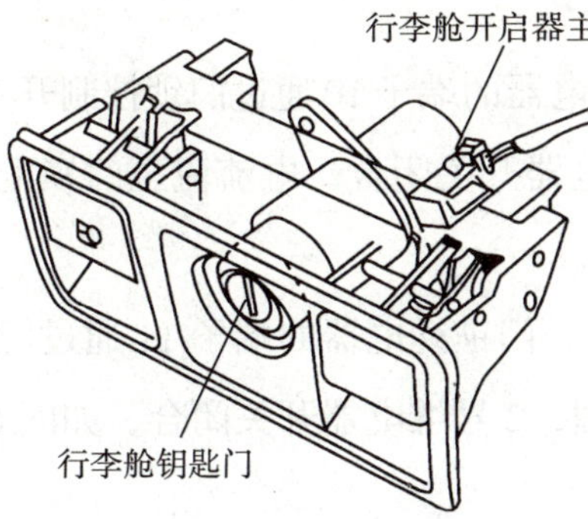

图 6-26　行李舱门开启器开关

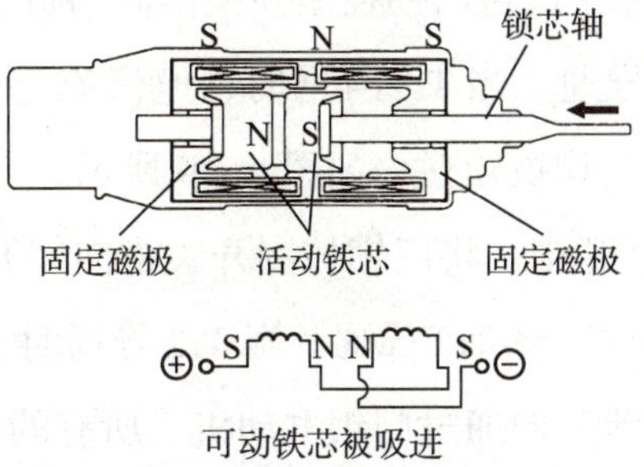

图 6-27　行李舱门开启器

2. 中控门锁的工作原理

中控门锁控制的常见形式有继电器式、集成电路（IC）—继电器式、电脑（ECU）控制式等。

（1）继电器控制的中控门锁控制系统。图 6-28 所示为使用门锁继电器的中控门锁控制电路。

当用钥匙转动锁芯，门锁开关 5 中的“开启”触点闭合时，这样电流便经过蓄电池的正极、熔断丝、开锁继电器线圈后经门锁开关搭铁，开锁继电器开关闭合，电流经过门锁电动机或门锁电磁线圈搭铁，4 个车门同时打开。当用钥匙转动锁芯，门锁开关 5 中的“锁止”触点闭合时，锁止继电器通电使其开关闭合，4 个车门同时锁住。开关 3 受车速的控制，可以实现自动闭锁。

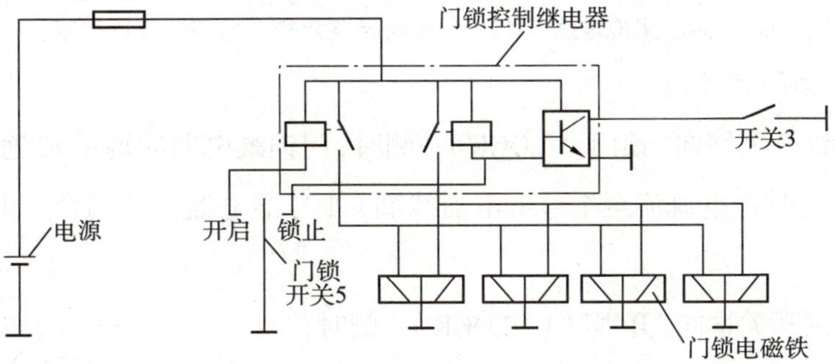

图 6-28　门锁继电器控制的中控门锁电路

（2）集成电路（IC）——继电器控制的中控门锁系统。图 6-29 所示为集成电路（IC）——继电器控制的中控门锁系统电路。门锁控制器由一块集成电路（IC）和两个继电器组成，IC 电路可以根据各种开关发出的信号来控制两个继电器的工作情况。此电路中的 D 和 P 分别代表驾驶人侧和副驾驶人侧。

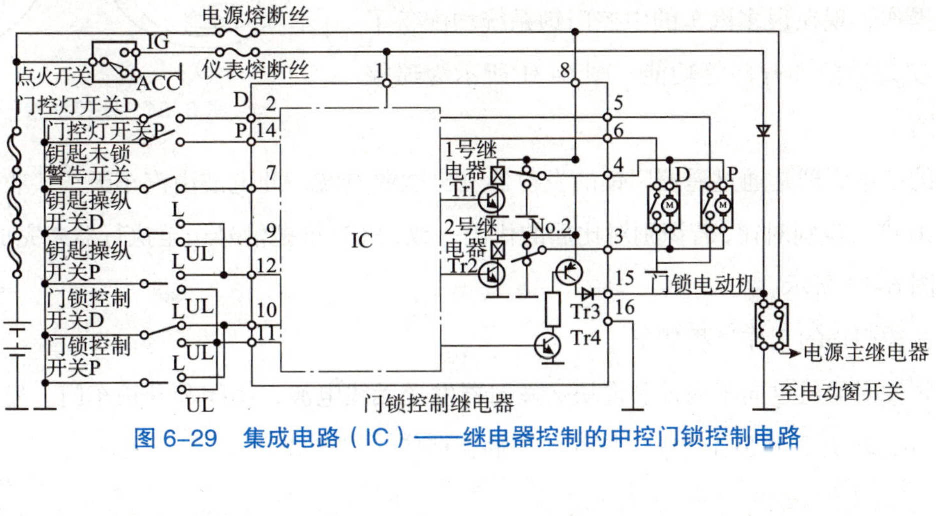

图 6-29　集成电路（IC）——继电器控制的中控门锁控制电路

①用门锁控制开关锁门和开锁。

a. 锁门。将门锁控制开关推向“锁门”（LOCK）一侧时，门锁继电器的端子 10 通过门锁控制开关搭铁，将 Tr1 导通。当 Tr1 导通时，电流流至 1 号继电器线圈，1 号继电器开关闭合，电流流至门锁电动机，所有车门均被锁住，如图 6–29 所示。

b. 开锁。将门锁控制开关推向“开锁”（UNLOCK）一侧时，门锁继电器的端子 11 通过门锁控制开关搭铁，将 Tr2 导通。当 Tr2 导通时，电流流至 2 号继电器线圈，2 号继电器开关闭合，如图 6–30 所示，电流反向通过门锁电动机，所有的车门打开。

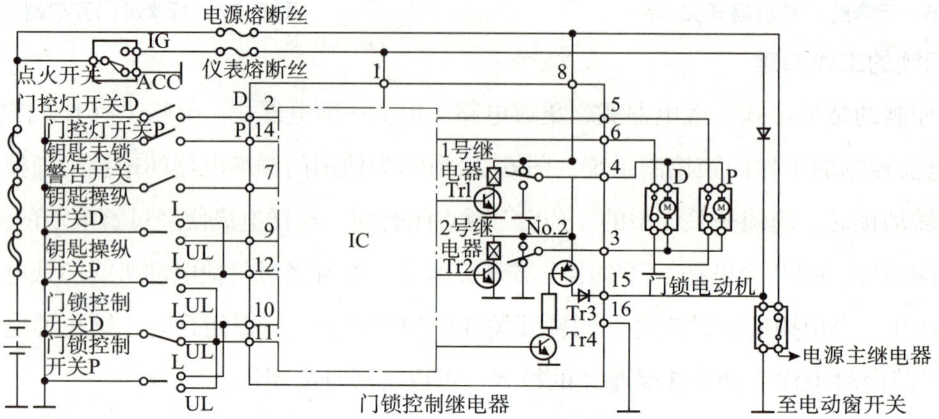

图 6–30　集成电路（IC）—继电器控制的中控门锁开锁过程

②用钥匙操纵开关锁门和开锁。

a. 锁门。将钥匙操纵开关转向“锁门”（LOCK）一侧时，门锁继电器的端子 12 通过门锁控制开关搭铁，将 Tr1 导通。当 Tr1 导通时，电流流至 1 号继电器线圈，1 号继电器开关闭合，电流流至门锁电动机，所有车门均被锁住。

b. 开锁。将钥匙操纵开关推向“开锁”（UNLOCK）一侧时，门锁继电器的端子 9 通过门锁控制开关搭铁，将 Tr2 导通。当 Tr2 导通时，电流流至 2 号继电器线圈，2 号继电器开关闭合，电流反向通过门锁电动机，所有的车门打开。

3. 遥控门锁

为了便于操作，现在很多汽车的中控门锁系统均配备了遥控发射器来实现锁门和开门等功能。图 6–31 所示为遥控发射器的外观图。

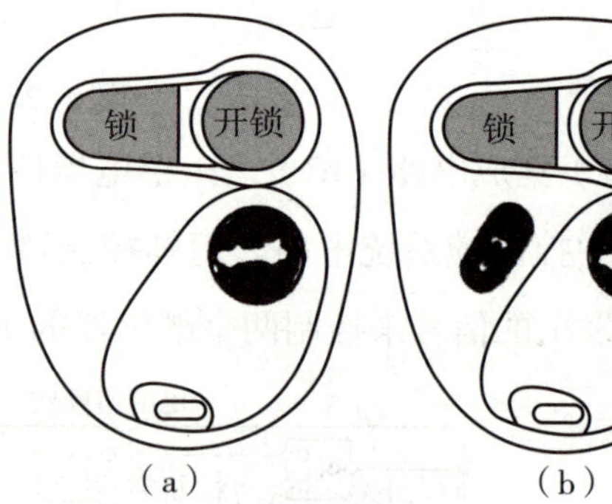

（a）　（b）

图 6–31　遥控发射器外观图

遥控门锁的基本原理是通过遥控门锁的发射器发出微弱电波，此电波由汽车天线接收后送至中控门锁系统中的 ECU 进行识别对比，若识别对比后的代码一致，ECU 将把信号送至执行器来完成相应的动作。其工作过程如图 6–32 所示。

例如凯越遥控门锁的工作过程如下：

手持式高频发射器通过向车内控制模块 / 发射器发送无线电波，锁闭和开锁车门。发射器的有效范围介于 5 ～ 10 m，取决于是否有物体（如其他车辆）挡住无线电波。

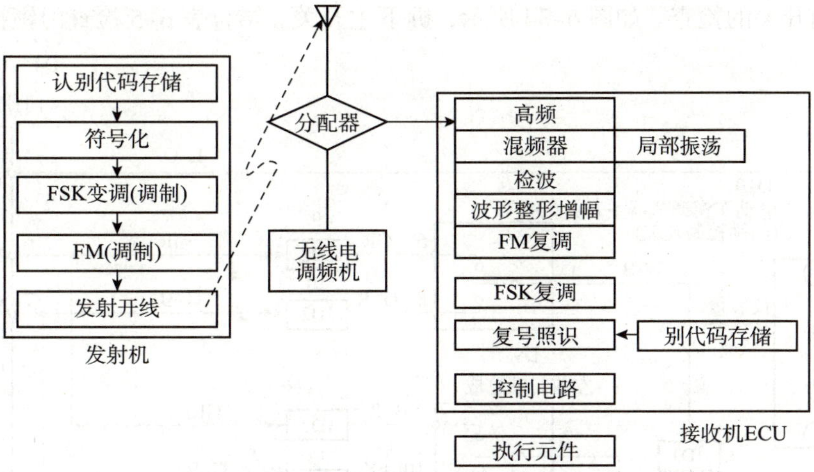

图 6-32 遥控门锁工作示意图

发射器有锁闭和开锁功能，且只有当点火开关关闭时工作。

（1）按开锁按钮可起到如下作用

①开锁车门。

②转向信号灯灯泡闪烁两次。

③控制模块禁用。

（2）按锁闭按钮可起到如下作用

①锁闭车门。

②转向信号灯灯泡闪烁一次。

③控制模块启用。

发射器电池可以更换，发射器电池的设计寿命至少为三年。

（3）自动锁车（安全锁）。遥控门锁系统具有自动锁车功能。如果在控制模块 / 接收器处于启用状态时，用遥控器开锁车门，车门将在 30 s 后自动重新锁闭，除非发生以下事件

①车门打开。

②点火开关接通。

③行李舱打开。

④发动机舱盖打开。

4. 无钥匙进入系统

别克新君威无钥匙进入系统的操作如下：当持有一把有效的遥控钥匙靠近车辆时，拉动任一门把手，门把手上的传感器会将开门请求信号传送给 PEPS（模块），PEPS 发出识别钥匙请求信号，然后钥匙通过 RFA 与 BCM 进行数据沟通，如果认定遥控钥匙有效，再通过 PEPS 将车门锁解锁。

5. 中控门锁的检修

各个车型的中控门锁电路区别较大，因此在进行检修时要结合具体的维修手册进行。但检修的方法和检修部位基本相似。下面结合丰田威驰中控门锁系统，分析中控门锁的检修过程。如图 6-33 所示为丰田车型中控门锁系统的电路图。

（1）门锁控制开关的检查。如图 6–34 所示，拆下主开关，结合表 6–5 检查门锁控制开关的导通性。

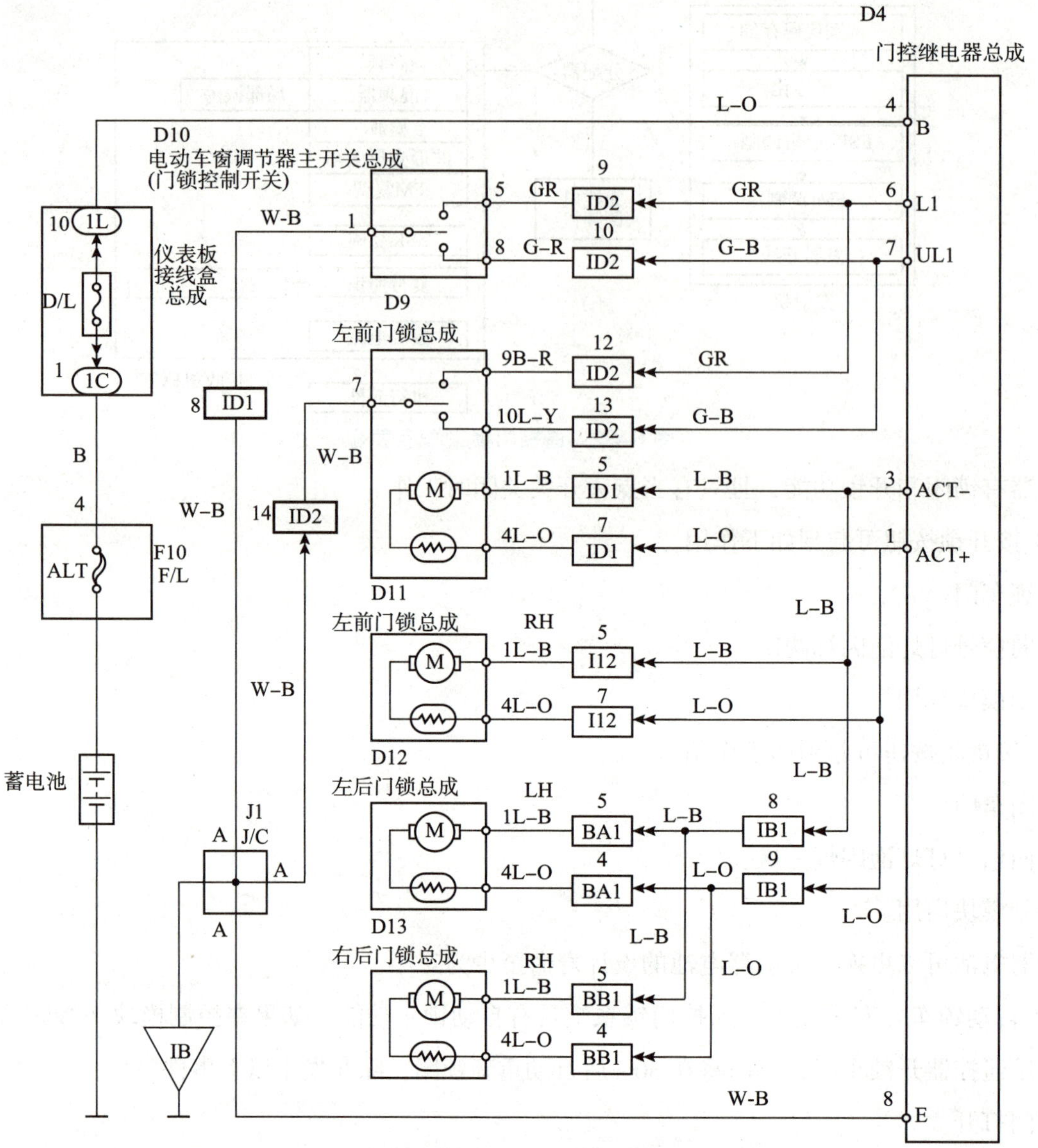

图 6–33　丰田车型中控门锁系统的电路图

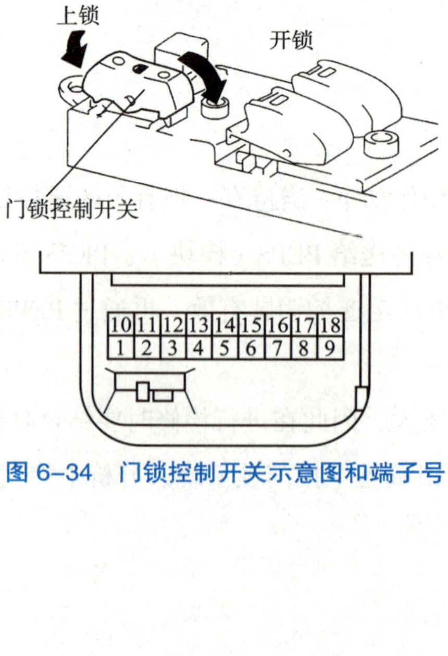

图 6–34　门锁控制开关示意图和端子号

表 6–5　门锁开关端子检查

端子号	开关位置	标准状态
1–5	LOCK	导通
—	OFF	不导通
1–8	Unlock	导通

（2）检查左前门门锁总成。如图 6–35 所示，用蓄电池的正负极直接连接端子 4 和端子 1，检查门锁电动机的工作情况。具体的标准如表 6–6。

表 6–6　左前门锁端子的检查

测量条件	标准状态	测量条件	标准状态
蓄电池“+”—端子 4 蓄电池“–”—端子 1	上锁	蓄电池“+”—端子 1 蓄电池“–”—端子 4	开锁

其余 3 个车门门锁总成的检查与左前门锁总成的检查方法相同，此处不再重复。检查门锁在开锁和锁门时开关的导通情况。如图 6–36 和表 6–7 所示。

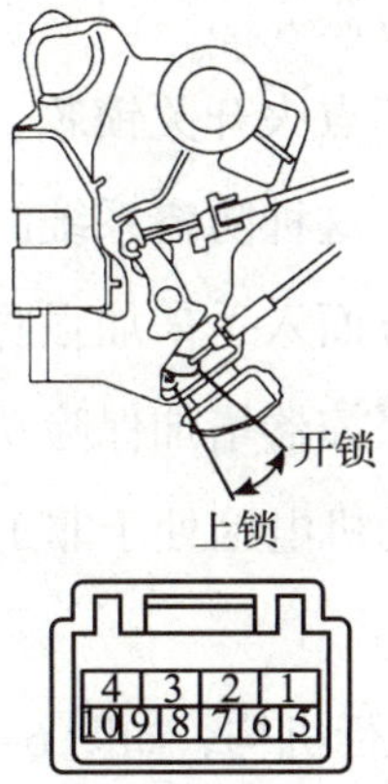

图 6–35　左前门锁电动机的检查

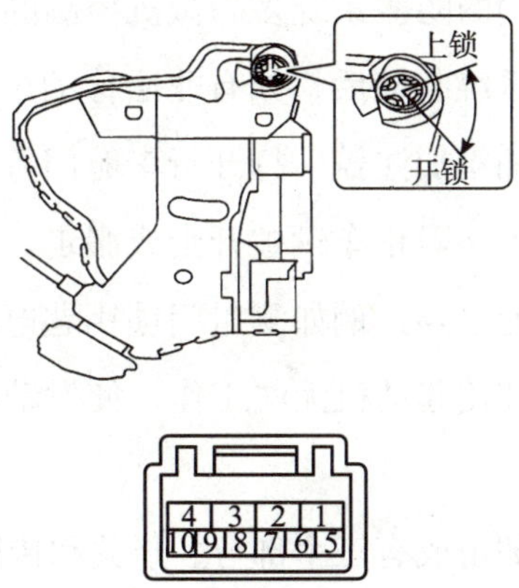

图 6–36　门锁总成端子和开关的检查

表 6–7　门锁总成端子的检查

端子号	门锁位置	标准状态
7 和 9	上锁	导通
—	OFF	—
7 和 10	开锁	导通
7 和 8	上锁	不导通
	开锁	导通

（3）遥控门锁的检查。凯越遥控门锁故障或报警指示的检查：在按发射器开锁按钮后，控制模块 / 接收器将使驻车灯闪烁，指示遥控门锁和防盗系统信息。

①正常条件：如果既没有侵入，也没有检测到故障，当按开锁按钮时，控制模块 / 接收器将发出状态正常信号。驻车灯将闪烁两次，每次闪亮 0.5 s，两次闪烁之间的间隔也是 0.5 s。

②故障指示：如果遥控门锁和防盗系统有故障，当按开锁按钮时，控制模块／接收器将发出故障信号。驻车灯将闪烁两次，每次闪亮 1 s，两次闪烁之间的间隔是 0.5 s。

③报警指示：如果自上次按锁闭按钮后有人侵入，则在按开锁按钮时，控制模块／接收器将发出有人侵入信号。驻车灯将闪烁两次，每次闪烁 0.5 s，两次闪烁之间的间隔为 1.5 s。

④发送锁闭信息后，发射器下次启用控制模块／接收器时，将消除报警和故障信息。

二、汽车防盗系统的检修

汽车防盗系统

1. 概述

汽车防盗器可分为机械式和电子式，机械式防盗器是用机械的方法对油路、变速杆、转向盘、制动器等进行控制，如变速杆锁将变速杆锁住使其不能移动、转向盘锁（又称拐杖锁）挂在转向盘和离合器踏板之间等方法，虽然费用低，但是使用不便，因其安全性差，已经逐渐被淘汰。

当前主要采用的是电子式防盗器，按系统中是否使用微机处理系统，电子防盗系统可分为普通电子防盗系统和微机控制防盗系统。目前，中低档汽车上所采用的防盗系统多为振动触发的普通电子防盗系统，中高档汽车采用的防盗系统多为微机控制的电子钥匙式发动机防盗。

当电子式防盗系统起动后，如有非法移动车辆、划破玻璃、破坏点火开关锁芯、拆卸轮胎和音响、打开车门、打开燃油箱加注盖、打开行李舱门等，防盗器立刻报警。这种防盗系统的功能简单，只能报警和恐吓窃车贼，不能阻止车辆被开走或搬走，所以人们又从两个方面入手来加强防盗系统的功能：一是使中央门控锁功能增强，例如测量门锁钥匙电阻、加装密码锁、遥控器增加保险功能等。二是加强汽车的锁止功能，例如使起动机无法工作、使发动机无法工作、使发动机电脑处于非工作状态等。

2. 电子防盗系统

电子防盗系统的组成有三个部分，开关和传感器、防盗 ECU、执行机构，如图 6-37 所示为防盗系统组成。

电子防盗系统主要有防盗器电脑和天线、振动传感器、报警喇叭、点火系统切断电路、转向灯控制电路、防盗指示灯、遥控器、制动控制电路、中控门锁控制电路。当用钥匙锁好车门时，系统进行自检，防盗灯点亮，30 s 后防盗灯开始闪烁，表明系统起动进入警戒状态。当第三方试图开启门锁或打开车门时，系统则发出警报。

防盗控制电脑的主要输入信号由遥控模块、左右车门锁芯开关和 4 个车门微开开关提供。如果有人非法开启车门，使车门微开开关接通并将此信号送给防盗控制电脑，而遥控模块和车门锁芯开关并没将开门信号送给防盗控制电脑，所以防盗控制电脑即判断为非法进入，于是接通防盗扬声器和报警灯的电路。

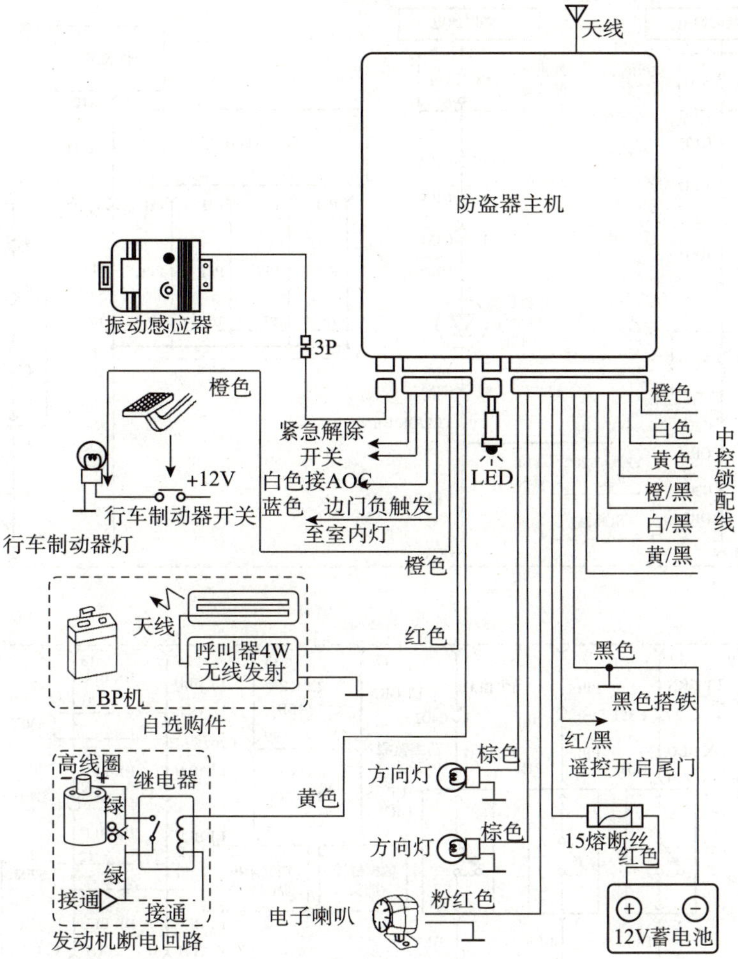

图 6–37　防盗系统组成

3. 凯越车型防盗系统

（1）入侵防盗。

①组成。入侵防盗可以感测对车辆的侵入并触发报警（声光报警），如图 6–38 所示，由遥控门锁控制模块接收器即防盗控制模块 / 接收器、安全指示灯、行李舱开启开关、行李舱锁固开关、前门锁固开关（锁固开关与锁芯连接，移动锁芯可启用锁固开关）、车门接触开关、中央门锁继电器、转向信号灯灯泡、报警器、发动机舱盖开启开关等组成。

②工作过程。当安全防盗系统启用时，若遥控门锁接收器（RCDLR）（防盗控制模块 / 接收器）检测到未授权的进入时，系统将使报警器响起，车外灯闪烁。未授权的进入包括下列情况：车门打开、强行进入行李舱、强行进入发动机舱、点火开关从锁止位置转换。

当有如下操作可关闭防盗系统：接到来自发射器的开锁信息。锁固开关检测到钥匙操作。

如果在出现如下状况前，控制模块 / 接收器检测到点火电压，将触发报警。接到来自发射器的开锁信息。锁固开关指示钥匙操作。

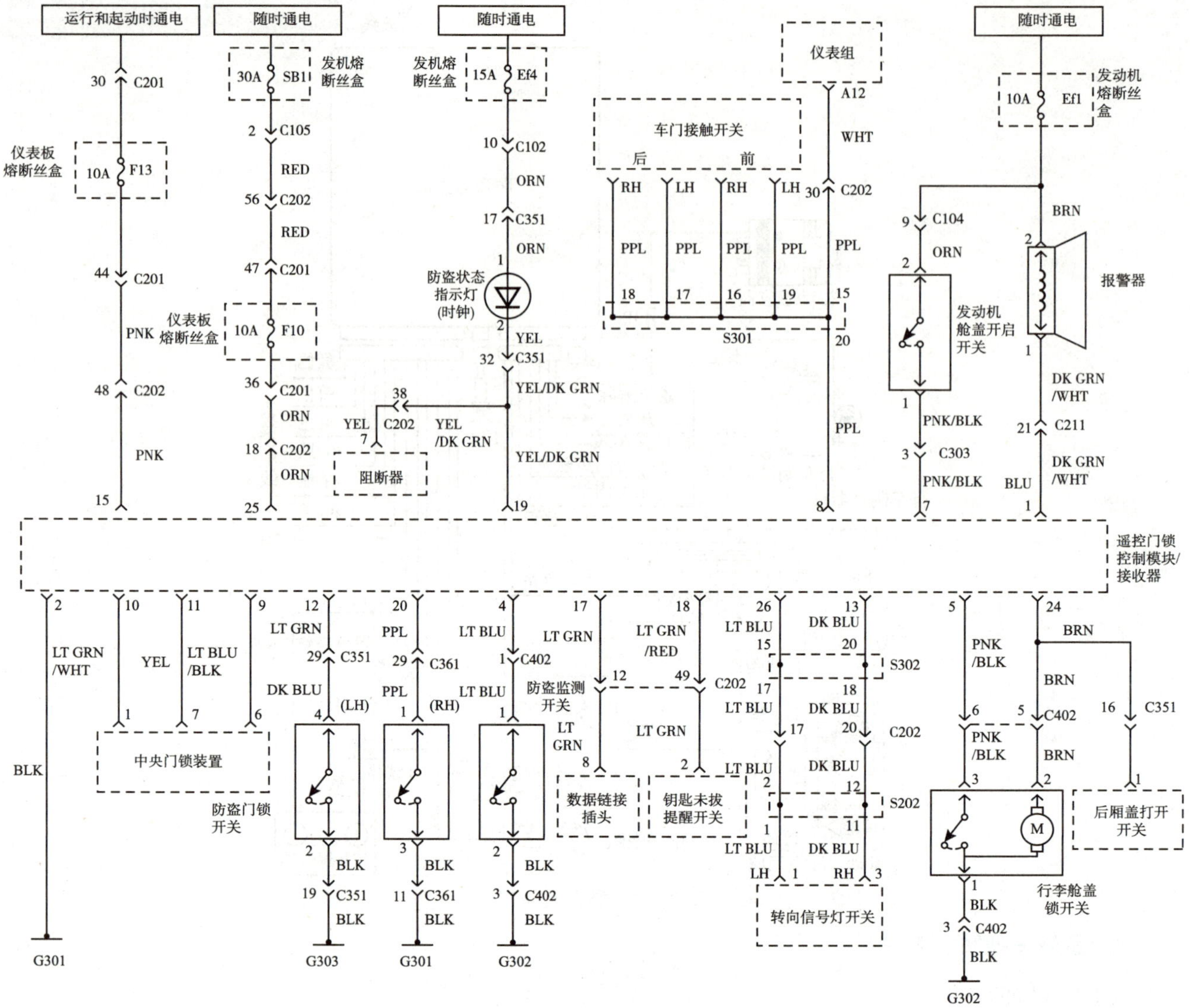

图 6-38　凯越防盗系统控制电路（一）

当点火开关关闭时，如果接收来自发射器的锁闭信息，遥控门锁系统启用。当系统启用时，如果发生如下情况，将触发报警器并闪烁转向信号灯 28 s。

a．关闭所有车窗。

b．将点火钥匙拧到 LOCK（锁定）位置并拔出钥匙。

c．让所有乘客下车。

d．关闭所有车门、发动机舱盖和行李舱盖。

e．当系统启用时，控制模块 / 接收器检测到点火电压。

在系统启用后，如果发生如下情况，报警器将不工作。

a．用钥匙打开车门。

b．用钥匙打开行李舱。

c．在触发报警器后 2 s 内按遥控器上的开锁或锁闭按钮。

遥控门锁控制模块 / 接收器位于地板控制台中。模块 / 接收器处理来自遥控发射器和各种开关的信号，在检测到侵入时触发报警。控制模块 / 接收器还具有显示故障码的自诊断功能。将故障诊断仪连接到数据连接插头（DLC）上，可以显示故障码。由于电子密码组合超过 40 多亿种，因此控制模块接收器不会与其他车辆发射器通信。发射器密码相同的可能性极小。控制模块 / 接收器用天线检测发射器号。

（2）阻断器。阻断器系统可以防止非法用户起动或驾驶车辆（钥匙防盗）。外置 LED 指示灯显示阻断器状态，如图 6–39 所示。

组成：最多 5 把嵌入收发器的点火钥匙。螺线管线圈（检测线圈），用于激励和读点火开关上的收发器。阻断器控制单元。发动机控制模块。

①电子编码钥匙。每个有效点火开关钥匙有一个内部读 / 写收发器。收发器的加密算法具有 96 位用户可配置密钥（存储在 EEPROM 中），通过调制电磁场振幅与阻断器控制单元进行数据通信，接收数据和指令。

②检测线圈。螺线管线圈安装在锁芯前部的点火开关中。与线圈壳体上固定的、具有 4 端子插接器的阻断器控制单元连接，负责检测钥匙编码。

③阻断器控制单元。阻断器电子控制单元（ICU）的作用是

a．读取输入信息“点火开关接通 / 关闭”。

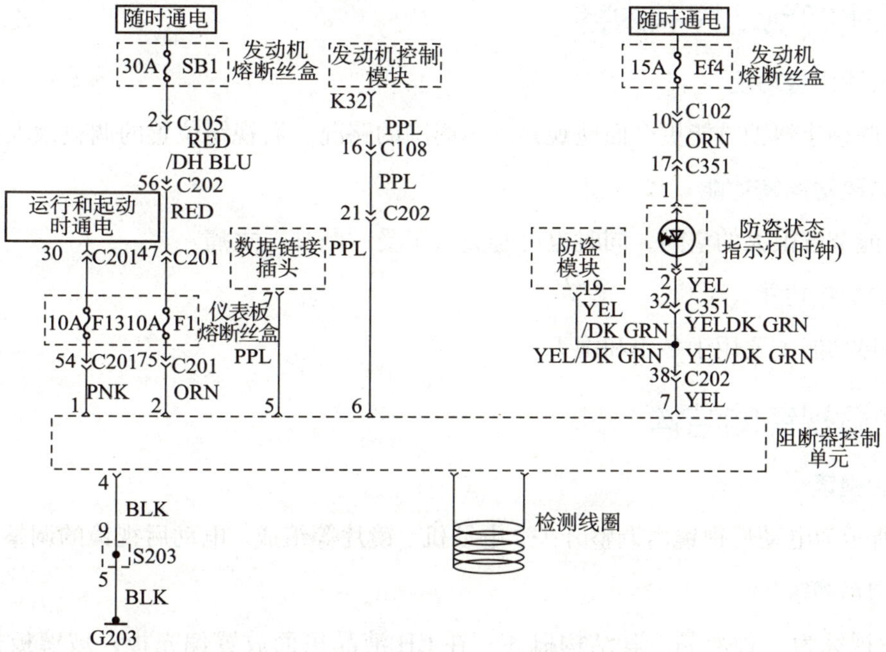

图 6–39　凯越防盗系统控制电路（二）

b．控制状态指示灯。

c．控制收发器读 / 写进程（调制、解调、解码、将代码与有效钥匙代码比较）。

d．在点火开关接通后与发动机控制模块通信（接收发动机控制模块请求和发送开释信息）。

e．计算和处理车辆识别号的特殊功能。

④发动机控制模块（ECM）。发动机控制模块向阻断器控制单元请求车辆识别号，只要发动机控制模块接收两个与车辆识别号相同的连续正确通信帧，发动机控制模块即将读入。在电源锁定阶段结束时，车辆识别号存储在非挥发性存储器中，发动机控制模块进入“学习”模式。在点火开关接通后，发动机控制模块将按正常起动和运行方式控制发动机，同时等候来自阻断器的解除响应信息。

⑤基本原理。当点火开关接通时，阻断器防盗系统测试钥匙。当阻断器控制单元读取钥匙代码时，并与阻断器控制单元存储器中保存的钥匙代码进行比较。如果检测钥匙有效，阻断器控制单元将向发动机控制模块（ECM）发送一条串行数据开释信息，汽车起动。

第三节 电动后视镜检修

一、电动后视镜的作用

为了便于驾驶员调整后视镜的角度，许多轿车安装了电动后视镜（又称自动后视镜），驾驶员坐在座椅上通过电动机就可以方便快捷地对左右后视镜的后视角度进行调节。

二、后视镜的电动控制内容

1. 后视镜位置调整功能

通过位置的调整让驾驶员能更全面地观察汽车周围的路况。后视镜位置的调整因人而异。

2. 后视镜的电动伸缩功能

后视镜折叠能节省很大的空间，同时也可避免汽车受“断耳”之痛。

3. 后视镜的加热功能

后视镜的加热功能主要用于冬季和雨天。

三、电动后视镜的结构

1. 电动外后视镜

如图 6-40 所示为电动后视镜由调整开关、电动机、镜片等组成。电动后视镜的调整开关因车而异。

2. 防眩目内后视镜

防眩目内后视镜为一种液晶，其结构概述：在 CH 液晶里面放置偏光板，玻璃板被放置在经过真空镀铝的反光镜后面。当液晶间无电场时，入射光的垂直偏光被液晶染料部分吸收，而反射到反光镜上。反射光的直线偏光在液晶晶粒内进一步被染料吸收，透过的光被着色后反射出来。当液晶间加上电场时，则液晶及色素分子在长轴方向整齐排列，不能由染料进行光吸收，透过光量增加，反射率提高 35% ～ 42%。

防眩目或非防眩目交替切换不用人工操作，自动进行操作的装置已实用化。反光镜本体的一部分装有光敏二极管的照度传感器，能检测后随车辆的前照度进行切换控制。

液晶防眩目反光镜的主要特点：防眩目或非防眩目时，反射面是同一的，所以视野不偏离。防眩目时不发生双重形象，能够自由选择反射率（非防眩目时反射率：棱镜式约为 4%，液晶式约为 10%）。

有些汽车的后视镜还带有存储功能，即在该后视镜控制系统装有驱动位置存储器、复位开关和位置传感器等，在进行此功能的操作时，可将后视镜的调整位置存储起来，需要时可以自动回复到原来所调整的位置。

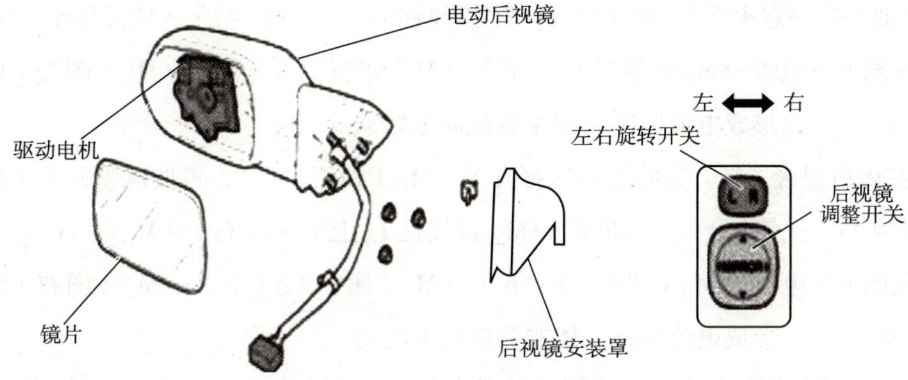

图 6-40　电动后视镜的组成

四、电动后视镜的工作原理

1. 普通电动后视镜的控制电路

如图 6-41 所示，为桑塔纳 2000 轿车电动后视镜控制电路。M_{11} 为左或右选择开关，M_{21} 为左右调整开关，M_{22} 为上下调整开关。

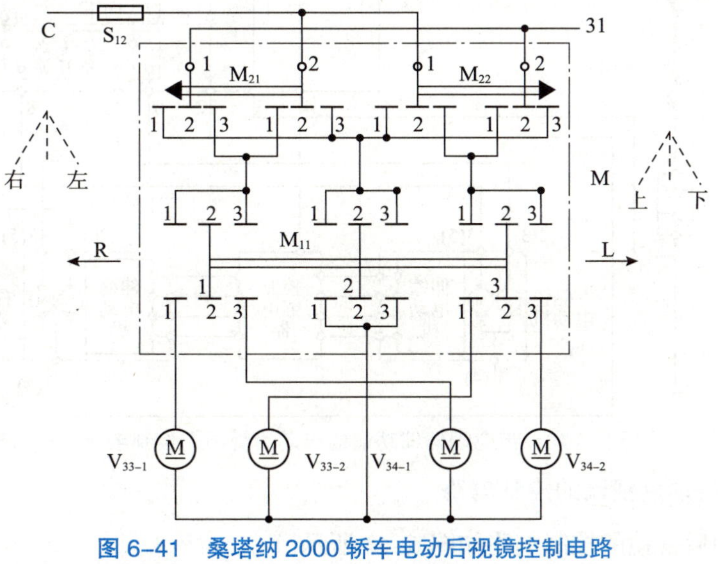

图 6-41　桑塔纳 2000 轿车电动后视镜控制电路

电动后视镜控制电路工作过程如下。

（1）调整左侧后视镜左转。先将左右选择开关（M_{11}）拨至“L”，再按调整开关（M_{21}）“L”。

电流由蓄电池“+”→点火开关→熔断丝→ M_{21} 接线柱 2（上）→ 3（右）→ M_{11}（图中间）3（上）→ M_{11}（图中间）3（下）→左侧左右电机→ M_{11}（图左）3（下）→ M_{11}（图左）3（上）→ M_{21}（中间）3 → M_{21}（上）1 →搭铁→蓄电池“–”，形成电流回路，使左侧镜面左转动。

（2）调整左侧后视镜右转。先将左右选择开关（M_{11}）拨至“L”，再按调整开关（M_{21}）“R”。

电流由蓄电池“+”→点火开关→熔断丝→M_{21} 接线柱 2（上）→1（左）→M_{11}（图左）3（上）→M_{11}（图左）3（下）→左侧左右电机→M_{11}（图中）3（下）→M_{11}（图中）3（上）→M_{21}（图左）1→M_{21}（上）1→搭铁→蓄电池“–”，形成电流回路，使左侧镜面右转动。

（3）调整左侧后视镜上转。先将左右选择开关（M_{11}）拨至“L”，再按调整开关（M_{22}）“上”。

电流由蓄电池“+”→点火开关→熔断丝→M_{22} 接线柱 1（上）→1（右）→M_{11}（图中）3（上）→M_{11}（图中）3（下）→左侧上下电机→M_{11}（图右）3（下）→M_{11}（图右）3（上）→M_{22}（图右）1→M_{22}（图右）2→搭铁→蓄电池“–”，形成电流回路，使左侧镜面上转动。

（4）调整左侧后视镜下转。先将左右选择开关（M_{11}）拨至“L”，再按调整开关（M_{22}）“下”。

电流由蓄电池“+”→点火开关→熔断丝→M_{22} 接线柱 1（上）→3（右）→M_{11}（图右）3（上）→M_{11}（图右）3（下）→左侧上下电机→M_{11}（图中）3（下）→M_{11}（图中）3（上）→M_{22}（图右）3→M_{22}（图右）2→搭铁→蓄电池“–”，形成电流回路，使左侧镜面下转动。

同理，右侧后视镜的调整与上方法相同，只要将左右选择开关（M_{11}）拨至“R”即可。

2. 带电动伸缩功能的电动后视镜的控制电路

带电动伸缩功能的电动后视镜的控制电路如图 6–42 所示。

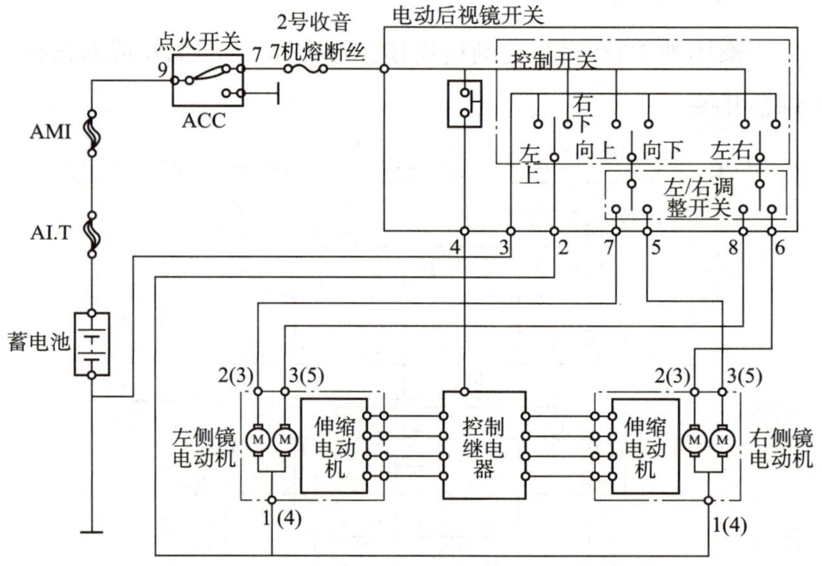

图 6–42　带电动伸缩功能的电动后视镜的控制电路

3. 带加热功能的电动后视镜的控制电路

带加热功能的电动后视镜的控制电路如图 6–43 所示。

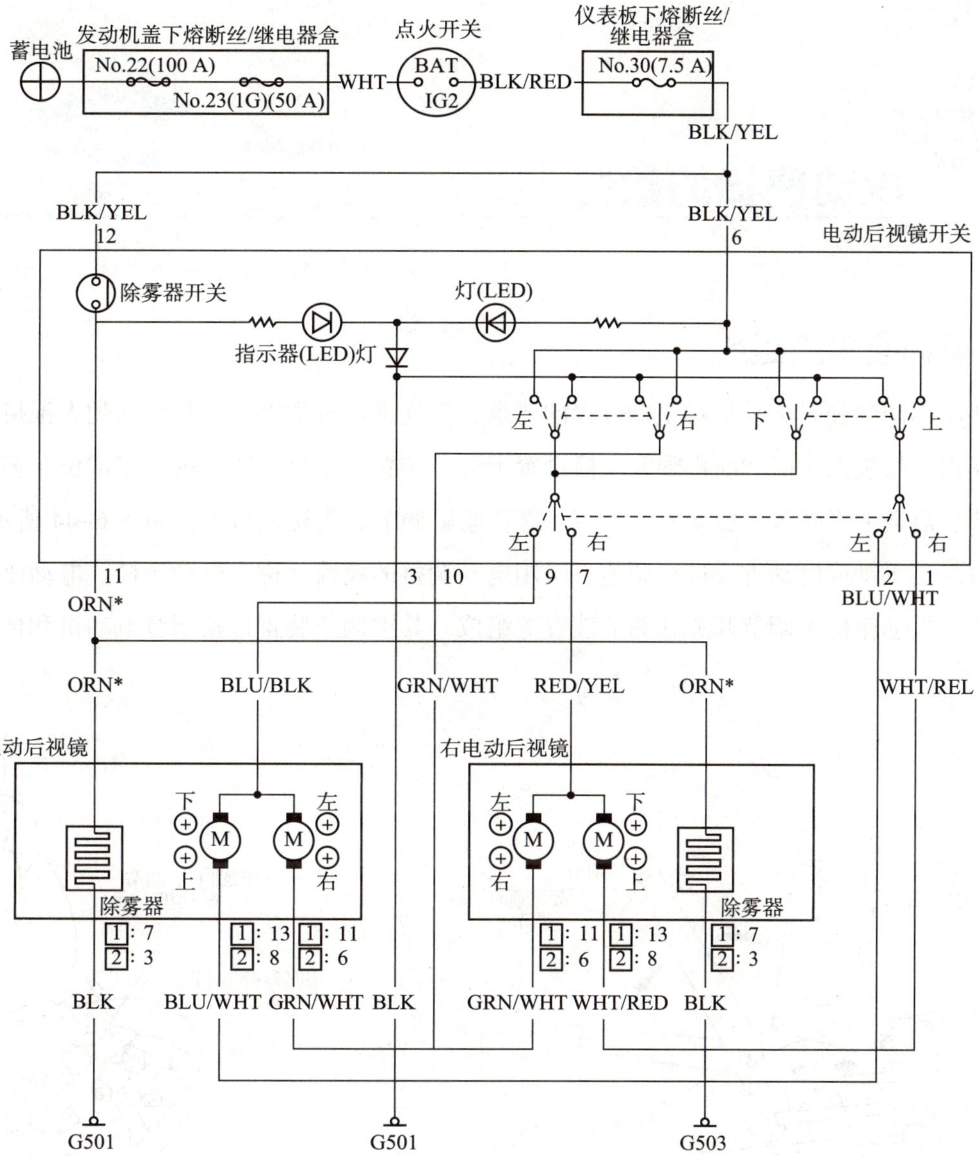

图 6-43　带加热功能的电动后视镜的控制电路

五、电动后视镜常见故障诊断与排除

电动后视镜的常见故障有电动后视镜都不工作和电动后视镜部分功能不正常。

故障主要原因有保险装置及线路断路、开关及电动机有故障等。

如果电动后视镜都不工作，往往是由于保险装置或电源线路、搭铁线路断路引起，也可能是控制开关有故障。可以先检查保险装置是否正常，然后检查控制开关线头有无脱落、松动，电源线路或搭铁线路是否正常，最后检修控制开关。

如果电动后视镜部分功能不正常，往往是由于个别电动机及控制开关对应部分有故障，或对应线路断路、接触不良等引起。可以先检查线路连接情况，再检查开关和电动机。

第四节 电动座椅的检修

一、电动座椅的组成

为了适应不同驾驶人、乘员对座椅位置的要求，提高乘坐舒适性，尤其使驾驶人保持正确的坐姿和便于驾驶操作，驾驶人座椅和前排乘客座椅设置了调节装置。座椅一般能进行多部位、多向调整，如前后移动调节、前端上下调节、后端上下调节、靠背倾斜调节、头枕调节等，如图 6-44 所示。

座椅可采用手动或电动方式进行调整。采用电动调整的座椅，称为电动座椅。电动座椅调整灵活、方便、省力。电动座椅由调节开关和调节装置等组成，其中调节装置包括调节电动机和传动机构，如图 6-45 所示。

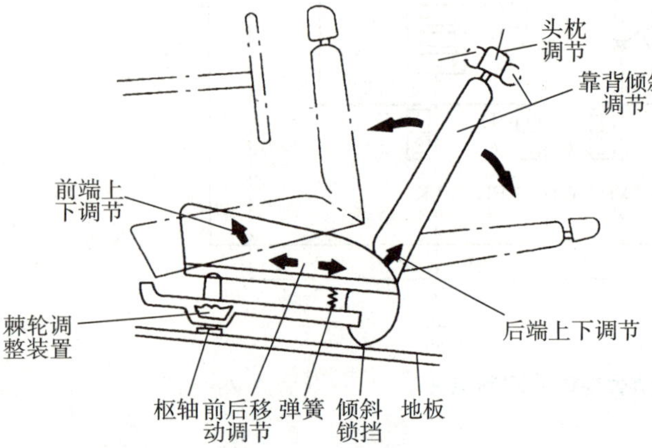

图 6-44　电动座椅调整示意图

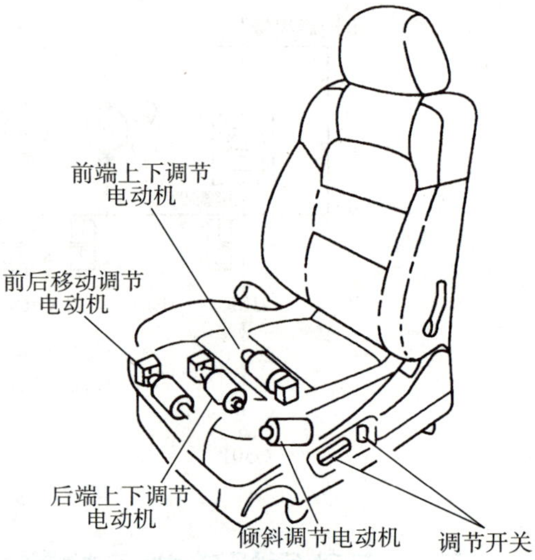

图 6-45　电动座椅的组成

电动机多为双向永磁式电动机，其数量取决于座椅调节功能的完善程度，一般有前后垂直、前后水平、靠背倾斜以及头枕和腰垫位置调节等。电动机的数量可以多达 8 个，除保证上述的基本运动外，还可以对头枕高度、座椅长度和扶手位置进行调节。每个电动机都装有断电器，防止线路过载。

二、电动座椅调节装置的结构和工作过程

电动座椅的调整是由调节装置完成的。电动座椅的前后移动调节装置如图 6-46 所示，包括前后移动调节电动机和传动机构，前后调节电动机为双向永磁直流电动机，传动机构由螺杆、螺母、轨道、支架等组成。前后移动调节电动机通电旋转，带动螺杆转动，使螺母在轨道上滑动，座椅便可向前或向后移动，其移动量有 230 mm。

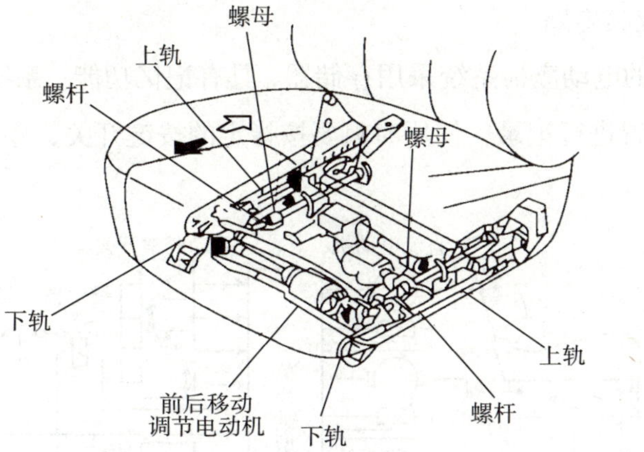

图 6–46 电动座椅前后移动调节装置结构

三、电动座椅的控制电路

1. 普通电动座椅控制电路

电动座椅控制电路（以丰田轿车为例）如图 6–47 所示，以坐垫靠背的倾斜调节为例，介绍控制过程。

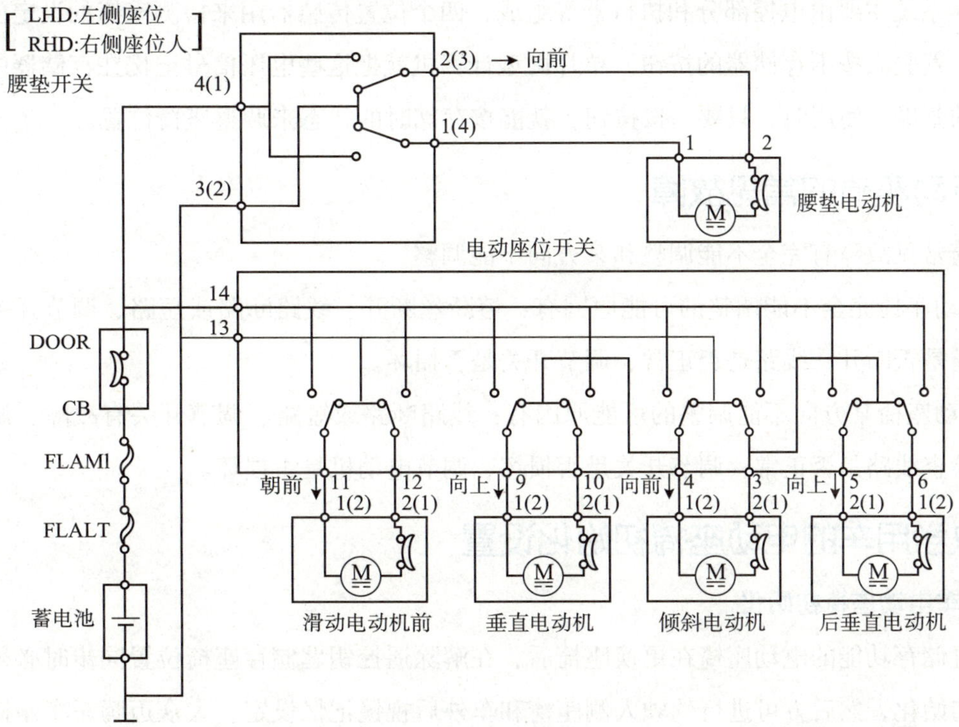

图 6–47 电动座椅控制电路

当电动座椅的开关处于倾斜位置时，如果要调整靠背向前倾斜，则闭合倾斜电动机的前进方向开关，即端子 4 处于左位时，电路为：蓄电池“+”→ FLALT → DOOR CB →端子 14 →倾斜开关“前”→端子 4 → 1（2）端子→倾斜电动机→ 2（1）端子→端子 3 →端子 13 →搭铁。此时座椅靠背前移。

端子 3 置于右位时，倾斜电动机反转，座椅靠背后移。电路为：蓄电池“+”→ FLALT → FLAM1 →－DOOR CB →端子 14 →倾斜开关“后”→端子 3 → 2（1）端子→倾斜电动机→ 1（2）端子→端子 4 →端子 13 →搭铁。

2. 带储存功能电动座椅电路

目前，许多高档轿车的电动座椅系统采用存储器，具有记忆功能。系统控制示意图如图 6–48 所示，它能将设定的座椅调节位置进行记录，使用时只要按指定的按键开关，座椅就会自动地调节到预先设定的座椅位置上。

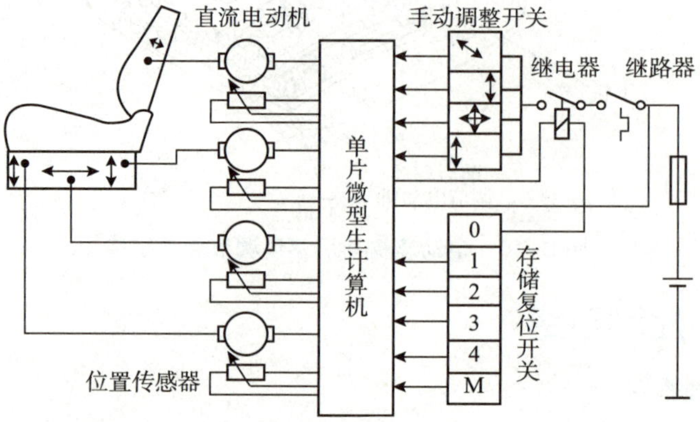

图 6–48 带储存功能的电动座椅系统控制图

电动座椅系统主要由电控部分和执行器等组成，四个位置传感器用来检测座椅的设定位置。当座椅位置设定后，驾驶人按下存储器的按钮，单片微型计算机就把这些电压信号记忆在存储器中，作为重新调整位置时的基准。使用时，只要一按按钮，就能按存储时的状态来调整座椅位置。

四、电动座椅的常见故障

电动座椅常见故障有完全不能调整和某方向不能调整。

（1）电动座椅完全不能调整的可能原因有：熔断丝断开、线路断路或短路、调节开关有故障等。应检查熔断丝是否断开、线路是否正常、调节开关是否损坏。

（2）电动座椅某方向不能调整的可能原因有：线路断路或短路、调节开关有故障、调节电动机有故障等。应检查线路是否正常、调节开关是否损坏、调节电动机是否损坏。

五、教学用车的电动座椅初始化设置

1. 对汽车电动座椅初始化

带有位置储存功能的电动座椅在更换座椅后、在解除遥控钥匙储存座椅位置同步时必须先做座椅记忆存储系统初始化，然后方可进行驾驶人侧座椅和车外后视镜记忆设定。大众迈腾轿车座椅记忆储存系统初始化的操作步骤如下

（1）打开驾驶人侧车门，关闭点火开关。

（2）操作座椅靠背调节按钮，使座椅靠背向前移动到极限位置。座椅靠背向前移动到极限位置后，松开调节按钮，再次向前拨动座椅靠背调整开关直到听到提示锣声后停止。

注意：在初始化过程中，所有记忆和设定将被删除。初始化后可以重新设定座椅和后视镜记忆，并对遥控钥匙进行同步化设置。

2. 储存正常行驶时座椅和车外后视镜位置

（1）打开点火开关，不能挂倒挡。

（2）将座椅和车外后视镜调整到所需位置，按下“SET”按钮并保持1 s以上，在10 s内按下三个储存按钮的一个，储存结束后，系统会提示锣声。

3. 将所储存的座椅位置输入遥控钥匙上

储存座椅和后视镜位置之后在10 s内将该位置输入遥控钥匙上。将遥控钥匙从点火开关内拔下，按下遥控钥匙开锁按钮并保持约2 s，直到听到输入完成的确认声音。

注意：在重新调整座椅的记忆位置后，在10 s内不要随便按遥控钥匙按键，否则，遥控器将记忆最后所储存的座椅位置。

4. 倒车时副驾驶人侧车外后视镜记忆设定

（1）打开点火开关，按下所期望的储存按钮，选择倒挡。

（2）调整副驾驶人侧车外后视镜到倒车时所需的位置，系统会自动将该位置储存。

注意：不能按压SET按钮，否则系统将不储存设定的倒车时副驾驶人侧车外后视镜位置。调整后归位即可。

5. 调出已储存的座椅和车外后视镜位置

车辆静止，点火开关打开情况下轻按一下相应的储存按钮，即可调出设定的座椅及车外后视镜位置。

第五节　音响系统的检修

一、音响装置的作用与分类

汽车音响是指在车厢内声源与车厢所形成的听音效果。汽车音响一般有两种风格，音质型、强劲型。前者追求音乐的纯正、高保真，也称欧洲风格。后者追求最大动态范围：大声压、大音量，也称美洲风格。两者因人而异，各有所好。

1. 原装音响

这类产品是各大汽车制造厂根据不同车型的特点而要求汽车制造商为其量身定制。其特点是外观和汽车内饰融为一体，且安装稳固，但其功能多数较为简单，所使用的音响器材大多属于中档类，这主要受汽车制造成本所限制。

2. 改装音响

另一类是市场所供应的、用于改装后的各大品牌汽车音响产品，其特点是个性化极强，产品档次繁多，能适应不同层次消费的需要，但同时也受汽车预留安装尺寸的影响。

二、汽车音响装置的部件组成

汽车音响装置就是在车辆中与音响有关的装置，其中包括：音源（主机）、功率放大器、扬声器、分音器、均衡器、电容、线材等辅助设备及材料。

1. 音源（主机，如 CD、VCD、DVD、MP3）

能够置放影音软件的音响设备，并具备将影音软件内存资料解读成音响系统能够运作信号的设备，皆称作“音源”。

2. 功率放大器（简称功放，有 2 路、4 路之分）

俗称“扩音机”，是音响系统中最基本的设备，它的作用是把来自信号源的微弱电信号进行放大以驱动扬声器发出声音。一般主机带有内置功放，但其功率较小，不能满足高品质音响需求，所以车辆需要外置功放来达到高品质的音响效果。

3. 扬声器（喇叭）

扬声器如图 6–49 所示，是车载音响发声单元，在整个音响系统中起到决定性作用，甚至会影响整个音响系统的风格。汽车音响改装时，更换主机及喇叭是最常见、最基本的改装。

图 6–49 汽车音响扬声器

三、扬声器的检修

1. 扬声器的分类

（1）扬声器按播放频率分：全频喇叭、高音喇叭、中音喇叭、低音喇叭。

（2）按尺寸分（常见为英寸）：4 in、5 in、6 in、4 × 6 in、6 × 9 in 等。

低音喇叭有：10 in、12 in 等。

（3）按性能分：同轴喇叭、套装喇叭。

2. 扬声器的电路原理

扬声器是由线材、熔断器、电容、分音器、均衡器等组成，收音机扬声器电路如图 6–50 所示。当整机处于收音状态时，开关 S 的 1、3 脚触点接通收音电路开始工作，输出的音频信号经音量音调平衡调整控制电路控制后送至功放电路。当开关 S 的 2、3 脚触点接通时，放音电路工作，输出的磁带放音信号经音量音调平衡调整控制电路控制后送至功放电路。

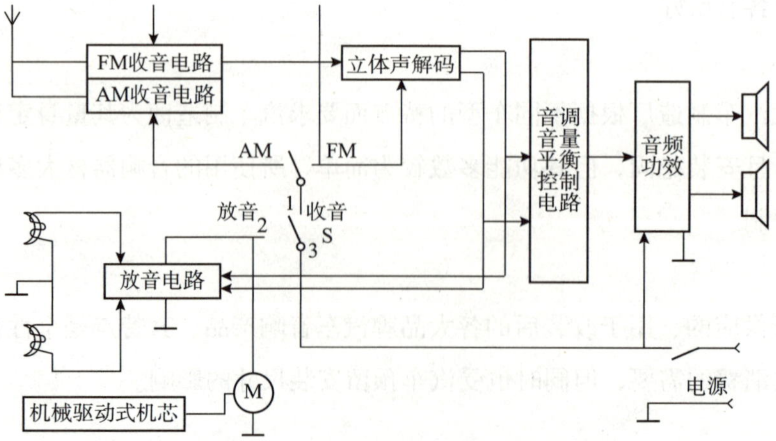

图 6–50 收音机扬声器电路

扬声器安装不当或装饰件松动可能会产生嗡嗡声或导致声音失真。检查相应的扬声器和周围的内饰是否安装正确且牢固。如果发现扬声器或周围的内饰松动或安装不当，则将其正确安装。如图 6–51 为收音机前置扬声器的更换。

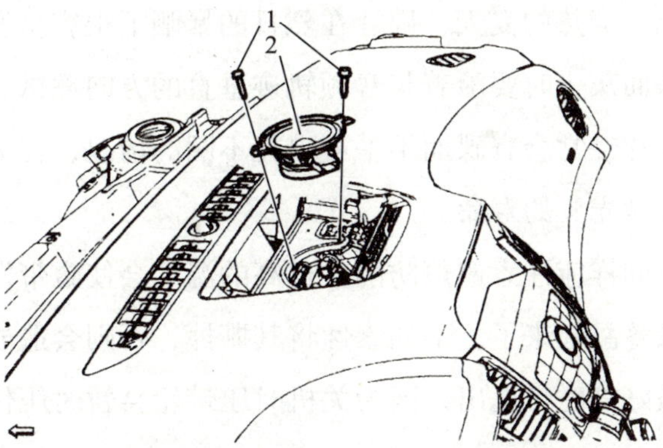

1—收音机前置扬声器固定螺栓；2—收音机前置扬声器。

图 6–51 收音机前置扬声器的更换

四、汽车音响进行维护

1. 主机的维护

现今大部分的车辆都装备了 CD 播放机。高温和潮湿会直接损害激光头的使用寿命，所以在骄阳肆虐时，为了避免太阳光的直射，最好使用遮阳板遮挡一下烈日。

由于夏季空气潮湿，很容易造成 CD 盘上结雾，潮湿的 CD 盘如果直接进入主机会令激光头读取速度跟不上，同时电器元件受潮，严重了还会造成激光头损伤。潮湿和高温是电子组件和激光头老化的主要元凶。

在车经过阳光暴晒后不宜马上将音响的音量调大，因为电子系统的工作状况是会随温度而发生变化的，立即调大音量不仅会损伤喇叭等电器，而且还会影响主机的使用寿命。

激光头的另一天敌就是灰尘。虽然汽车音响在设计过程中已经考虑了防尘的问题，但由于国内路况千差万别，防尘问题依然重要。在路况环境较差时，车主应及时关闭车窗，平时还应注意车内的清洁。

车用 CD 机多采用碟片吸入式设计。只需将 CD 唱碟片放在入口处，机械结构会自动将碟片吸入。有些车主不了解这一结构，经常用手将碟片推入，这样不仅会损坏碟片，严重时还会损坏机内的托盘结构。

2. 喇叭维护

防尘：灰尘的伤害不可避免，但是可以尽量降低其伤害程度。做好车门密封，在行车过程中路面灰尘多，应尽量关闭车窗。音响主机上若有灰尘，可以用拧干的毛巾进行擦拭。并且，清洗完驾驶室之后，最好开窗一段时间，让车内大部分水分蒸发后再关闭车窗，这样就可以很好地避免潮湿了。当车在灰土路上行驶时，尽量不要开窗，以避免大量灰尘从车外涌入车内，最好将空调的外循环调整为内循环。

防潮：水是电器最为害怕的东西。应经常检查车窗密封条是否封严实，若没有封严，在洗车或是雨天水从车门进入流到喇叭，轻则损坏喇叭，重者烧毁主机电路。洗车时关闭车窗，洗完后打开车窗，流通空气蒸发车内水分。音响受潮后则会发出“嗞嗞嗞”的声音，严重影响视听效果。

防剧烈振动：剧烈振动会导致音响内部零件松动或是损毁。在清洁音响时切勿大力拍打音响来抖落灰尘，在路况不好的情况下应低速平稳行驶，既能保护车辆安全，还可以保护音响。

3. 碟片维护

碟片不要放在仪表台上。炎热的夏天，碟片在烈日的暴晒下很容易发生变形。碟片在长时间不用后会有灰尘和划痕，在擦拭碟面灰尘时要沿着与音频轨迹垂直的方向擦拭。在使用主机时一定要选择质量好的正版碟片。因为盗版碟片经常会有碟面不平或碟孔不圆的情况，在播放时这些隐患都会导致激光头产生跳点等故障，直接损害激光头的寿命。

对于音响的磁带部分，同样应注意避热防潮。过高的温度会使磁带发生变形，放进主机时发生卡带现象。如果磁带上面的目录签翻起来了，不如索性将其撕掉，否则会造成退不出磁带的故障。在长时间不听或处于关机状态时，最好将磁带退出，因为关机时压带轮会暂时压住磁带，时间长了会导致压带轮变形。

第六节 汽车空调的检修

一、汽车空调系统功能及组成

1. 汽车空调系统的功能

（1）调节车内温度。汽车空调在冬季利用其采暖装置升高车内温度，夏季利用制冷装置降低车内温度。

（2）调节车内湿度。利用制冷装置冷却降温，去除空气中的水分，再由采暖装置升温以降低空气的相对湿度。

（3）调节车内的空气流速。夏季空气流速稍大有利于人体散热降温，冬季气流速度过大影响人体保温，因此夏季舒适风速一般为 0.25 m/s，冬季的舒适风速一般为 0.20 m/s。

（4）过滤净化车内空气。由于车内空间小，乘员密度大，车内极易出现缺氧，而车外道路上的粉尘等又容易进入车内造成空气污浊，影响乘员的身体健康，因此要求空调必须具有补充车外新鲜空气、过滤和净化车内空气的功能。

2. 汽车空调系统的组成

一般的汽车空调系统是由制冷系统、暖风系统和通风系统组成的，除此之外，还有空气净化系统和控制系统。

（1）制冷系统。如图 6-52 所示，制冷系统主要由压缩机、冷凝器、储液干燥器、膨胀阀、蒸发器、鼓风机、风扇、高低压管路、控制装置等组成。制冷系统的作用是对车内的空气或由外部进入车内的新鲜空气进行冷却或除湿，是车内的空气变得凉爽舒适。

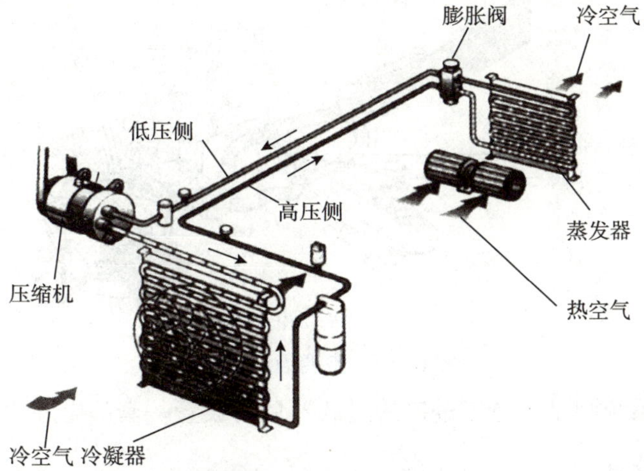

图 6-52　空调制冷系统组成

（2）制暖风系统。如图 6-53 所示，暖风系统由暖风散热器和导风管等部分组成。暖风系统主要用于取暖，对车内的空气或由外部进入车内的新鲜空气进行加热，达到取暖、除湿的目的。

汽车空调的供暖工作过程是：水泵使发动机冷却水经暖风散热器循环流动，流经暖风散热器的冷却水将热量传递给暖风散热器附近的空气，通过鼓风机的作用将暖风送入车内取暖或用于风窗除霜。

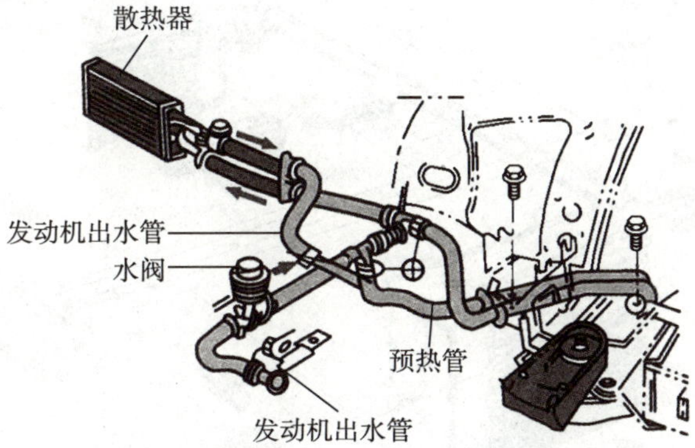

图 6-53　空调暖风系统组成

（3）通风系统。空调通风系统如图 6-54 所示，该系统主要是由鼓风机、空气进气口、配气出风口、送风管道等组成的。

通风系统将外部新鲜空气吸进车室内，起到通风和换气作用。同时对防止风窗玻璃起雾也有着重要的作用。

（4）空气净化系统。汽车空调空气净化系统通常有空气过滤式和静电除尘两种。空气过滤式空气净化系统在空调系统的进风口和回风口处设置空气滤清装置。它仅能滤除空气中的灰尘和杂物，而且结构简单，工作可靠，只需定期清理过滤网上的灰尘和杂物即可，故广泛用于各种汽车空调系统中。

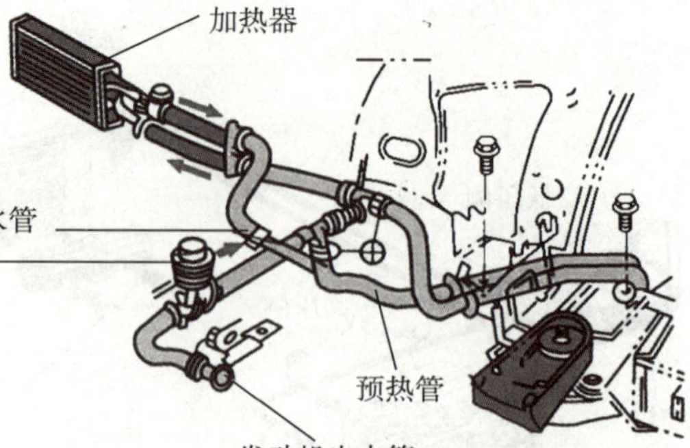

图 6-54　空调通风系统

静电除尘式空气净化系统则是在空气进口的过滤器后再设置一套静电除尘装置或单独安装一套用于净化车内空气的静电除尘装置。

（5）控制系统。控制系统是由温度传感器、控制单元、进气执行器、电磁离合器等组成。其作用是对制冷系统和暖风系统的温度、压力进行控制，同时对车内空气的温度、风量、流向进行控制，完善了空调系统工作。图 6-55 所示为汽车率调控制系统示意图。

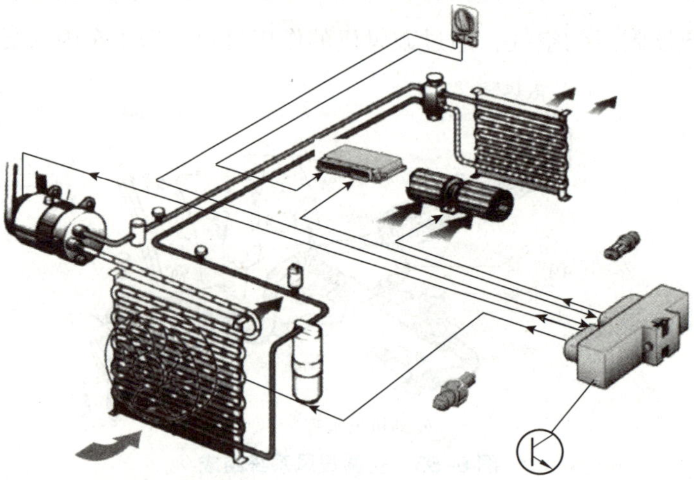

图 6-55　汽车空调控制示意图

二、汽车空调的分类

汽车空调按照控制程度可分为手动空调、半自动空调和自动空调 3 种。

1. 手动空调

在电子控制的手动空调系统中，进气源、空气温度、空气分配及鼓风机速度等功能都是驾驶员通过操纵手动控制面板的旋钮、按钮和拨杆，借助拉索进行调节手动选择的。大多数经济型轿车都采用旋钮式的手动空调。典型的手动空调控制面板如图 6-56 所示。

手动空调的优点：成本低廉，机械式操纵机构简单、可靠、操作简单。

手动空调的缺点：操纵频繁，手感差。乘员主观感受空调效果差，对环境变化无响应，无法精确、恒温控制。与高档车内饰不协调。机械故障率高，塑料控制件容易变形导致控制错位卡死，风门漏风严重。

2. 半自动空调

所谓半自动空调，就是乘员操纵电动控制面板的旋钮和按钮，再将操纵指令转换成电信号通过线束输送至 HVAC 总成各风门的微型电动执行器，控制风门动作，完成进气、送风温度、空气分配的调节这样一个半自动控制系统。半自动空调可以设定温度值，电脑自动保持恒温，但是风速是手动调节的，半自动空调一般装配在中档轿车上。如图 6–57 所示为半自动空调控制面板。

图 6–56　手动空调控制面板

图 6–57　半自动空调控制面板

半自动空调的优点：操纵负载小，手感佳。外形简洁、美观，操作简单。独立式电动执行器控制可靠、到位，风门漏风大为改善。成本适中。

半自动空调的缺点：乘员主观感受空调效果较差，对环境变化无响应，无法精确、恒温控制。

3. 自动空调

自动空调就是乘员操作自动控制面板的旋钮或按钮，全自动空调利用传感器随时检测车内外温度的变化，并把检测到的信号送给空调的电控单元（ECU）。ECU 则按预先编制的程序对信号进行处理，并通过执行元件，不断地对风机转速、出风温度、送风方式及压缩机工作状况等进行调节，从而使车内温度、空气湿度及流动状况始终保持在驾驶人设定的水平上。全自动空调系统具有自诊断功能，可以及早发现故障隐患。全自动空调一般装配在中高档车上。典型的自动空调控制面板如图 6–58 所示。

图 6–58　自动空调控制面板

自动空调的优点：智能化恒温控制，空调舒适性极佳。人性化交互界面，操作和运行可视化。操控面板与中控台融为一体，协调美观。操纵负载小，手感佳。

自动空调的缺点：成本高。可维修性差，即维修难度增大。

三、汽车空调制冷系统的工作原理

如果想了解制冷系统的工作原理，首先需要掌握制冷剂在循环系统内工作过程，它们分别为：压缩—冷凝—膨胀—蒸发。制冷系统的工作过程如图 6–59 所示。

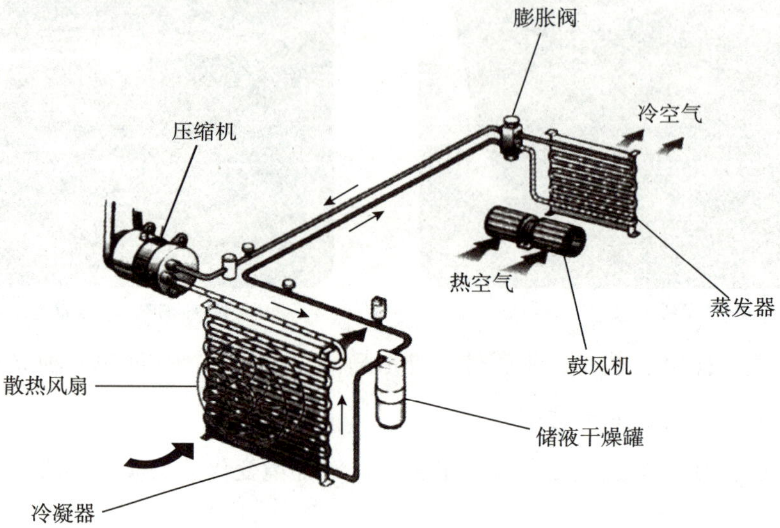

图 6–59　制冷系统的工作过程

1. 压缩过程

压缩过程由压缩机来实现。压缩机是制冷剂循环系统中的动力来源，通常由发动机曲轴驱动带轮转动。压缩机工作时从蒸发器出口的低压回路吸入气态制冷剂，加压后经高压管送到冷凝器中进行冷却。当气态制冷剂被压缩时，其温度和压力会升高，压缩机入口处的制冷剂温度为 0 ～ 3 ℃，压力约为 150 kPa。被压缩后其温度可达约 80 ℃，压力约 1 800 kPa，此时制冷剂形态为高温高压的气态。

2. 冷凝过程

冷凝过程主要在冷凝器内实现，制冷剂在冷凝器释放热量，由气态变成液态。进入冷凝器中的气态制冷剂，在冷却风扇的作用下，经外部空气进行冷却，温度下降至沸点以下，制冷剂由高温高压气体转变为中温高压的液体。

3. 膨胀过程

冷凝后的中温高压液体被入节流元件。节流元件的进口空间小（即截面积小），出口空间大（即截面积大），具有节流降压作用。从节流元件出来的制冷剂所处的空间会迅速变大，压力和温度也随之降低。由于其压力已降低，沸点已经低于环境温度以下，部分液态制冷剂开始沸腾，由液态变为气态，吸收热量，使周边空气温度降低。但是，节流元件出口处的大部分制冷剂仍为液态。

4. 蒸发过程

经节流元件节流降压后，进入蒸发器的液态制冷剂实现汽化，通常称之为蒸发过程。蒸发过程需要吸收热量，使蒸发器表面温度下降，在鼓风机的作用下，空气不断流过低温的蒸发器表面，被冷却后再送进车厢内达到制冷的目的。

在蒸发过程中，液态制冷剂经过蒸发器吸收热量汽化，变成低温低压的气体。气态制冷剂又经蒸发器出口以及低压管路回到压缩机，进入下一个制冷循环过程。

蒸发工作原理如图 6–60 所示，空调压缩机把低温低压（约 0 ℃，0.15 MPa）气态制冷剂（冷媒）压缩成高温高压（约 80 ℃，1.5 MPa）气态后进入冷凝器，使其能在冷凝器内将热量释放给车外的空气，失去热量的气态制冷剂在冷凝器内冷凝成中温高压（约 40 ℃，1.0 ～ 1.2 MPa）的液态制冷剂，液态的制冷剂在通过节流装置时，又转变成低温低压（约 –5 ℃，0.15 MPa）的液态制冷剂，然后进入到蒸发器中在低压下汽化，由于制冷剂在蒸发器内汽化时的温度低于蒸发器外空气的温度，因此能吸收将被强制送入车厢内的空气中的热量，使进入车厢内空气降低温度，产生制冷效果。从蒸发器中出来的制冷剂又变成低温低压（约 0 ℃，0.15 MPa）的气体，再次进入压缩机中去重新工作。

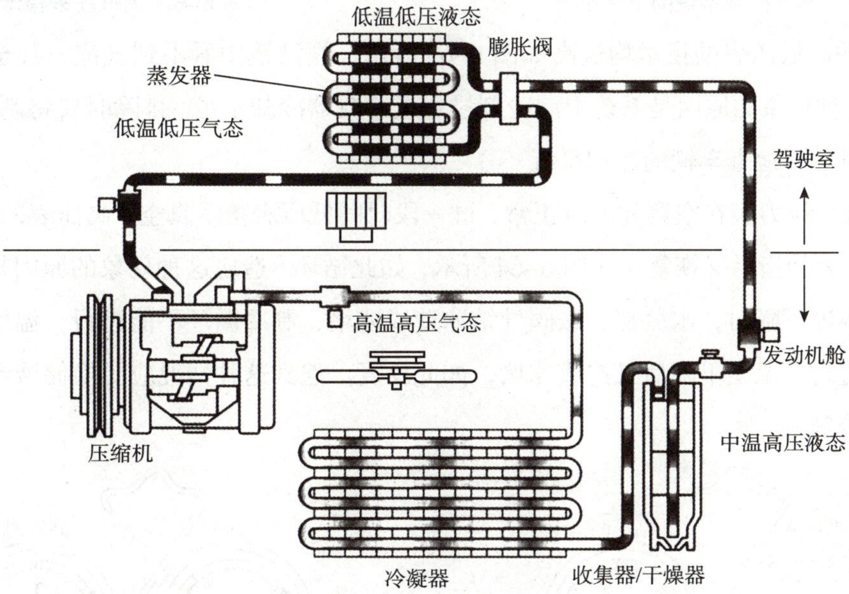

图 6–60　蒸发工作原理图

四、空调系统故障诊断

空调系统故障包括暖风系统故障、制冷系统故障、通风系统故障等。其中暖风系统和通风系统故障主要表现为无暖风或暖风不足，检查时只需检查风道是否堵塞、暖风水路是否正常、风道中各种风门工作是否正常，故障部位比较直观，此处不再赘述。制冷系统故障较为复杂，故障的表现主要是不制冷或制冷不足，故障的原因可以分为制冷循环系统故障和电气控制系统故障，下面分别介绍。

1. 利用歧管压力表诊断制冷循环系统故障

制冷循环系统故障基本上都可以用歧管压力表进行诊断，在系统无泄漏及压缩机电磁离合器能够吸合的情况下，将歧管压力表按前述的方法与制冷系统的维修阀连接，起动发动机，运转空调系统，检查系统高压及低压侧的压力。

系统正常的情况下，高压侧的压力应为1.4～1.6 MPa。低压侧的压力应为0.15～0.25 MPa，如图6–61所示为制冷循环系统的正常压力。

如果空调制冷不足，歧管压力表的高低压表指示的压力均低如图6–62所示，同时视液镜中可以看到大量气泡，这说明系统中制冷剂不足。此时应检查系统是否有泄漏的地方，在排除了泄漏故障后，将制冷剂补足。

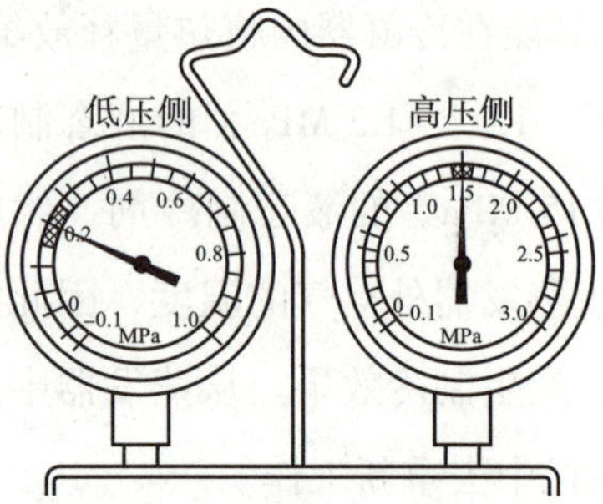

图6–61　制冷循环系统的正常压力

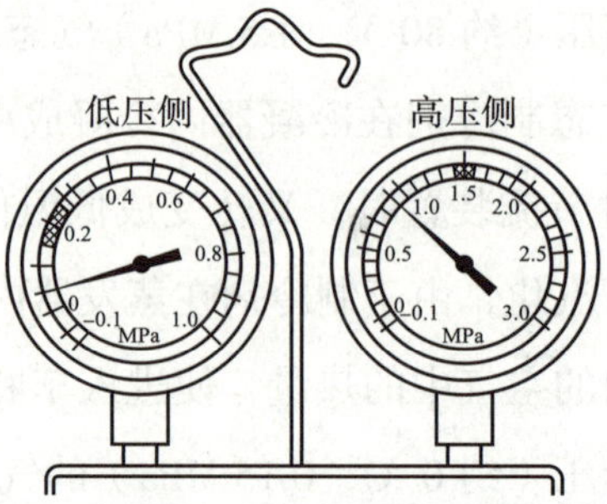

图6–62　高低压表指示均低

歧管压力表的高低压表的指示均过高如图6–63所示，视液镜中看不到气泡，甚至在低转速下也看不到气泡，造成这种现象的原因是系统中制冷剂过量或冷凝器冷却不足。排除时要将制冷剂量调整合适，清洁冷凝器，同时还要检查车辆的冷却系统。

制冷时有时无，压力表在空调起动时正常，过一段时间低压表指示真空，高压表的压力也降低很多，过几秒到几分钟，表的指示又恢复正常图6–64所示，如此循环。造成这种现象的原因是系统中有水分，当系统正常制冷温度下降时，水分在膨胀阀处结冰造成冰堵，制冷循环不能进行，温度上升后，冰融化使得循环又正常进行，温度下降后又造成冰堵，如此反复。遇到这种情况应更换储液干燥器，系统抽真空后重新加注制冷剂。

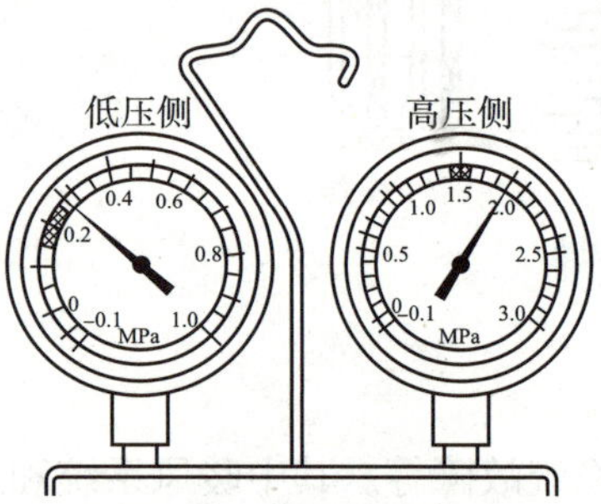

图6–63　高低压表指示均高

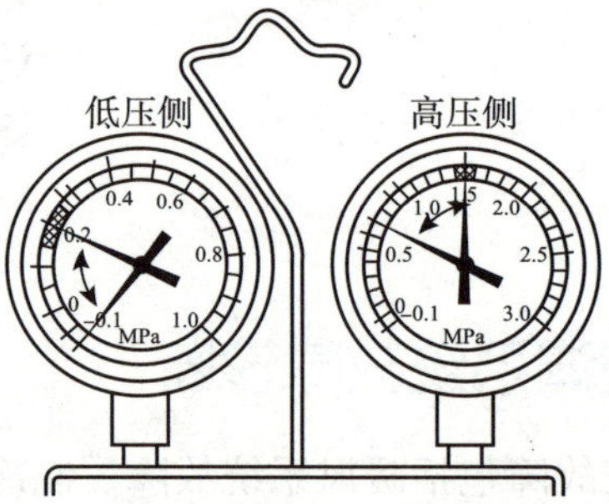

图6–64　系统中有水分时的压力表显示

如果高压表指示过低，低压表指示过高如图6–65所示，关闭空调后，高低压表指示很快趋于一致，触摸压缩机，压缩机的温度也不高，这说明压缩机的效率不高，此时应更换或修理压缩机。此外，冷凝器冷却不足也可能造成高压表指示过低，低压表指示过高。

如果制冷循环系统内制冷剂不能循环，低压表可指示真空，高压表的压力也比正常压力低如图6–66所示，造成这种情况的主要原因是制冷循环系统内有堵塞情况。如果系统完全堵塞，开启空调时，由于制冷剂不循环，低压表即刻显示真空。如果未完全堵塞，低压表在开启空调时将逐渐指向真空，在堵塞部位的前后还将出现温差。堵塞的部位常发生在膨胀阀、EPR阀及管路较细的部位。膨胀阀的感温包漏气也可能使膨胀阀不能开启而造成这种情况。排除时要查明堵塞的原因，更换堵塞的部件，彻底清理制冷循环管路。

在制冷剂数量正常的情况下，如果高低压表的压力均指示高于正常值如图 6–67 所示，说明制冷循环系统中有空气进入，其通常表现为低压指示越高，制冷效果就越差。出现这种情况时，应更换制冷剂并对系统进行抽真空，排除系统中的空气。

如果低压表指示过高、高压表指示正常如图 6–68 所示，低压管路结霜且制冷效果下降，这种情况往往是由于膨胀阀开度过大造成的，维修时要重点检查膨胀阀热敏管的安装情况，在热敏管正常的情况下，应考虑更换膨胀阀。

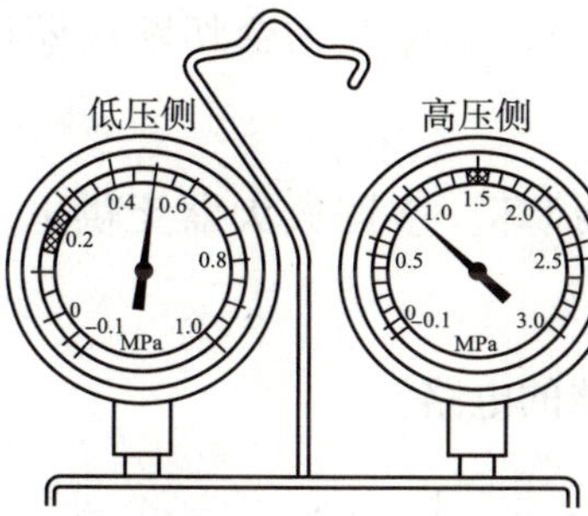

图 6–65　高压表指示过低，低压表指示过高

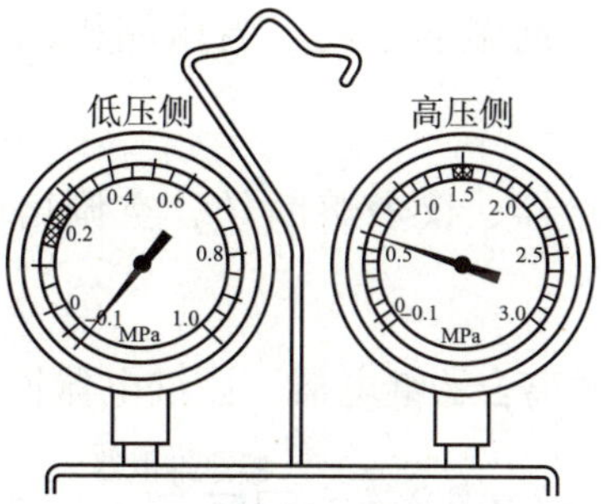

图 6–66　高压表指示过低，低压表指示真空

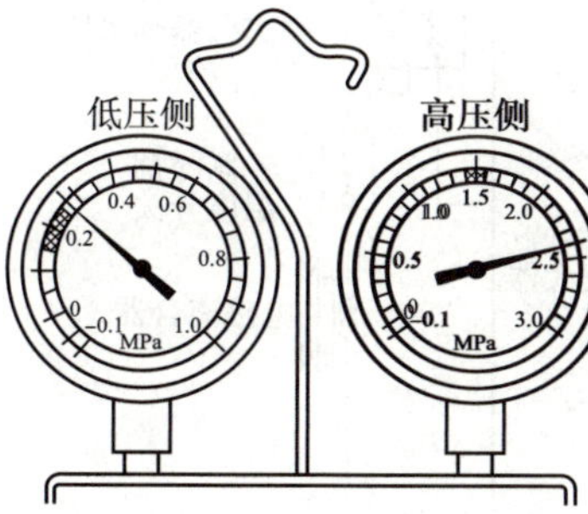

图 6–67　高、低压表均过高

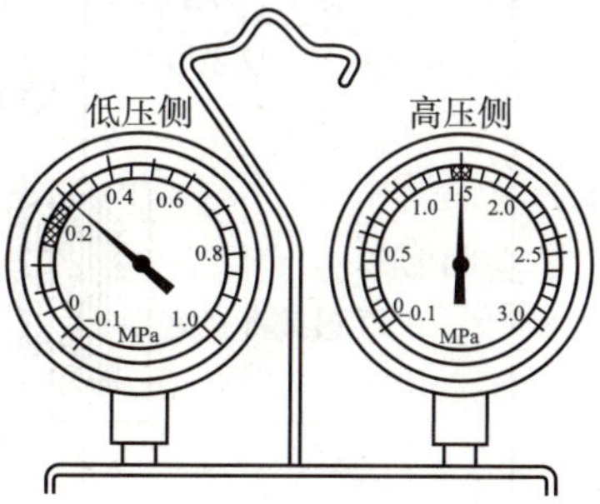

图 6–68 高压表指示正常，低压表指示过高

2. 空调系统控制电路的故障诊断

汽车空调制冷系统电路控制部分因车型不同而异，其电路原理及组成也有所不同。因此，在检修汽车空调电路时，应首先理解空调的电路原理，之后才可动手检查和修理。另外，在检修汽车空调电路故障时，还应结合制冷系统综合考虑。

汽车空调控制电路的故障主要表现为系统不工作或系统中某一部分不工作，在检查时首先要研读空调控制电路的电路图，再根据电路图用万用表或试灯等工具检查电路，找出故障所在，下面以丰田某车型的空调控制电路为例说明控制电路的检查方法。

（1）阅读空调控制电路的电路图。如图 6–69 所示为丰田某车型的空调系统的控制电路示意图，从图中可以看出，控制电路中所包含的电器元件有空调放大器。执行元件有电磁离合器及真空电磁阀等。传感器及开关有双重压力开关、转速检测传感器、点火器、热敏电阻、空调开关、点火开关、鼓风机开关等。继电器包括电磁离合器继电器、暖风继电器，保险装置包括断路器、仪表熔断丝、空调熔断丝。

研读电路图后可以发现，空调压缩机电磁离合器电路在下述情况下会被切断。

（1）鼓风机开关断开。此开关断开后暖风继电器断开，控制系统电源被切断。

（2）空调开关断开。放大器的电源被切断。

（3）蒸发器温度过低。蒸发器表面温度低于某一设定值时，放大器会切断电磁离合器电路。

（4）双重压力开关断开。在制冷循环系统中压力过高或过低时，压力开关断开，空调放大器会切断电磁离合器电路。

（5）压缩机锁止。当压缩机转速与发动机转速的差值超过一定值时，空调放大器将做出压缩机已锁止的判断，从而切断电磁离合器电路。

（6）制冷剂温度过高。当压缩机内制冷剂的温度过高时，温度开关会切断压缩机电磁离合器电路。

（7）断路器、仪表熔断丝、空调熔断丝和暖风继电器损坏。空调放大器无供电，电磁离合器断电。

（8）电磁离合器继电器。该继电器损坏会切断电磁离合器的电路。

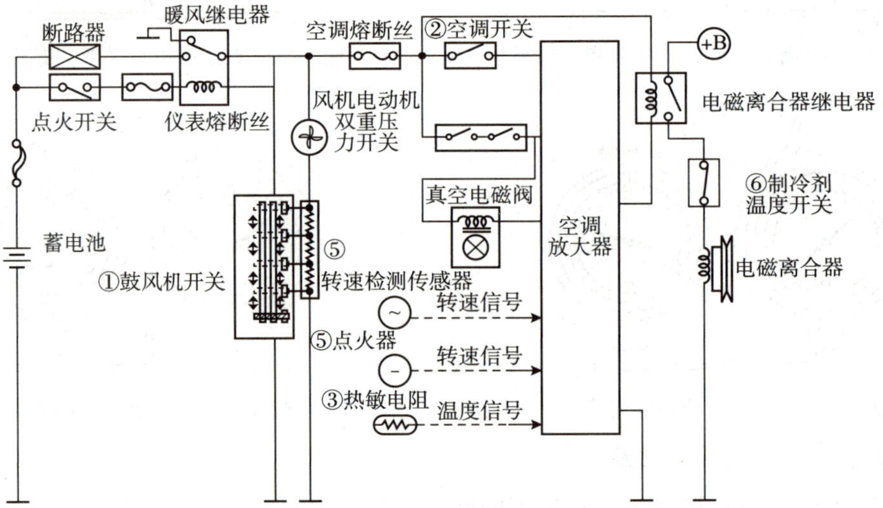

图 6-69　空调系统电路图

2. 检查电路

（1）检查电源电路。在接通鼓风机开关和空调开关后，检查空调放大器电源端有无 12 V 电压，检查电磁离合器继电器线圈处有无 12 V 电压，如有 12 V 电压，则表明电源电路正常，否则应按照电路图逐一检查空调开关、空调熔断丝、暖风继电器、仪表熔断丝、断路器和鼓风机开关能否正常工作。

（2）检查各传感器和开关电路。用万用表检查蒸发器热敏电阻、点火器、压缩机转速检测传感器、压力开关到空调放大器的电路是否导通，按照维修手册规定的要求检测各传感器的电阻是否符合要求，检查各开关是否能在规定的情况下导通。

（3）检查电磁离合器继电器。将继电器的空调放大器控制端直接搭铁，看压缩机电磁离合器是否吸合，如能吸合说明继电器良好。

（4）检查电磁离合器。将电磁离合器的电源端子直接接蓄电池电源，检查能否吸合，如能吸合说明离合器正常。

（5）检查插接器和电路。检查各插接器的连接是否良好，检查线路情况是否良好，检查各搭铁点接触是否良好。还可模仿故障发生的情况检查接触不良的情况，如故障发生在车辆振动时，可逐一晃动空调系统的部件，晃动某一部件故障现象出现时，该部件即为故障部件。再如下雨时出现故障，可通过人为浇水模拟故障产生的环境，检查故障的部位。

（6）如果线路中有短路故障，则线路熔断丝肯定被烧断，且换上熔断丝后又会被烧断。此时应检查各连线绝缘是否破坏，而搭铁在金属上及部件内部是否有短路情况。

3. 系统部件的检查

（1）电磁离合器。电磁离合器不吸合，应使用万用表检测电磁离合器的输入端有无 12 V 电压，如果有电压，说明离合器可能损坏，此时应使用万用表的电阻挡测量离合器电磁线圈的电阻，应符合要求，否则应予以更换，最后还要检查离合器的机械部分是否有异常。

（2）鼓风机。鼓风机不转，应解体检修鼓风机。拆下鼓风机线路，将蓄电池 12 V 电压接在电动机上，看电动机是否能平稳转动，且在空载下转速应能达到 7 000 r/ min 左右。如不正常，应检查电刷接触是否良好，轴及轴承是否被卡死，电动机是否被烧坏。

（3）控制继电器。控制继电器一般为触点常开型，其故障多为继电器线圈烧坏（线圈短路或断路），触点烧蚀、粘连、动触点卡死等。在正常情况下，当继电器线圈通电时，应能听到其触点动作的轻微声音，否则说明继电器有故障，可把它从线路上拆下，用万用表测量其线圈是否良好，如线圈完好，再用万用表测量其常开触点的电阻应为∞，否则说明粘连。如为∞，可给线圈通电后进一步检查。线圈通电后，常开触点应闭合，触点回路电阻应为零，否则说明触点烧蚀或卡死，应检修或更换。

（4）压力开关。压力开关的检查应在制冷系统完好的情况下进行。其检查方法是：歧管压力计接到制冷系统高低压检修阀上，用纸板盖在冷凝器散热通道上，以恶化冷凝器的冷却效果，这时冷凝压力会逐渐升高，当压力表压力达到 2.1 MPa 左右时，电磁离合器应断电，然后拿开纸板，待高压表压力降到 1.9 MPa 时，压缩机应恢复工作。如不符合上述规定，则说明压力开关已失灵，应予更换。

（5）鼓风机电阻及挡位开关。鼓风机电阻烧坏或鼓风机挡位开关接触不良，将会造成鼓风机不转动或无法调速等故障现象。检测时，可拆下鼓风机电阻及鼓风机挡位开关组件，用万用表测量各挡位电阻值。

（6）空调放大器。空调放大器的故障主要有温度控制失灵、发动机怠速控制失灵、放大器输出继电器线圈烧坏、触点烧蚀和粘连等。空调放大器的检测应在制冷系统及其他电路及元器件完好的条件下进行。最简单的方法是代换法。检查放大器时可先检查放大器内部的输出继电器线圈和触点，如线圈和触点正常，再根据线路检查各元器件是否正常。

第七节 电动刮水器与风窗洗涤器的检修

一、电动刮水器

1. 电动刮水器的作用

汽车在雨、雪天行驶时，风窗玻璃上的雨水或积雪会影响驾驶人视线。刮水器的作用是用来刮除附着于车辆挡风玻璃上的雨水、雪花及灰尘的设备，以改善驾驶人的能见度，增加行车安全。汽车前风窗玻璃装有刮水器，有些汽车后风窗玻璃也装有刮水器。

2. 电动刮水器的组成

电动刮水器由直流电动机、蜗轮蜗杆减速机构、传动机构和刮水片等组成，如图 6–70 所示。直流电动机与蜗轮蜗杆减速机构组装在一起，构成刮水器动力系统。刮水电动机的旋转运动通过传动机构使刮水片往复摆动。

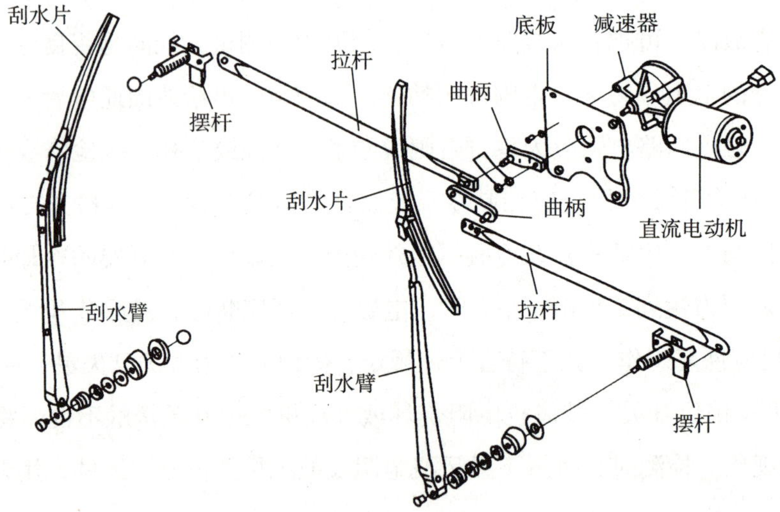

图 6–70　电动刮水器的组成

（1）刮水电动机。刮水电动机的作用是为刮水片提供动力。刮水电动机有绕线式和永磁式两种。永磁式刮水电动机的结构如图 6–79 所示。它具有体积小、质量轻、噪声小、结构简单等优点。

（2）传动机构。传动机构的作用是将刮水电动机的旋转运动转变为刮水片的摆动。传动机构一般为平面四杆机构，杆件的连接均采用球形铰接，如图 6–72 所示。

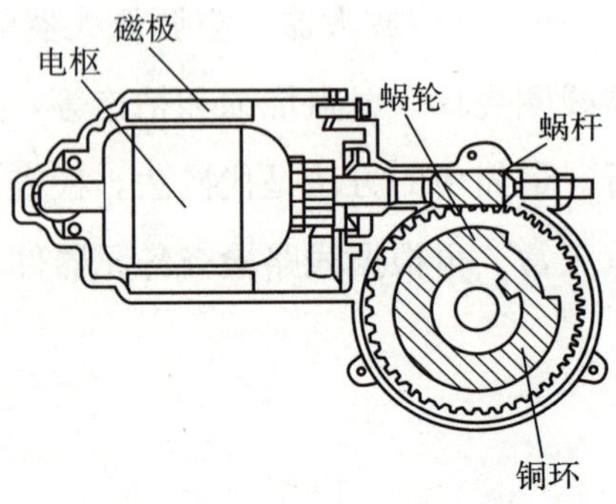

图 6–71　永磁式刮水电动机的结构

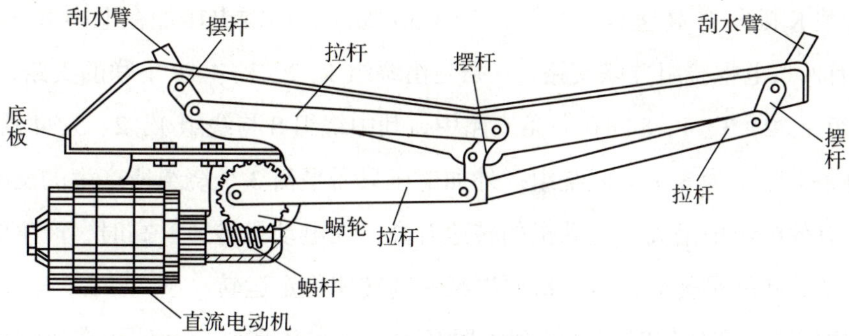

图 6-72　传动机构

（3）刮水片总成。刮水器的刮水片胶条是直接清除玻璃上雨水和污垢等的工具。刮水片总成由主桥、副桥和橡胶刮片组成，如图 6-72 所示。刮片胶条通过弹簧条压向玻璃表面，它的唇口必须与玻璃角度配合一致，方能达到所要求的性能。

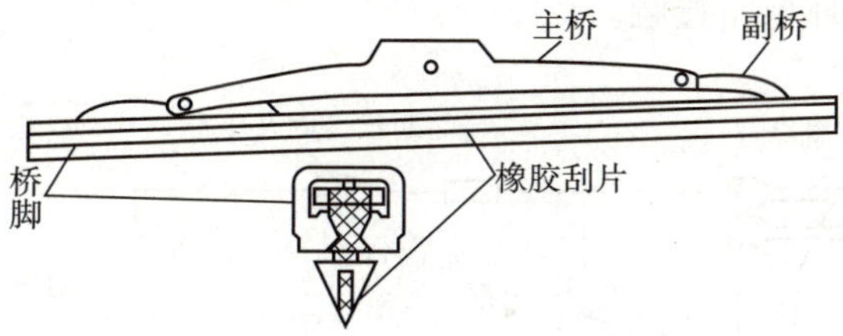

图 6-73　刮水片结构

3. 刮水电动机的控制

刮水器在使用中应具有变速（低速、高速）、间歇和自动复位等功能，以满足不同条件的要求，可通过对刮水电动机的控制来实现。

（1）变速控制。刮水器应能根据雨、雪的大小来调整刮水片的刮水速度，在雨、雪小时使用低速刮水，而雨、雪大时使用高速刮水。刮水电动机应能够改变转速，以调整刮水片的刮水速度。永磁式刮水电动机的变速是利用 3 个电刷来改变正、负电刷之间串联线圈的个数实现变速的，如图 6-74 所示。

当将刮水器开关 K 拨向 L 低速时，如图 6-74（a）所示，电源电压加在电刷 B_1 和 B_3 之间，在电刷 B_1 和 B_3 之间有两条电枢绕组并联支路，一条是由绕组 1、2、3、4 串联的支路，另一条是由绕组 5、6、7、8 串联的支路，即在电刷 B_1 和 B_3 之间的两条并联支路中，每条支路中各有 4 个串联绕组，反电势的大小与支路中反电势的大小相等。由于外加电压需要平衡 4 个绕组所产生的反电势，故电动机转速较低。

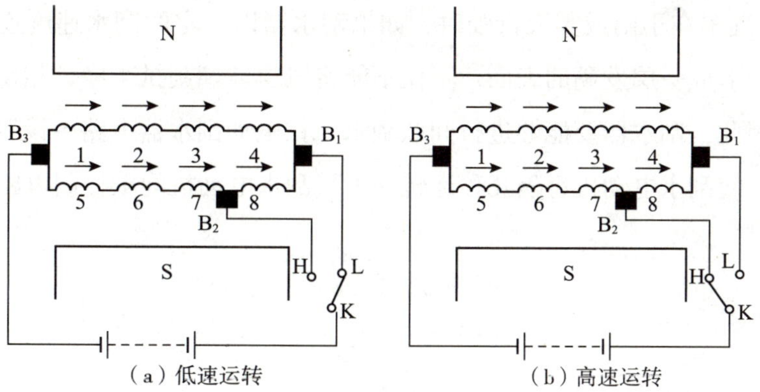

图 6-74　永磁式刮水电动机变速控制

当将刮水器开关 K 拨向 H 高速时，如图 6–74（b）所示，电源电压加在电刷 B_2 和 B_3 之间，在电刷 B2 和 B_3 之间同样有两条电枢绕组并联支路，一条是由绕组 1、2、3、4、8 串联的支路，另一条是由 5、6、7 串联的支路，绕组 1、2、3、4、8 同在一条支路中，其中绕组 8 与绕组 1、2、3、4 的反电势方向相反，相互抵消后，使每条支路变为 3 个串联绕组。外加电压只需平衡 3 个绕组所产生的反电势，因而实际加在电枢绕组两端的有效电压值增高，电动机的转速升高。在电动机转速升高时，产生的反电势增大，当外加电压与反电势达到新的平衡后，电动机便以某一高转速稳定运转。

（2）自动复位控制。在任何时刻关闭刮水器开关，刮水片都要自动停止在风窗玻璃的下部，以免影响驾驶人的视线，因而在刮水电动机内设有自动复位装置。

自动复位装置及电动刮水器工作电路如图 6–75 所示。铜环式自动复位装置由两个圆弧形铜环和两个触点及触点臂组成，两个铜环嵌在减速蜗轮（塑料或尼龙）上，其中长铜环搭铁，两个触点在触点臂的弹力作用下与蜗轮端面和铜环保持接触。

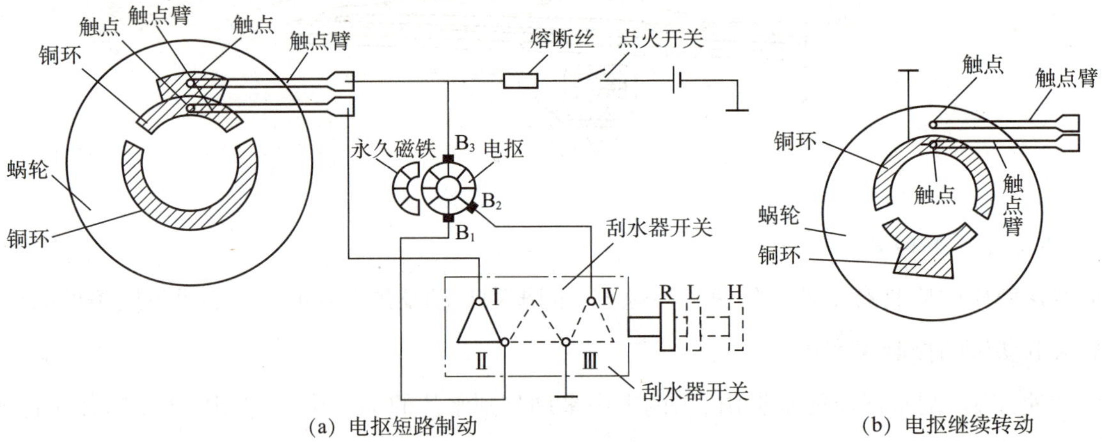

图 6–75　自动复位装置及电动刮水器工作电路

接通点火开关，将刮水器开关置于“Ⅰ”（低速挡）或“Ⅱ”（高速挡）时，刮水电动机以低速或高速运转，然后将刮水器开关置于“0”（停止），如果刮水片没有停在规定的位置，与刮水器开关连接的触点和长铜环相接触，刮水电动机仍以低速运转，如图 6–75（b）所示。蜗轮旋转到特定位置后电路中断，如图 6–75（a）所示。由于电枢的运动惯性，电枢不能立即停止转动，此时以发电方式运行，电枢绕组通过两个触点与短铜环接触而短路，电枢绕组将产生电磁力矩被制动，电枢迅速停止运转，使刮水片停止在特定位置（风窗玻璃的下部）。

（3）间歇控制。汽车在小雨或雾天行驶时，如果刮水器以一定的刮水速度连续刮水，风窗玻璃上的微量水分和灰尘就会形成一层发黏的表面，不仅不能将风窗玻璃刮拭干净，相反会使玻璃模糊不清，影响驾驶人的视线。因此，刮水器要能够进行间歇刮水。在电动刮水器电路中设置刮水器间歇继电器，与自动复位装置配合，使刮水电动机每隔几秒运转一下。刮水电动机间歇控制电路如图 6–76 所示。

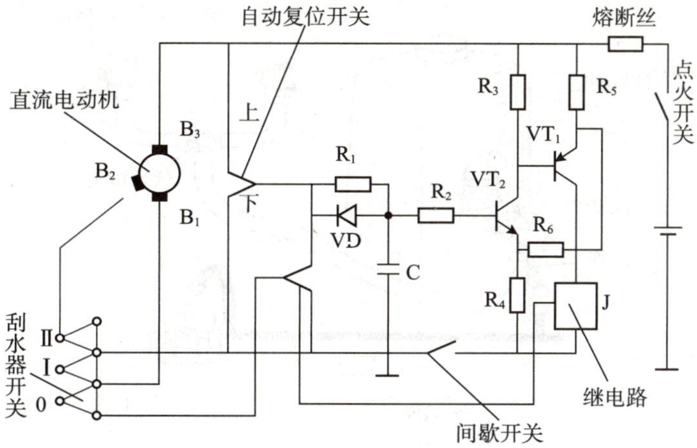

图 6–76　刮水电动机间歇控制电路

刮水器开关置于间歇挡（刮水器开关处于“0”，且间歇开关闭合）时，电源将通过自动复位开关向电容器 C 充电，其电路为：蓄电池正极→点火开关→熔断丝→自动复位开关常闭触点（上）→电阻 R_1→电容器 C→搭铁→蓄电池负极，电容器 C 两端的电压逐渐升高。当电容器 C 两端的电压升高到一定值时，晶体管 VT_1 和 VT_2 先后相继由截止转为导通，从而接通继电器磁化线圈电路，其电路为：蓄电池正极→点火开关→熔断丝→电阻 R_5→晶体管 VT_1→继电器磁化线圈→间歇开关→搭铁→蓄电池负极。在电磁吸力的作用下，继电器常闭触点打开，常开触点闭合，从而接通刮水电动机电路，其电路为：蓄电池正极→点火开关→熔断丝→电刷 B_3→电刷 B_1→刮水器间歇继电器常开触点→搭铁→蓄电池负极，刮水电动机低速旋转。

当自动复位开关的常开触点（下）接通时，电容器 C 通过二极管 VD、自动复位开关常开触点（下）迅速放电，刮水电动机继续转动。随着电容器 C 放电，晶体管 VT_1 基极的电位逐渐降低，晶体管 VT_1 和 VT_2 由导通转为截止，从而切断继电器磁化线圈电路，继电器常开触点打开，常闭触点闭合，刮水电动机仍继续转动，其电路为：蓄电池正极→点火开关→熔断丝→电刷 B_3→电刷 B_1→间歇继电器常闭触点→自动复位开关常开触点（下）→搭铁→蓄电池负极。当刮水片位于规定位置时，自动复位开关的常开触点（下）打开，常闭触点（上）闭合，刮水电动机停止转动。电容器 C 再次充电、放电，如此反复，刮水电动机间歇运转，实现刮水片的间歇动作。

二、风窗洗涤器

1. 风窗清洗器的作用

汽车在灰尘较多的环境中行驶时，会造成一些灰尘飘落在风窗上影响驾驶员的视线。为此许多汽车的刮水系统中增设了清洗装置，必要时向风窗表面喷洒专用清洗液或水，在刮水片配合工作下，保持风窗表面洁净。

2. 风窗清洗器的组成

风窗玻璃洗涤器的作用是向风窗玻璃上喷射洗涤液，与刮水器配合，以除去风窗玻璃上的灰尘和脏物。

风窗玻璃洗涤器主要由储液罐、洗涤泵、输液管、喷嘴、洗涤开关等组成，如图 6–78 所示。

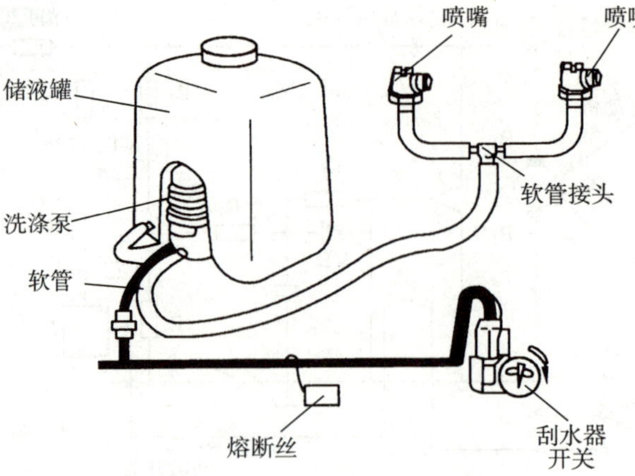

图 6–77　风窗玻璃洗涤器的组成

洗涤泵一般由永磁直流电动机和离心式叶片泵组成，喷射压力可达 70 ～ 88 kPa。洗涤泵一般直接安装在储液罐上，也有的安装在管路中。在离心式叶片泵的进口处设置滤清器。

喷嘴通常安装在风窗玻璃下面的前围板上或发动机舱盖上，喷嘴的直径一般为 0.8 ～ 1.0 mm，喷嘴方向可以根据使用情况调整，使洗涤液能够喷射到风窗玻璃的适当位置。

常用的洗涤液是硬度不超过 205×10^{-6} CaO 的清水。为了能刮掉风窗玻璃上的油、蜡等，可在清水中添加少量的去垢剂和缓蚀剂。

接通洗涤开关，洗涤泵将洗涤液泵出，经喷嘴喷洒到风窗玻璃上。

3. 风窗清洗器的工作原理

风窗清洗器的工作原理如图 6–76 所示。风窗清洗装置电路比较简单，一般和电动刮水器共用一个保险丝。有的车上清洗开关单独设置安装，有的则和刮水器开关组合在一起，便于操作。

当刮水器开关位于“Wa”挡时，风窗洗涤器和刮水器同时工作。洗涤器电机的电路：蓄电池正极→卸荷继电器→熔断丝→刮水器开关 53a 和 53c →洗涤器电动机→搭铁，于是洗涤器电动机带动水泵运转，将洗涤液喷洒到风窗玻璃上。与此同时，通过间歇控制器 53c 接柱，使得间歇控制器工作，刮水器电动机间歇挡工作。

在此挡位工作，当松开刮水器开关手柄时，刮水器开关自动回到“0”挡。

三、风窗刮水器、洗涤器的故障诊断

1. 风窗刮水器的故障

在对风窗刮水器系统的故障进行检修之前，首先要确定是电路故障还是机械故障。最简单的方法就是从电动机上拆下连接刮水片的机械臂。接通刮水器系统，观察电动机的运行。如果电动机工作正常，则是机械问题。

风窗刮水器系统常见的故障有刮水器不工作、间断性工作、持续操作不停及刮水片不能复位等。

以凯越车型为例，如刮水器不工作，其检查思路如下

（1）目测及用万用表检查熔断丝 F16。

（2）断开刮水器电动机插接器，接通点火开关，将刮水器开关拧至 HI（高速），检查刮水器电动

机插接器端子 5 上的电压是否等于规定值，如图 6–78 和图 6–79 所示。

（3）刮水器开关断开，接通点火开关，检查刮水器开关插接器端子 A8 上的蓄电池电压是否等于规定值。

（4）检查刮水器开关以及线路，如表 6–8。

从以上的分析过程可以知道电路中的故障原因主要有：

（1）刮水器电动机断路。

（2）熔断丝熔断。

（3）线路连接松动、断线或搭铁不良。

（4）刮水器开关接触不良。

（5）电动机失效，如电枢短路等。

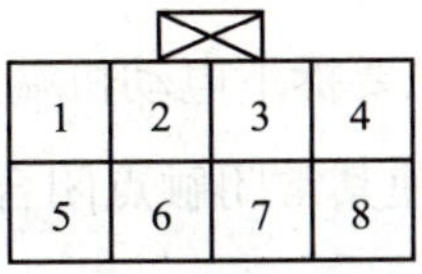

图 6–78 凯越刮水器电动机插接器端子视图

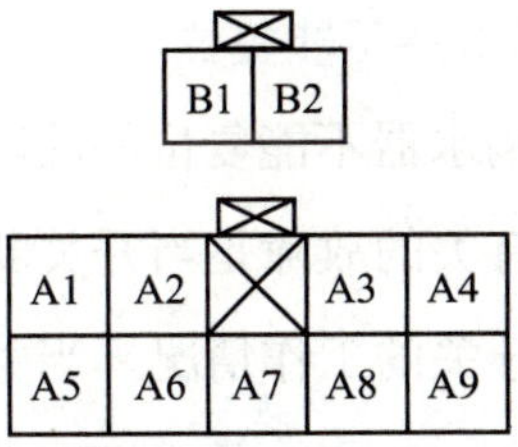

图 6–79 凯越刮水器开关插接器端子视图

表 6–8 凯越刮水器开关接通情况

开关位置 BRN		A3	A4	A5	A6	A7	A8	A9	B1	B2
		RED	DK GRN	LT BLU	GRN	BRN	PPL	GRN	YEL	
刮水器	低速			○	—	—	○			
	高速						○	○		
	间歇			○	○	○	○			
	关闭			○	○					
洗涤器	通	○	○							
	断									

在各部件的检查过程中，可以参照上面的电路检查方法和步骤进行。

机械部分的故障原因主要有

（1）蜗轮蜗杆脱离啮合或者损坏。

（2）杆件连接松脱或损坏。

（3）刮水片、传动机构等被卡住等。

2. 刮水器速度比正常慢或转动无力

电气或机械故障均能引起刮水器速度比正常慢。首先按照上述方法确定故障在电气部分，还是在机械部分。

大多数导致刮水器速度慢的电路故障是接触电阻大而引起的。如果故障表现为所有的速度挡都慢，应检查电源到刮水器开关之间的电路，主要是中间继电器、熔断丝和刮水器开关连接线端子插接是否牢固可靠。电源供电电路正常，则应检查刮水器开关中有无接触不良的现象。

如果电源供电回路正常，则应检查刮水电动机的搭铁回路是否正常，方法是将电压表的正表笔接电动机的搭铁端（或电动机壳体），负表笔接到电池负极，电压降不应超过 0.1 V，否则应修复电动机搭铁回路。

最后检查电动机轴承和蜗轮组的润滑情况。

3. 间歇刮水系统不正常

如果刮水系统只是在间歇挡位工作不正常，首先应检查间歇继电器的搭铁是否良好。如果搭铁正常，利用欧姆表检查继电器到刮水器开关之间的电路，如果连接线路也是良好的，则应更换间歇继电器。

4. 刮水器不能复位

造成刮水器不能复位的故障原因可能是复位开关，也可能是刮水器开关内接触片变形。最常见的与复位开关有关的故障是当开关断开时，刮水器就停在该位置。首先要拆下电动机端盖，接通刮水器开关，观察复位开关的工作情况。当关闭刮水器开关时，复位开关应能使其常闭触点闭合到位，否则应更换复位开关。

由开关导通平面图检查刮水器开关，刮水器开关接通情况如表 6–8。

5. 洗涤器的维修

许多风窗洗涤装置的故障都是因输液系统而引起的。因此，应首先拆下泵体上的水管，然后使电动泵工作，如果电动泵能够喷出清洗液，则故障在输液系统。否则，按照下列步骤查找故障。

（1）目测储液罐内的液体存储量。检查熔断丝和线路连接是否良好。

（2）打开洗涤器开关，同时观察电动机。如果电动泵工作但不喷液，检查泵内有无堵塞，排除泵体内的任何异物。如果没有堵塞，须更换电动泵。

（3）如果电动泵不运转，用电压表或试灯检查开关闭合时，洗涤泵电动机上有无电压。若有电压，用欧姆表检查搭铁回路，若搭铁回路良好，须更换电动泵。

（4）在第 3 步中，如果电动机上没有电压，须沿线路向开关查找，检测开关工作是否正常。如果开关有电压输入，但没有输出，须更换开关。

本章实训

检测电动座椅

一、实训准备

1. 扳手、旋具、万用表。
2. 翼子板护裙、转向盘护套、变速杆护套、座椅护套和脚垫。

3. 调节电动机、调节开关。

4. 广州本田雅阁轿车维修手册。

二、实训过程

1. 规范地检查电动座椅调节开关

（1）拔出调节开关的按钮，拆下开关罩，拔下调节开关的两个插头，从开关罩上拆下调节开关，如图 6-80 所示。

（2）调节开关端子如图 6-81 所示。用万用表电阻挡检查调节开关（前后移动调节开关）的导通情况，如表 6-9。如果符合要求，则表明调节开关正常。如果不符合要求，则表明调节开关损坏，应更换调节开关。

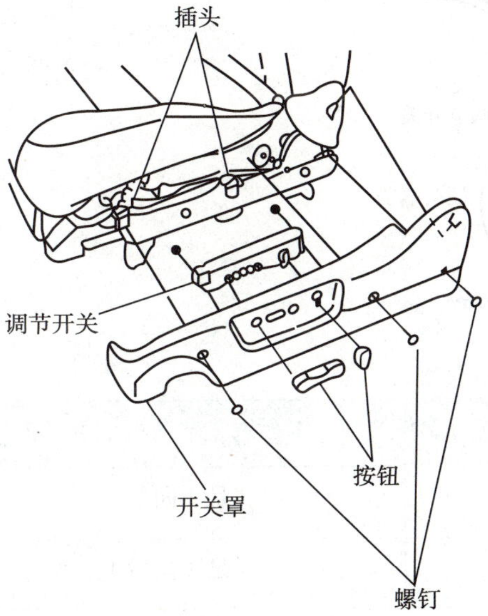

图 6-80　拆下调节开关

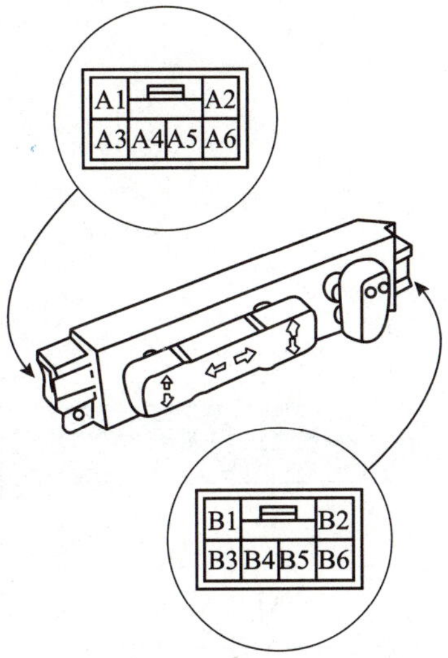

图 6-81　调节开关端子

表 6-9　检查调节开关导通情况

调节开关位置	调节开关对应端子	是否导通
接通向前移动调节	A1—B5、A5—B2	导通
接通向后移动调节	A1—B5、A5—B5	导通

（3）插上电动座椅调节开关插头，检查电动座椅前后调整是否恢复正常。如果仍不能调整，则检查调节开关至前后移动调节电动机之间线路或前后移动调节电动机。

（4）装上调节开关、开关罩和按钮。

2. 规范地检查电动座椅调节电动机的运转情况

（1）拆下调节开关罩，拔下调节开关的两个插头。

（2）调节电动机插头端子如图 6-82 所示。用蓄电池直接向前后移动调节电动机供电，检查前后移动调节电动机运转情况，如表 6-10。如果符合要求，则表明前后移动调节电动机工作正常。如果前后移动调节电动机不运转，则检查前后移动调节电动机或前后移动调节电动机与调节开关之间的线路故障。

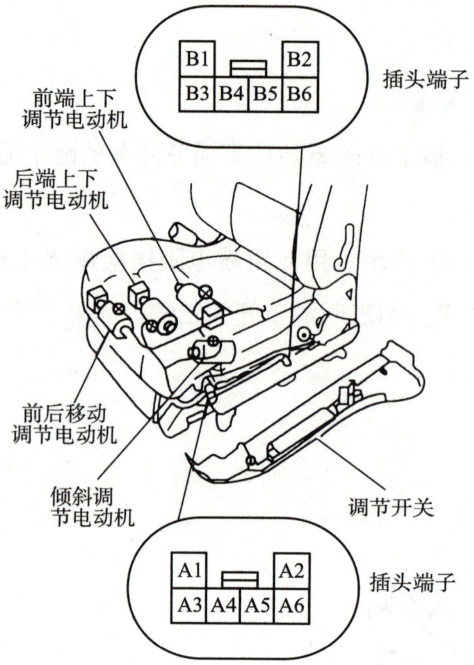

图 6-82　调节开关插头端子

表 6-10　检查调节电动机运转情况

接蓄电池正极端子	接蓄电池负极端子	前后调节电动机是否运转
A5	A1	是（向前）
A1	A5	是（向后）

（3）拆下驾驶人座椅轨道端盖，拧下驾驶人座椅的固定螺栓（图 6-84 中黑三角），拆开座椅线束和线束夹，拆下驾驶人座椅，如图 6-83 所示。

（4）拔下前后移动调节电动机插头，检查前后移动调节电动机工作是否正常。如果前后移动调节电动机损坏，则更换前后移动调节电动机。如果前后移动调节电动机工作正常，则检查前后移动调节电动机与调节开关之间导线是否断路。

（5）装上驾驶人座椅（螺栓拧紧力矩为 34 N · m）。

（6）装上调节开关罩。

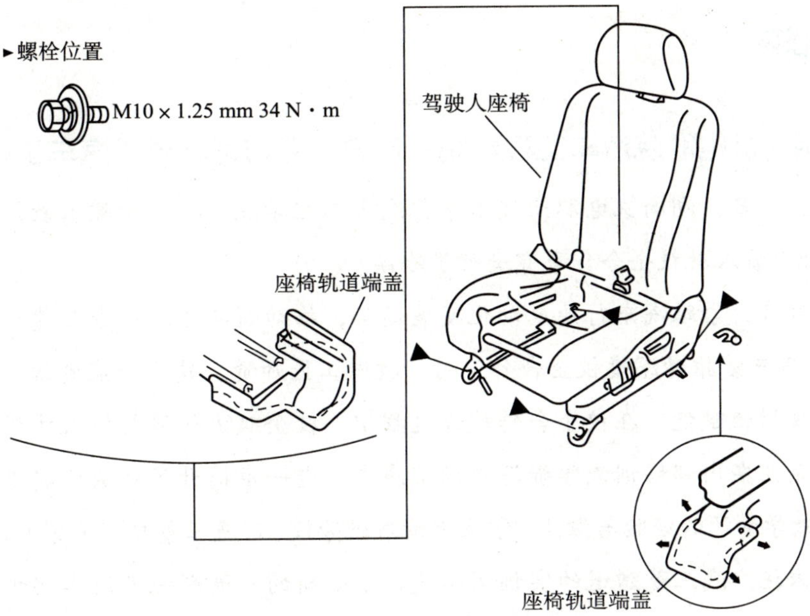

图 6-83　拆下驾驶人座椅

三、评价反馈

对本章学习任务进行评价，填写表 6-11。

表 6-11　评分表

考核项目	评分标准	分数	学生自评	小组评价	教师评价	小计
活动参与	是否积极主动	5				
安全生产	有无安全隐患	10				
现场 5 S	是否做到	10				
任务方案	是否合理	15				
操作过程	电动座椅调节开关检查； 电动座椅调节电动机检查	30				
任务完成情况	是否圆满完成	5				
工具和设备使用	是否规范、标准	10				
劳动纪律	是否违反	10				
工单填写	是否完整、规范	5				
总分		100				
教师签名：			年　月　日		得分	

课程思政

湖南机电职院汽车工程学院：产教融合培育新时代汽车工匠

2021 年 12 月 30 日，湖南机电职业技术学院汽车工程学院（二级学院）教师代表前往广汽三菱 4 S 店，与企业负责人就校企合作事宜进行了洽谈。

为服务区域经济，紧跟汽车行业电动化发展趋势，推动新能源汽车专业建设，汽车工程学院自 2018 年起与广汽三菱推动深度校企合作，对“打造工匠师资、建设一流资源、培养工匠学生”等一系列措施实现增值赋能。在校企合作建设过程中，校企双方始终坚持人才资源共建共享。在学院的协助下，企业在内部培训教学资源建设实践中，进一步提升了对课程建设的了解，明晰企业技术力转换为教学资源的经验与做法。学院聘请省级劳模、广汽三菱技术专家卢鸿义为客座教授，指导专业建设；依托广汽三菱赠送的实训用车建设了全新的三菱新能源汽车实训中心，同时与企业合作开发《新能汽车构造与检修》《驱动电机检修》等课程资源；通过校企合作项目，汽车工程学院学生的动手能力进一步增强，新能源专业竞赛水平快速提升，校企合作、产教融合增值赋能效果明显。

来源：红网

思考习题

1. 填空题

（1）电动车窗主要由________、________、________、________、________（主控开关、分控开关）等组成。

（2）中控门锁系统一般包括________、________、________、________及________等。

（3）电动后视镜由________、________、________等组成。

（4）电动后视镜的电动控制内容有________、________和________三个。

（5）电动座椅主要由________和________等组成。

（6）扬声器是由________、________、________、________、均衡器等组成。

（7）汽车空调系统按驱动方式分类可分为________和________两种。

（8）风窗刮水器按其安装位置不同分为________刮水器和________刮水器。

2. 简答题

（1）简述永磁式刮水电动机的工作原理。

（2）如果所有车门都无法正常开启，可能出现的原因是什么？

（3）简述电动后视镜的常见故障及原因。

（3）简述电动后视镜的常见故障及原因。

（4）简述六向电动座椅前部下降的控制原理。

（5）汽车音响的种类有哪些？

（6）压缩机故障最常见且最主要的原因是？

（7）电动刮水器的工作原理及过程是什么？

参考文献

[1] 周建平，悦中原．汽车电气设备构造与维修 [M]．4 版．北京：人民交通出版社，2020．

[2] 刘淑军，路进乐．汽车电气设备构造与维修 [M]．北京：机械工业出版社，2021．

[3] 徐森，姚东伟．汽车电气设备构造与维修 [M]．北京：化学工业出版社，2021．

[4] 曹剑波，许小兰．汽车电气设备构造与维修 [M]．北京：人民交通出版社，2020．

[5] 黄启敏．汽车电气设备构造与维修一体化教材 [M]．北京：电子工业出版社，2022．

[6] 胡光辉．汽车电器设备构造与检修 [M]．北京：机械工业出版社，2020．